教育部人文社科重点研究基地南开大学世界近现代史研究
本书的出版承蒙日本创价大学中日友好学术研究项

中、日、韩女子教育
——女教育家与女子
学校的考察

周萍萍 田香兰◎著
李卓◎主编

天津出版传媒集团
天津人民出版社

图书在版编目（CIP）数据

中、日、韩女子教育：女教育家与女子学校的考察/
周萍萍，田香兰著；李卓主编 . -- 天津：天津人民出
版社，2019.12
　　（南开大学世界近现代史研究丛书）
　　ISBN 978-7-201-15764-1

Ⅰ.①中… Ⅱ.①周… ②田… ③李… Ⅲ.①妇女教
育－比较教育－中国、日本、韩国 Ⅳ.① G776

中国版本图书馆 CIP 数据核字 (2020) 第 017376 号

中、日、韩女子教育——女教育家与女子学校的考察
ZHONG RI HAN NÜZIJIAOYU——NÜJIAOYUJIA YU NÜZIXUEXIAO DE KAOCHA

出　　版	天津人民出版社
出 版 人	刘　庆
地　　址	天津市和平区西康路 35 号康岳大厦
邮政编码	300051
邮购电话	（022）23332469
网　　址	http://www.tjrmcbs.com
电子信箱	reader@tjrmcbs.com

责任编辑	岳　勇
装帧设计	明轩文化·王　烨

印　　刷	三河市华润印刷有限公司
经　　销	新华书店
开　　本	710 毫米 ×1000 毫米　1/16
印　　张	19.75
字　　数	250 千字
版次印次	2019 年 12 月第 1 版　2019 年 12 月第 1 次印刷
定　　价	68.00 元

目　录

主编者前言

本书是南开大学世界近现代史研究中心承担的教育部人文社会科学重点研究基地重大项目"女子教育与东亚国家的现代化"的最终成果之一。本书的出版承蒙日本创价大学中日友好学术研究项目的资助，在此谨致深深的谢意！

有哲人说过"摇摇篮的手推动世界"，母亲的素质决定人类和民族的未来。高素质的国民是一个国家的人力资源，女性则是人力资源之母。在现代化进程中，经济技术的发展是核心，人的现代化是主体，而占人口一半的女性的知识水平与教养是衡量一个国家现代化水平的重要标志。

在东亚国家历史上，儒家的男尊女卑思想及"女子无才便是德"的观念对女性带来不同程度的束缚，使妇女长期处于无学状态。而日本能够较早冲破这种束缚，开启女子教育之门。近代以来，日本在欧美教育理念及民主观念影响下，不仅涌现出一大批有志于女子教育的教育家（包括很多女教育家），而且有较为系统的女子教育理论，使近代女子教育快速普及。当今韩国的女子教育也走在世界的前列，不仅女子就学比例居亚洲国家首位（女子的大学就学比例甚至远远高于日本），而且拥有世界最大的女子大学——梨花女子大学。

在中国，由于传统的儒家女性观根深蒂固，再加上半殖民地半封建社会条件的束缚，在新中国成立前，大多数妇女不能接受学校教育。中华人民共和国成立以来，我国的女子教育有了迅速发展，但若与发达国家相比，若按照党的十八大以来提出的"学有所教"的目标来衡量，还有明显的距离，尤其是针对女性性别特征的教育还存在有待提高之处。在探讨发达国家发展女子教育的经验时，与中国有着密切地缘关系和相近社会、文化传统的日本、韩国的现代女子教育，无疑是我们的重要参照点。起步于明治维新、发达于二战后经济高速增长的现代日本女子教育，和 20 世纪 70 年代开始迅速发展的韩国现代女子教育对于提高国民素质，建立文明社会，促进经济发展发挥了重要作用，可作为我国发展女子教育镜鉴。这是本书写作的出发点。

日本得以在亚洲国家率先实现现代化，韩国能够在 20 世纪 60 年代后实现经济发展，成为"亚洲四小龙"之一，两国的国民形象在世界上都有较好的评价，这与现代教育事业，尤其是女子教育的发展具有密切联系。改革开放以来，经过四十多年来的快速发展，中国已经超过日本成为世界第二大经济体，国民物质生活逐渐丰富，成就有目共睹。然而，在国民素质和社会文明方面与经济发展速度并不完全匹配，仍有很大的提升空间，这也与教育上存在问题、尤其是女子教育的存在差距不无关系。本书从比较研究的视野，探讨东亚国家女子教育的发展及其与东亚国家现代化进程的关系，意在强调发展女子教育事业对提高国民素质，加快现代化进程的重要作用。

本书的研究重点是从女教育家及其开办的女子学校的角度考察中、日、韩三国的女子教育。女性占人口的一半，缺乏女教育家参与的教育是不完整的。由女教育家办女校，更能准确地把握女性的心理与生理特点，实施适合女性特点的教育。在中、日、韩三国女子教育事业发展过程中，不同程度上体现出女教育家办女校这一特点，尤其表现在女子教育事业的起步期。这些女教育家们不仅提出各自的教育理念，并在教育实践活动中加以实施。尽管这些女教育家们的教育理念有着无法摆脱的时代局限性，但她们的办学热情及教育实践活动有力推动了女子教育的发展进程，尤其是在日本与韩国，女教育家创办的女子学校至今仍是女子学校中的佼佼者，其办学历程、办学理念、办学经验或许有值得我们借鉴、思考之处。愿通过本书的出版，进一步促进我们对日本、韩国女子教育的了解，并认识到我们存在的差距。

本书是作者周萍萍、田香兰在对中、日、韩三国的女子教育进行大量资料调查及实地考察的基础上完成的。在完成教育部人文社会科学重点研究基地重大项目"女子教育与东亚国家的现代化"及本书写作过程中，得到天津大学教育学院院长、博士生导师闫广芬教授、中国社会科学院日本研究所社会研究室主任胡澎研究员、南开大学日本研究院臧佩红副教授等学者的支持与指导。在本书付梓之际，谨对本书的作者及对本书予以支持帮助的专家学者表示衷心的感谢！

主编者 南开大学世界近现代史研究中心、日本研究院 李卓

第一章　绪　论

第一节　课题研究的缘起

明治维新后，日本的女子教育取得了长足的发展，出现了大批女子学校，涌现出了多位女教育家，而同时代的邻邦中国、朝鲜却正一步步沦为半殖民地和殖民地国家，女子教育起步晚且女教育家也寥寥无几。由于地理位置接近等方面的原因，日本女子教育事业的蓬勃发展对当时的中国、朝鲜产生了很大影响，也有很多相似之处。对同一时期中、日、韩三国的女教育家及其女子学校作比较研究，探究出它们各自发展轨迹的异同点和促成因素，不仅对于深化中、日、韩三国的女子教育研究有重大意义，而且对于探讨整个东方后发展国家的教育改革事业也有重要的参考价值。

关于日本的女教育家及女子学校方面的研究成果，大致可分为两大类，一类是女教育家的传记和个案研究；另一类是她们的著作以及参与或独立创办的女子学校的校史编纂和研究。近代日本教育史上具有代表性的女教育家基本上都有个人的传记和著作，这些都直接体现了教育家们的思想和教育活动，是研究她们的第一手资料。此外，女教育家及其女子学校的研究也散见于一些教育史和女子教育史的论著中。其中最具代表性的是平塚益德的《以人物为中心的女子教育史》（帝国地方行政学会，1965年）；片山清一的《近代日本的女子教育》（建帛社，1984年）；中岛邦监修的《近代日本女子教育文献集》（全3期，共32卷，日本图书中心，1983—1984年）；三井为友编的《日本妇女问题资料集成·第4卷·教育》

（家庭出版社，1976年）；小柴昌子的《高等女学校史序说》（银河书房，1988年）；涉川久子的《近代日本女性史1·教育》（鹿岛研究所出版会，1970年）；圆地文子的《人物日本的女性史》（集英社，1978年）等。

就中国近代女教育家及女子学校的研究来看，国内已有的研究著述主要有俞庆棠著《三十五年来中国之女子教育》（商务印书馆，1931年）；雷良波等的《中国女子教育史》（武汉出版社，1993年）；孙石月的《中国近代女子留学史》（中国和平出版社，1995年）；闫广芬的《中国女子与女子教育》（河北大学出版社，1996年）、李又宁、张玉法编《近代中国女权运动史料》（台北龙文出版社股份有限公司，1995年）等。此外，从近代中国女教育家的教育思想角度的研究论文也不少，主要有：侯杰和秦方的《近代社会性别关系的变动——以吕碧城与近代女子教育思想和实践为例》〔《天津师范大学学报》（社会科学版）2003年第6期〕；余丽芬的《论秋瑾的女学思想》（《浙江学刊》1989年第6期）；赵金平的《唐群英的女子教育思想与实践》（《中华女子学院学报》1998年第1期）；刁维国等的《吴贻芳和杨荫榆教育管理思想与实践的比较研究》〔《青海民族大学学报》（教育科学版）2010年第2期〕；《吴贻芳女子高等教育思想述评——以金陵女子大学为例》（《黑龙江高教研究》2010年第2期）等，再现了中国女子教育发展历程中的女教育家的风采，为研究近代中国的女教育家提供了可参考的模式。

韩国学者关于韩国女教育家及女子学校的研究成果大致可以分为三大类：一类是女教育家的传记和个案研究。韩国最具代表性的女教育家金活兰的自传《那光影下的小生命》（梨花女子大学出版部，1965年）和《中央大学创始人胜堂任永信——光辉的生涯》（民智社，2002年）。关于个案研究，大部分女教育家及其女子学校的事迹基本上由韩国著名女记者崔恩姬（1904—1984）通过亲自采访或收集大量资料整理出版，如《撒下种子的女人》（青丘文化社，1957年）、《韩国开化女性列传》

（正音社，1985 年）。第二类是女子学校的校史编纂和研究。代表性的
有《梨花 110 年史》（梨花女子大学出版部，2007 年）、《淑明 100 年
史》（淑明女子大学出版部，1997 年）。第三类是近现代教育史或女性
运动史以及女子教育思想的研究成果。代表性的有《韩国女性教育史》（孙
仁珠，延世大学出版部，1977 年）、《韩国女性教育思想研究》（金蕙
卿，韩国学术情报出版社，2002 年）、《女性教育概论》（金在仁、郭
三根等，教育科学社，2009 年）、《韩国女性教育变迁过程研究》（韩
国女性开发研究院，2001 年）等。

综观近代中、日、韩女教育家及女子学校的研究现状，可以看出中、
日、韩三国对近代女教育家及女子学校的研究成果颇丰，但是他们的研
究多是个人传记，以及在教育通史中加以介绍，仅局限在个案的研究范
围，并没有把这些个案综合起来进行整体研究，缺乏宏观的把握，显得
零散、单调。而国内对于近代中、日、韩三国女教育家及其女子学校的
综合研究则更显得薄弱，不仅数量稀少，仅涉及了少数的一两位女教育
家，而且研究深度不足，没有对人物进行更深层次的分析，同时也没有
把中、日、韩三国的女教育家及女子学校结合起来进行比较研究，从而
缺乏对整个东亚女子教育的总体把握。

日本得以在亚洲国家率先实现现代化，韩国能够在 20 世纪 60 年代
后实现经济发展，成为“亚洲四小龙”之一，两国的国民形象在世界上
都有较好的评价，这与现代教育事业、尤其是女子教育的发展具有密切
联系。随着改革开放，中国的经济快速发展，但仍存在国民素质偏低的
问题，这也与中国教育上存在问题不无关系。本课题从比较研究的视野，
探讨东亚国家女教育家及女子学校在各国女子教育发展史上扮演的角
色，以及与东亚国家现代化进程的关系，意在强调发展女子教育事业对
提高国民素质，加快现代化进程的重要作用。

第二节 研究思路

近代中、日、韩三国女教育家及女子学校的考察属于个案的范畴，所以本书对它们的研究主要侧重于个案的研究，但同时也必须把握宏观的视角。基于这一点，首先本文的时限限定在各国的近代时期，个别地方因追溯渊源或显示发展状况的需要而有所延伸。并且在章节的设置方面可能更多的倾向于产生具有代表意义的女教育家较多的时期。其次，近代中、日、韩三国的女教育家主要是指参与创办女子学校、传播教育理念，在近代中、日、韩三国的女子教育领域有突出贡献的女性。女子学校的研究也是限定在这些女教育家所创办和管理的学校之中。做出这些限定主要出于两方面的考虑：一是近代中、日、韩三国的女教育家及女子学校数量颇多，无法一一顾及，必须分清主次，抓住关键人物，而且近代是中、日、韩三国女子教育发展的主要阶段，产生的代表性人物较多；二是近代中、日、韩三国的女教育家的思想实践活动主要体现在女子学校上，而学校教育是女子教育的重要组成部分和办学形式，也只有学校教育才有部分统计数字，这些数字相对比较真实，从这些个案的研究中可以了解整个近代中、日、韩三国女子教育的发展脉络，达到个案研究与整体研究相结合，提出"以小见大"的命题。

本书以马克思主义理论为指导，坚持辩证唯物主义和历史唯物主义相结合，实事求是，借鉴历史学、教育学、社会学和女性学等多学科的研究方法，依据大量的教育史料和官方教育统计数据，从教育思想、教育内容、实施效果等方面考察近代中、日、韩三国的女教育家与女子学校的发展。

第一，运用历史学的研究方法，注重原始史料的解读与分析，并结合其他学科的研究方法，对这些史料进行了整合和梳理。本书在选取史料时，主要利用现已出版的资料汇编，查阅了中、日、韩三国近代的部分报刊杂志、相关的时人文集、笔记和回忆录，特别是涉及女教育家的有关女子教育的言论和著作，以及她们的传记、教育杂志和她们创办女子学校的校史。此外，还参考和部分使用了官方机构编纂的教育法规以及教育统计数据等方面的权威资料。在充分阅读和整理这些资料的基础上，以史论结合的方式，分别论述近代中、日、韩三国女子教育发展史上每个阶段具有代表性的女教育家及其女子学校的发展状况，阐明她们的教育思想、理念和教育实践活动，以及在教育史中的地位等方面的内容。

第二，采用实证主义的研究方法，利用收集的资料，对每一阶段的女教育家的教育理念和教育实践活动进行分析和论证，将人格心理学引入对人物的分析之中，进一步加深对历史人物的思想认识，并在此基础上，实现个案研究与整体研究相结合，就中、日、韩三国女教育家及女子学校在各国近代女子教育发展进程中的作用做出初步诠释，并由此进一步梳理近代中、日、韩三国女子教育的发展轨迹，更为直观地显现女子教育每个发展阶段的特征。

第三，在论证过程中适当使用归纳比较的研究方法。首先对每位女教育家和女子学校的资料进行归纳，在叙述它们的发展过程中，提炼它们具有特色的教育理念和教育方针，然后在此基础上总结它们的存在和发展对女子教育产生的影响和作用，同时注意把它们的影响放在整个女子教育的大范围内进行比较考察，由此突出它们所取得的成就在女子教育发展中的重要地位。另外，在结语中，通过比较近代中、日、韩三国的女教育家及女子学校的发展状况，阐明近代中、日、韩三国女子教育之间的差异以及造成这种差异的原因。

本书按照历史发展的顺序，力求对近代中、日、韩三国的女教育家及女子学校的发展进行系统探讨。全文共分八章。第一章绪论部分对本书的选题、研究现状和研究方法作了概述。第二章对近代中、日、韩三国女子学校教育产生之前的女子教育萌芽作了宏观的把握，从前近代女子教育的概述到近代女子教育的确立和发展，按照教育内容、教科书、教育形式的演变顺序介绍了近代中、日、韩三国女子教育发展阶段的教育特征，为整个研究做好铺垫。第三章详细介绍了中、日、韩三国女子学校的诞生，发现它们存在一个共同点——女子学校的最初产生都离不开基督教。所以在这里分别介绍了中、日、韩三国的基督教系女子学校，包括它们的最初创办和整个发展过程，以及它们的存在对中、日、韩三国女子教育的影响和作用，尤其是它们在引领各国女性自办女子学校的先驱作用。

第四章提出了本书的命题，从女教育者的出现到女教育家的诞生，指出近代中、日、韩三国女子教育的发展过程中产生了一些对女子教育有突出贡献的女教育家，而且她们的教育理念以及她们的女子学校都具有鲜明的时代特征，不仅能映射该发展阶段的女子教育的政策法规及特征，还具有自己的特色教育并在该阶段的女子教育中产生了一定的影响和作用，有力地推动着女子教育事业的发展，值得我们分阶段和时期作进一步研究和探讨。

第五章阐述了中、日、韩三国女教育家们通过创办各式学校，致力于发展女子中等教育的过程。日本方面以欧式教育的代表矢岛楫子和鸠山春子，以及良妻贤母教育的代表三轮田真佐子和下田歌子为例，中国方面以曾宝荪和秋瑾为代表，韩国方面则以当时的严贵妃、李贞淑、裴祥明以及李淑锺等为代表，着重以她们的教育理念着手，既论及了她们各具特色的教育观，又与她们的女子学校的发展相结合在一起，阐明她们在女子教育发展中的地位和作用。

第六章讲述了实学或职业女子教育理念的代表性女教育家创办女子学校的过程。日本部分介绍了吉冈弥生和津田梅子的教育理念，以及她们分别创办的东京女医学校和女子英学塾的发展状况，中国部分介绍了张竹君和唐群英创办的职业女校，以及近代中国女子职业学校的发端和发展，韩国部分介绍了车美理士和她创办的槿花实业女校，以及黄信德创办的京城家政女塾，反映出近代中、日、韩三国随着资本主义的发展，社会对职业女性的需求也在增强的社会状况，以及这种状况投射到女子教育上的表现。

第七章主要介绍了女教育家们在本国女子高等教育的萌芽和起步过程中的影响和作用。日本部分倡导女子高等教育的代表是安井哲子和羽仁元子，中国部分的代表是杨荫榆和吴贻芳，韩国部分的突出代表是金活兰和任永信。本章通过考察她们的教育理论以及所创办的女子学校的情况，特别是这些女教育家发展女子高等教育思想在这些女子学校的办学方针、教育宗旨和课程设置等方面的表现，从而阐明它们的发展给当时社会的女子教育甚至于对整个东亚女子教育所带来的影响。

第八章结语是对全书的总结。首先对近代中、日、韩三国的女教育家及女子学校在数量上作了归纳和总结，概述了女教育家及女子学校在近代日本女子教育中的地位及影响，然后从教育思想和理念、以及各自所创办的女子学校方面进行了差异性地比较，对中、日、韩三国女教育家大量产生的原因进行了分析，阐述它们之间的差距及产生的原因，为研究当今中、日、韩三国的女子教育及女性问题提供有益的借鉴。

由于笔者的个人能力、理论功底以及现有资料等方面因素的限制，本书也存在着一些不足之处。主要表现在如下几个方面：第一，由于笔者学识浅薄，研究功底薄弱，所以在论证的过程中，明显感觉到自己理论知识的不足，特别是从教育学的角度来分析女教育家的教育思想和理念时，感到自己教育学理论的缺乏。因此本书的论述偏重于历史的实证研究，对教育理论的分析以及创新方面有所不足。第二，本书侧重于女性人物的考察，注重个人的教育思想和教育实践的体现，虽然从历史以及宏观的角度去把握近代中、日、韩三国女子教育的发展脉络，但还是无法面面俱到，存在着一定的缺陷。第三，本书从女性视角出发，只列举了近代中、日、韩三国女子教育史上的少数女教育家及女子学校，虽然这些女教育家及女子学校具有代表性，但中、日、韩三国的近代史上还存在着其他一些也对女子教育做出了贡献的女教育家以及女子学校，没有全面涉及。第四，本书在论述女教育家创办的女子学校时，是以人物为中心来展开，这些女子学校都是私立学校，而在近代中、日、韩三国的教育史上存在大量的官公立女子学校，它们对近代女子教育同样做出了巨大贡献。限于论述的角度，本书没有论及这一面，确实是一个遗憾，将在今后的研究中进一步完善。第五，本书在结语部分对近代中、日、韩三国的的女教育家及女子学校进行了一些比较，但由于资料解读庞大，无法面面俱到，显得在这方面的比较肤浅，不够深入，使得定论缺乏扎实的基础，说服力不强。今后还应加强对这一部分内容的研究和探讨，以便做出更充分的对比研究。总之这些不足之处，都有待进一步去改正，也是今后努力的方向。

第二章 中、日、韩
三国女子学校教育的发生

考察中、日、韩三国女子学校教育的发生，需要立足于当时的社会环境，关注女子教育形成的契机和目的。虽然当时的女子教育倾向于男女分工主义，男女教育在内容上也存在很大差异，但毕竟是冲破了几千年来束缚女性的传统枷锁，使女性走出家门，进入学校，得到受教育机会，因此这一时期女子教育具有更重要的现实意义。尤其在中国和朝鲜，当国家处于危难时刻，女性能够主动开展各种形式的爱国运动，把女子教育和救国爱国结合起来，使女性真正成为国家的主人公。

第一节 近代日本女子学校教育的出现

日本在明治维新后迅速走上了近代化道路，逐步建立起一整套全方位的近代化体制。1872 年《学制》[①]的颁布，宣告日本确立了近代化的教育体制，同时拉开了近代日本女子教育发展的帷幕。此后日本女子教育开始了从初等、中等走向高等的发展历程。

一、前近代女子教育概观

1. 从"女才"教育到"女德"教育

在古代日本，贵族家庭中的女子教育是以培养才能、技艺为主，主要学习书法、诗歌、音乐以及宗教等内容。习字是女子教育的重要内容

---

① 《学制》：1872 年 8 月，明治政府颁布的第一个近代教育法令。

之一，擅长书法被视为贵族女子须具备的基本素养之一。而且当时的日本社会还受到儒家男女有别的观念的影响，一般女子到了七岁就会深藏于闺房之中，不能轻易与男子见面，书信是她们与外界的唯一联系方式，特别是女子在成人之后，与恋人联系的方式也是书信，所以书法是否漂亮，与婚姻是否成功密切相关。特别是对于期望通过女儿来攀龙附贵的父母们而言尤为看中，所以在当时的女子教育内容中，习字放在了第一位，其次是和歌和琴艺。绘画、舞蹈等方面的训练也受到重视。还有就是学习佛经，很多贵族女子从小就开始接触经书，随着年龄的增长，她们还要学习诵读经书和抄写经文等。

古代贵族重视女子的才艺教育，其教育动机不过是把女儿作为家族追求功利的工具，让她们掌握更多的才学而增加自身的身价。贵族们为了迎合政治需求，达到通过恋爱和婚姻的方式谋取利益，从而注重对女子进行书法、和歌以及音乐等素质的培养，使得这一时期的女子教育出现了重女才轻女德的特点。

日本进入中世后，随着武士地位的上升，受教育不再是贵族的特权，武家子弟也和贵族一样能接受教育。这时期武家的女子教育也出现了新的发展，反映出中世女子教育的新特点。

1232 年制定的武家法律《贞永式目》中，确定幕府的教化方针是要让武士做到"侍主以忠，侍亲以孝"，让武士之妻做到"侍夫以从"。[①]这使得中世武家社会的女子教育一改古代贵族的女才教育的风气，转为强调女子的顺从和贞操的道德教化。中世的"武士之妻"标准就是，"时刻注意仪容装束、坐立起行、问答言辞，且须品行端正、体态婀娜，更应肚量宽容、不争不妒，夫有事时，婉言相劝，夫与危难时，应勇于舍身，

---

① 佐藤进一、池内义资编：《中世法制史料集》（镰仓幕府法·第一卷），东京：岩波书店，1955 年，第 37—46 页。

严守贞操"。^①到了室町幕府时期,这种顺从之德就演变成了"三从七去"之道了,开始强调贞节的重要性,"贞女不事二夫"的观念逐渐深入人心。同时,武士阶层为了巩固自己的统治地位,也非常重视自身的文化修养,强调文武兼备是武士教育的指导方针。在这种教育理念之下,武家社会的女子不仅要接受道德的教化,也要提高文化的修养。她们的文化修养主要是模仿贵族女子的教育,注重才艺技能的培养。

重视女德的教育不仅出现在武家社会,公家和庶民社会同样也开始触及了。公家一直都崇尚女才的教育,但随着父权制的发展以及佛教的传播,女性的地位逐渐低下,而且也受到来自武家女子教育的影响,所以公家的女子教育在注重保持自己传统的书道、和歌和音乐等教育内容的同时,也加强了对女子的道德教育,在女子的阅读书目中增加了一些女德的训诫书。

近世的女子教育虽然偏重女德教育,遵从儒家伦理和宣扬男尊女卑,但它不反对女子有才,在一定程度上提倡女子读书写字,重视女子的智育。女子受教育的范围从上层社会的公家和武家小姐扩展到了一般的庶民家庭的女子。寺子屋等教育机构的教育内容也是以生活中必不可少的识字等为主,在完成了初步的读和写之后,再加入较为实用的知识,学习各种往来物。往来物即收录了各种书信而成的小册子,它包括教训科、社会科、语录科、消息科、地理科、历史科和实业科等,涉及面广,知识面也极为丰富。此外,近世的女子教育还十分重视女红和艺术修养方面的教育,学习织布、缝衣、洗涮和烹饪等家务技能和三味线、书道、绘画和茶道等艺术技能。但是,无论对女子进行任何的教育,其本质还是要求女子为家庭服务,以尽女子的本分,这一点构成了古代日本女子教育内容的主线。

---

① 《加贺千代女四民之文》,黑川真道编:《日本教育文库·教科书篇》,东京:日本图书中心,1977 年,第 172 页。

2.女子用教科书的发展

日本古代贵族家的女孩一般在五六岁时开始学习用假名拼写简单的日常词汇，所使用的教材为《伊吕波歌》和《天地之词》等。[①]《伊吕波歌》是由古日语的 47 个平假名编成的习字歌；《天地之词》则是教授如何书写假名。吟诗作歌也是贵族女子教育的内容之一。和歌方面的教本主要有《难波津之歌》《浅香山之歌》《万叶集》和《古今和歌集》等，其中《难波津之歌》和《浅香山之歌》被誉为"和歌之母"，不仅是和歌学习者的必读佳作，也是女子书法临摹的入门教材。

进入武家社会后，随着重女德教育的展开，女训作为专门以女子为教育对象的训诫书应运而生，注重对女子进行顺从、贞节、谨慎等妇道伦理的说教。

中世的女训书主要有：镰仓时代的《乳母之文》（作者阿佛尼）和《乳母草子》（作者不详）以及室町时代的《身之遗物》（作者可能为一条兼良）和《小夜睡醒》（作者一条兼良）等。《身之遗物》中认为，对女子而言，"柔顺婉转"，"是为纲要"，[②]而《小夜睡醒》进一步指出，"年轻时从父母，成人后从丈夫，年老后从儿子"的"三从"，"实乃女子立身之本"。[③]除了专门面向女子的训诫书之外，在中世的武家家训中也有关于女子的道德训诫的条文，例如镰仓时代武将北条重时（1198—1261）的家训《极乐寺殿御消息》中就关于女子训诫的内容："妇女应持者，古今大同，总以平和从容为本。女子心性易妒，缘于胸怀狭窄之故"，"故应常怀近善远恶之心，存温顺平和之意"。[④]女训书及有关女子道德训诫条文的问世，表明女德教育已经不在是口头上的训诫，而是以书本条文的形式固定下来了，虽然这一时期的女训书的数量有限，没有完全普及开来，

---

① 志贺匡：《日本女子教育史》，东京：琵琶书房，1977 年，第 101 页。
② 黑川真道编：《日本教育文库·女训篇》，东京：日本图书中心，1977 年，第 123 页。
③ 转引自梁忠义：《日本教育》，长春：吉林教育出版社，2000 年，第 102 页。
④ 桑田忠亲：《武士的家训》，东京：讲谈社，2003 年，第 44—45 页。

但是它的出现为近世大量女训书的产生奠定了基础。

近世的女训书深受《列女传》《女诫》《女孝经》等中国儒家女训的影响，以向女子灌输三从四德等封建妇道伦理为主要内容。这一时期常用的女训书有《女大学》《女小学》《女中庸》《女诫》《女孝经》《女今川》《女庭训往来》《女五常训》《女实语教》《和俗童子训》等。其中最具代表性的是刊行于1716年的《女大学宝箱》，俗称《女大学》，被誉为女训圣典。它是根据儒学家贝原益轩的《和俗童子训》中的"教女子法"一节改编而成的。全书共有19条，涵盖了从女子未嫁时应具备的教养到嫁入夫家后要遵循的道德规范，各项戒律可谓是面面俱到。其中内容涉及最多的为人妻的道德规范，强调妇女要以夫为天，"妇人别无主君，以夫为主君，谨慎侍奉，不可轻侮"。①《女大学》在吸取中国女训基本思想的同时，更极端、更露骨地宣扬女性劣质论，"凡妇人心性有五疾，即不和顺、怨怒、诽谤、嫉妒、智浅也。且此五疾十人中必有七、八人，是为妇人不及男人之处也"，极力贬低女子的地位，无视女子独立的人格，与中国的女训书相比，在这点上是有过之而不及。②

近世的女训书被广泛用于女子的家庭教育和寺子屋教育，作为贵族女子和平民女子的必读之物。寺子屋教育是近世后期出现的一种大众教育形式，它所使用的教材称作"往来物"。随着寺子屋中女学生的教育需要，江户时代出版发行了女子用的"往来物"近1100种。③这些"往来物"中不仅包含前面所提到的《女大学》《女今川》《女实语教》《女式目》等训诫型的书目，还有一些消息型、社会型、知识型等实用性较

---

① 《女大学》，《日本思想大系·34·贝原益轩·室鸠巢》，东京：岩波书店，1980年，第202—205页。
② 笕久美子：《中国的女训与日本的女训》，转载女性史综合研究会编：《日本女性史·近世》（第3卷），东京：东京大学出版会，1990年，第323页。
③ 石川谦：《女子用往来物分类目次——江户时代女子用初等教科书的繁荣》，东京：讲谈社，1946年，第9页。

强的"往来物"。消息型"往来物"以《女文库高莳绘》（1721 年）、《女庭训御所文库》（1767 年）、《女用文章线车》（1772 年）等为代表，主要教授女子习字、写作方面的基础知识，以及社交礼仪、书信往来等一般常识；社会型"往来物"以《新撰世带往来》（1782 年）、《亲族和合往来》（1824 年）等为代表，主要教授社会生活中的风俗、习惯、祭祀、节日和大众文化等常识；知识型"往来物"以《御江户名胜方位书》（1765 年）等为代表，向女子介绍和传授有关历史、地理、产业等知识。①

可以看出，女子使用的教科书发展至近世末期，在原有的女德教材的基础上增加了很多文化知识方面的教材，如寺子屋中的"往来物"。这些教材的出现和使用在宣扬封建女德的同时，还兼顾了对女子才智的培养。虽然近世日本主张女子习字、读书的根本目的在于希望女子通过文化教育提高妇德涵养，以便更好地胜任家庭主妇的职责，但在客观上提高了日本女性的知识水平和智力水平。据统计，至江户末期，日本女子中能够读书识字的占 15%，② 这些为近代女子教育的发展奠定了良好的基础。

3. 从家庭教育走向大众教育

日本教育进入学校组织化阶段始于天智天皇（在位 668—671）时期，当时设有学职专司教育，而后天武天皇（在位 673—686）时期，在京师设大学，各地设立国学，至文武天皇（在位 697—707）时期，颁布了《大宝律令》，制定了较为完备的学制，教育开始出现隆兴的气象。当时的贵族子弟可以进入大学、国学等一些官立学校接受正规的学校教育，民间也出现了弘文院、劝学院③ 等私学。但是这些学校所招收的学生只

---

① 石川谦、石川松太郎：《日本教科书大系·往来篇·第 15 卷·女子用》，东京：讲谈社，1973 年，第 18—36 页。
② 赖肖尔：《日本人》，孟德胜、刘文涛译，上海：上海译文出版社，1980 年，第 180 页。
③ 弘文院和劝学院均创立于 9 世纪，是为贵族子弟开设的私立教育机构，其创立者分别为平安时代的贵族和气广世和藤原冬嗣。

限于男性，女性没有入学的资格，只能在家中接受礼法和才艺训练。在文化繁荣的奈良及平安时代，贵族社会形成了让女孩子从小接受教育的传统。一般贵族女子长到六七岁左右，按照儒家男女有别的原则，开始与兄弟等家族中的男性隔离开来，深藏于闺房之中，由贵族家庭聘请的教师到家中教授女子经书、诗文、和歌、书道和音乐等。由于对女子才能教育的重视，使当时的贵族社会中涌现了一大批像额田王①、赤染卫门②和小野小町③那样才华横溢的女歌人，以及如紫式部④和清少纳言⑤等极负才华的名门闺秀。这就从一个侧面反映出这一阶段日本女子教育的初步勃兴。

中世时期，公家社会延续重视学问教养的传统，武家社会极力效仿公家，加强自身文化修养的提高。但是中世的学校教育并不发达，家庭和寺院是武家教育的主要场所。武士家庭为了让子弟学习文化知识，经常会将他们送到寺院中，委托僧侣培养，同时在家庭教育方面侧重于弓马骑射等武艺训练。中世的女子仍然没有进入学校接受教育的机会，她们只能在家中接受教育，有时还会聘请一些教师到家中进行指导。武家女子和公家女子一边接受顺从、贞专、谨慎等女德教育，一边学习假名以及识字，练习书法，接受文化教育。另外，还学习和歌、连歌和汉诗以及绘画和琴艺等，以提高自身的艺术修养。由于这一时期佛教盛行的缘故，学习佛经也是女子家庭教育的重要内容之一。

近世的女子教育形式主要有家庭教育、学校教育以及一些社会教育

---

① 额田王，日本 7 世纪左右著名的万叶女歌人之一，具有很深的汉文学造诣，其作品收录在万叶集里有长歌三首，短歌十首。
② 赤染卫门（956？—1041），平安中期的女歌人。平安时代的六歌仙和中古三十六歌仙之一。其作品入选日本经典和歌集《小仓百人一首》。
③ 小野小町（809—901），平安前期 9 世纪的女歌人。平安时代的六歌仙和中古三十六歌仙之一。
④ 紫式部（973？—1014？）又称紫珠，是平安时代中期的女性作家和歌作家，日本经典文学作品《源氏物语》的作者。中古三十六歌仙之一。
⑤ 清少纳言（约965—？），是平安时代中期的女性作家，日本经典文学作品《枕草子》的作者。

机构。近世的日本存在着严格的身份等级制度和家族制度，广大女子几乎都是被封闭在家庭之中，家庭教育仍然是女子教育的主要形式。但是这一时期，寺子屋和藩校等一些学校机构亦开始出现女学生的身影，这是近世女子教育的一大特色，在整个日本女子教育史上也是一个飞跃。寺子屋兴起于镰仓时代末期，正式的名称开始于江户时代，是以庶民为主要教育对象的私立初等教育机构。自18世纪初期开始，寺子屋的数量不断增加，其中很多寺子屋招收女学生，称为"女寺子"。在东京、京都和大阪等大城市中，几乎所有的寺子屋都是男女共学的，而且女子的就学率几乎与男子相当。至幕末，全国的女寺子人数达到了148138人。[①]藩校是专门教授士族子弟文武之道的藩立教育机构，它长期以来只招收上层士族家庭的男子，直到1841年，津山藩开设了女子教室，聘请女教师教授女训和裁缝等技艺，成为当时近三百个藩中唯一一个招收女子的藩校。随着幕末一些藩校的改革，女子逐渐也被允许入学，名古屋等七藩甚至设置了专门的女校。[②]藩校虽然招收了女学生，但却实行男女分学，为女学生另设教学场地，在课程设置上也是让女学生学习特定的课程，如修身、裁缝、插花、礼法等科目，完全不同于男子。虽然寺子屋和藩校的女子教育都具有一定的局限性，但是它们允许女子入学，使日本的女子教育走出了家庭，开始进入了学校，可以说它开创了女子教育的新纪元。

近世女子教育为近代女学的发展奠定了一定的基础。特别是近世寺子屋和藩校等学校教育的发展，对近代女学的迅速建立影响很大。明治维新后，近代政府接管了许多寺子屋，并把它们改为公立小学校，实现了由传统的寺子屋向近代小学校的转化。但是近世的女子教育毕竟仅处于萌芽时期，能接受教育的女子在绝对数量上还很少。而且近世的女

---

① 内田糺、森隆夫：《学校的历史》（第3卷），东京：第一法规，1979年，第82页。
② 仓泽刚：《幕末教育史的研究》，东京：吉川弘文馆，1994年，第469—470页。

子教育是以女德教育为主要内容的，有其自身难以克服的时代局限性。由于近世女子教育受男尊女卑的儒家教育理念的影响，近代的女子教育经历了一个由进步到保守的演变过程，最后在军国主义时代定格为带有浓厚封建残余的儒家良妻贤母观。

二、近代女子学校教育论的出现

1. 对近世女德教育的批判

明治初年，以森有礼（1847—1889）和中村正直（1832—1891）为代表的启蒙思想家纷纷著书立说，批判男尊女卑的落后观念，积极向民众宣传欧美女性观和近代女子教育思想。森有礼出身士族，先后在英国、美国留学，1868年归国后在明治政府担任要职。他深受欧美民主思潮的影响，极力批判男尊女卑的观念，积极向民众宣传欧美的女性观和女子教育思想。1873年，森有礼等人组成了启蒙团体"明六社"，并创办机关杂志《明六杂志》，宣扬西方的自由民主思想。1874年，森有礼在《明六杂志》上发表《妻妾论》一文，对传统的儒家女德教育进行了批判，强调应该重视女子的智育，"女子为人妻，其治家之责既已不轻，而又为人母，其教子之任实难且重"，且"子之于母，犹如相机之于实物，其母之质若不纯清，则其子亦不得纯清"，而"为人母者又须常怀高见。若见识不高，其子焉能成就正大事业，以进文运而立伟绩哉"，"故须先习得学术物理之大要，开其智，通晓爱子之法"。[①] 认为培养身体强健、品性优良、思想见识高远的母亲是女子教育的主要目标。

而另一启蒙思想家中村正直出生于下级武士家庭，从小接受儒家思想的教育，曾担任幕府官学昌平坂学问所的儒学教官。1875年3月，他在《明六杂志》第33期发表《造就善母说》一文，明确地提出"只有绝好之母亲才有绝好之子女"，并指出培养"善母"是培养"知性上进、

---

① 山口美代子：《论争系列4 资料明治启蒙期妇女问题论争的周边》，东京：家庭出版社，1989年，第17—18页。

心术善良、品行高尚"的优秀国民和建设"优良国家"的前提，^①从而把女子教育与国家的利益联系起来，更加突出了培养贤母的女子教育的必要性和重要性。关于这个论点，中村正直在"东京女子师范学校开学演讲"（1875 年）、"母亲的感化"（1887 年）、"女子高等学校不应废弃"（1891 年）等著述、演讲中反复强调。^②1875 年 11 月，中村正直出任日本第一所官办女子师范学校——东京女子师范学校的校长，在开学典礼的演讲词中他明确提出，"唯望学习毕业者成为善妇以辅助丈夫，成为善母以教育儿女，生育优良人民，以助我国成为福祉安宁之邦"，^③进一步推行他的"造就善母说"女子教育思想。

福泽谕吉也是宣传欧美男女平等思想，批判男尊女卑传统观念的一员。他在 1870 年的《中津留别之书》和 1872 年的《劝学篇》中针对男尊女卑、一夫多妻、三从四德等封建道德伦理进行了尖锐地批判，并发出了"天不生人上之人，也不生人下之人，天生万人皆平等"^④的至理名言，提倡男女平等接受教育。此外，一些来自欧美的教育专家对这种贤母思想的传播以及女子教育的改善也起到了极大的推动作用。其中最具代表性的是美国人戴维·莫瑞（David Murray，1830—1905）。莫瑞在 1873 年 6 月至 1878 年 12 月担任了日本文部省学监期间，向文部省提交了一份"莫瑞申报"，指出"今于欧美诸国，女子常为教育儿童之良师，故在日本亦应以女子为教育进步之媒介"，^⑤建议大力发展女子教育，并提出应该大兴女子师范教育来培养更多的女教师，为近代教育，特别是女子学校教育的发展服务。在莫瑞的建议和倡导下，1875 年，日本创

---

① 山口美代子：《论争系列 4 资料明治启蒙期妇女问题论争的周边》，第 35—36 页。
② 小川澄江：《中村正直的教育思想》，东京：小川澄江，2004 年，第 318—336 页。
③ 东京女子高等师范学校：《东京女子高等师范学校六十年史》，东京：东京女子高等师范学校，1943 年，第 33 页。
④ 福泽谕吉：《劝学篇》，群力译，上海：商务印书馆，1958 年，第 47 页。
⑤ 《都史纪要九·东京的女子教育》，东京：东京都，1961 年，第 10 页。

办了东京女子师范学校，这是日本第一所女子师范学校，后历经合并和改革，发展成为了现在的御茶水女子大学。该学校作为近代日本培养女教师的专门机构，在近代日本女子教育史上发挥了重要的作用。

2. 欧式女子教育理念的确立

明治维新后，特别是在文明开化的浪潮中，介绍欧美各国教育体制的资料相继被译出，以此为契机，欧美各国的女子教育思想也源源不断涌入日本。受这些因素的影响，明治四年（1871）12月文部省成立了《学制》调查委员会，次年8月明治政府颁布了《学制》。在《学制》的九项施行计划中，第三项计划规定："令一般女子与男子平等受教育"。[①]另外第二十一章规定："小学乃教育之初级，一般人民必须入学。小学有如下几种，即寻常小学、女子小学、村落小学、贫民小学、私塾小学、幼稚小学等"。[②] 由此看出，明治初期的《学制》要求适龄儿童不分男女都要入小学学习，确立了男女共学的教育体制。女子小学是《学制》中特设的女子初等教育机构，在近代日本教育史上存在的时间较短，自1872年《学制》颁布时开始，作为寻常小学教育的补充，被正式纳入近代教育体系，主要学习裁缝、礼仪等课程。

随着《学制》的颁布，日本确立了欧式的女子教育理念，一直到1879年《学制》的废止，培养具备教育子女的教养和知识的欧式女性成为这一时期日本政府发展女子教育的指导思想。

欧式女子教育理念也称之为欧式"贤母论"，它主张女子与男子一样享有受教育的权利，实行男女共学制度，以在教育层面实现男女平等。可是，它虽然奉行男女平等的宗旨，但它主张女子接受教育的直接目的却是培养未来的贤母，而区别于近代男性国民的教育目的。这种"贤母"的标准是要求身体健康，具备外语、数学、历史和绘画、音乐等知识和

---

① 三井为友：《日本妇女问题资料集成·第4卷·教育》，东京：家庭出版社，1976年，第144—146页。
② 文部省：《学制百年史·资料篇》，东京：帝国地方行政学会，1975年，第11—19页。

教养，可以承担起向子女传授知识的责任。这种教育理念实际上并不是起源于日本，早在 18 世纪的欧美各国就形成了尊重母亲的观念，到了19 世纪，随着国民教育的兴起，"教育妈妈"成为欧美中产阶级中占主流的女性观。①而这种女性观随着文明开化潮流传入了日本，成为明治初期女子教育的指导理念，所以亦可称之为欧式"贤母论"。

《学制》的颁布和欧式女子教育理念的确立，强调了女子受教育的必要性，它遵循男女共学的原则，极大地推进了近代初期女子教育的发展，特别是建立了较为完善的女子初等教育体系，大大推动了近代女子教育的发展，迈出了近代日本女子教育的第一步。但是《学制》和欧式女子教育理念中的女子教育还存在着一定的问题，全盘欧化的做法脱离了当时日本的现状，而且男女差别教育的倾向依然明显，女子的入学率远远低于同时期的男子，导致了女子教育发展的落后，使得人们对这种欧式女子教育提出了质疑，并导致了明治政府的教育政策开始转向保守，最终确立良妻贤母主义的女子教育理念。

3. 良妻贤母主义教育的形成

最早明确提出"良妻贤母"一词的是菊池大麓。在此之前的提法有很多，比如"贤女""良妻""良母""贤母""贤妇良母""贤母良妻""善良的母亲"，等等，众说不一。1899 年，《高等女学校令》颁布后，菊池大麓在高等女子学校校长会议上，明确指出"男女的关系是相辅相成的，男子有男子的本分，女子亦有女子的本分"，而"成为一家之主妇，做良妻贤母是女子的天职"，因此，"女子教育的主要目的就是为了让女子实现这种天职"，"高等女子学校就是为了实现这一目的而设置的必要的中等以上的女子教育机关"。②在这个会议上，菊池大麓明确地提

---

① 光田京子：《近代母性观的吸收与演变——从"教育妈妈"到"良妻贤母"》，转引自肋田晴子：《母性的探索》（下），东京：人文书院，1985 年，第 102—103 页。
② 《教育时论》，1902 年（明治三十五年）5 月 5 日。

出了"良妻贤母",也确定了高等女子学校的教育目标就是培养良妻贤母。从此,"良妻贤母"的说法被固定下来,《高等女学校令》的出台也标志着培养良妻贤母已经成为国家公认的女子教育理念。

良妻贤母主义教育的特点主要体现在三个方面:一是强调传统妇道的涵养;二是兼顾知识教育的培养;三则是注重国家主义观念的灌输。良妻贤母主义教育以《教育敕语》作为女子德育教育的指导方针,强调传统妇道的涵养。1901年颁布的《高等女学校令施行规则》中规定:"遵照教育敕语的主旨,加强道德思想情操的培养,使学生具备中流以上社会的女子所必备的品格"。^① 高等女学校的课程设置中,道德修身课为每年级每周两个课时,占总课时的7.1%。^②次年,文部省编集出版了《高等女子学校修身教科书》,分别以"侍奉丈夫""孝敬舅姑""恪守贞操"和"忠于丈夫"^③等传统的妇道规范为标题,向女子进行妇德的灌输。

良妻贤母主义教育不同于近世的儒家女德观,它还重视知识教育的培养,认为有知识和懂学问是衡量女子是否贤良的一个重要标准,所以应该让女子接受必要的学校教育,掌握一定程度的知识技能。在这种精神之下,高等女子学校的课程中除了修身和家政课之外,外语、地理、历史、数学和理科等知识性课程也占有一定的比重,要求女子能增进知识修养,勤修学业以成为有用之人。但是这里的有用之人指的是更好地发挥为人妻、为人母的职责,所以良妻贤母主义教育提倡的知识教育存在着一定的局限性,这也是造成近代日本女子教育整体水平虽然较高,但女性的佼佼者却寥寥无几的重要原因。良妻贤母主义教育的最后一个重要特点就是注重国家主义观念的灌输。1902年的《高等女子学校修身教科书》写道:"女子身为母亲,能否教育好孩子,直接影响到孩子能

---

① 三井为友:《日本妇女问题资料集成·第4卷·教育》,第268页。
② 三井为友:《日本妇女问题资料集成·第4卷·教育》,第269页。
③ 高等女子学校研究会:《高等女子学校资料集成·第10卷·修身教科书》,东京:日本大空社,1989年,卷首目录。

否成材，进而关系到国家的盛衰。所以女子同男子一样，肩负着重大职责，应时刻谨记自己的本分"，^①并专门介绍了日本的国体以及国家宪法等内容，宣传"注重国体观念""尊重国家宪法"和"维护国家利益"等，向女子进行国家意识的灌输。良妻贤母主义的女子教育理念贯穿了整个近代日本的女子教育。

三、明治初期的女子学校教育

明治政府于 1871 年 7 月首先设立了最高教育行政机构——文部省，负责统辖全国的学校和一切教育事务。同年 11 月，成立后不久的文部省便派出了津田梅子等五名女子留学生，随后又公布了建设官立女子学校的布告，积极推动了东京女子学校（1872 年 2 月）、京都府女子学校（1872 年 4 月）和开拓使女子学校（1872 年 4 月）的设立。1871 年 12 月，文部省正式组织了学制调查委员会，由当时的文部卿大木乔任任命了箕作麟祥等 12 人为学制调查委员会委员，负责起草《学制》。

1. "学制" 的颁布及主要内容

《学制》颁布前，文部省先后推出了《学制施行计划书》（1872 年 6 月）和《学业奖励之告谕》（1872 年 8 月 2 日）。前者列出了《学制》实施过程中的九项计划，主要强调普及初等教育，其中也提到了女子教育，并把它放在仅次于小学教育和师范教育之后，可见政府对女子教育的重视。后者的颁布主要是强调学问对个人的自立和发展的重要性，提出了"一般人民（华士族农工商及妇女子）必邑无不学之户，家无不学之人"的口号，而且要求"幼童则不分男女皆须入学"，体现了在初等教育中"男女无别"的平等原则。^②

在这两个法令的基础上，1872 年 8 月 3 日，明治政府正式颁布了日

---

① 高等女子学校研究会：《高等女子学校资料集成・第 10 卷・修身教科书》，第 36—37 页。
② 三井为友：《日本妇女问题资料集成・第 4 卷・教育》，第 147 页。

本历史上第一个具有近代意义的教育法令——《学制》。《学制》奉行"取万国学制之最善"的原则，在主要参考了法国的教育制度之外，也借鉴了其他一些欧美国家的教育制度，其内容涵盖了教育行政、学校教学、教师资格、考试、留学和学费等各个方面，共计 109 章。其中第 1 章至第 19 章是关于学区划分和教育行政方面的规定，第 20 章至第 39 章是关于学校教学和课程设置等学校教育系统方面的规定，第 40 章至第 47 章对教师的资格问题做出了规定，第 48 章至第 57 章对学生的考试做出了规定，第 58 章至第 88 章规定留学生分为公费和自费两种，由文部省直接负责留学生的派遣工作，第 89 章至最后则是关于教育的财政支出和学杂费的规定。总之，通过《学制》的制定，日本建立了由小学到中学、大学的近代学校教育体系，确定了大力发展和普及初等教育的方针。

《学制》并没有对女子教育进行特别的说明，但是在其中的章节中也做出了一些规定，[①] 首先在第 12 章中提到："一般人民（华士族农工商及妇女子）之就学皆向学区督察申报，若有年满六岁而不入学者，须向学区督察申明缘由"，把女子纳入了一般人民之中，要求女子入学。而在第 21 章中则写道："小学乃教育之初级，一般人民必须入学"，对女子的入学接受教育做出了强制性的规定。这一章中还列举了几种小学——"寻常小学、女子小学、村落小学、贫民小学、私塾小学、幼稚小学"等，其中专门提到了女子小学。并在第 26 章对女子小学的课程设置做出了规定："女子小学除寻常小学之科目外，另设手艺课"。第 27 章规定："寻常小学分为上下二等，此二等男女皆须毕业"，从而对男女必须获得初等教育程度做出了限制，这大大有利于初等教育的普及，而且在《学制》的第 22 章还规定："幼稚小学（幼稚园）招收男女子弟之不足六岁者入学，教授小学前之学问端绪"，这样，通过寻常小学

---

① 以下引用的《学制》原文参见文部省：《学制百年史·资料篇》，东京：帝国地方行政学会，1975 年，第 11—19 页。

和幼稚园，日本的初等教育体制实现了男女共学，这在一定程度上提高了女子受教育的地位，反映了明治政府对女子教育的重视。

虽然在《学制》的 109 章中，仅有 5 章涉及了女子教育，数量极少，但是却可以看出明治政府已经认识到了发展女子教育的重要性，并通过制定男女共学制，将女子教育首次纳入了国家教育体系之中，建立了一套较为完善的女子初等教育制度。

2. 女子教育机构的初步建设

《学制》的出台，推动了近代日本女子学校教育的发展。1872 年 9 月，文部省制定《小学教学规章》，落实发展小学教育的具体规则。各府县也制定了小学教规，以小学区为单位，积极建设小学这一时期的小学建设方式大致分三种：一种是全面废除原有的寺子屋、私塾，建设全新的小学；另一种是保留原有的寺子屋、私塾，同时另建新的公立小学以吸引生源，并逐渐整顿原来的旧式学校；第三种则是按照学区的划分，把原有的寺子屋、私塾进行合并，在此基础上组建新式小学。[①] 其中以最后一种方式建设的小学居多，说明近代小学的建设很大程度受到近世寺子屋教育的影响。

《小学教学规章》中还详细规定了小学的课程设置，以及每门课程的教学纲要及所使用的教材。小学的课程设置注重读、写、算等基础知识的训练，所以"习字""会话""读本""算术"等课程排在前列，而以道德涵养为目的的修身课程则排位比较靠后。规章中指定了七十余种小学用的教材，其中大部分是直接翻译欧美的教材，或较为流行的介绍西方的书籍。在教材的使用方面，男子和女子使用的教材也不尽相同。男子用的教材以《经济入门》《初学经济论》《小学物理》《经济论》《小学化学书》《民法大意》等经济、法律、理科类的书籍为主。而女子用

---

① 王慧荣：《近代日本女子教育的研究》，北京：中国社会科学出版社，2007 年，第 83 页。

的教材以《童蒙教草》《子女育草》《家政要旨》《家事俭约训》《母亲心得》《育婴新书》《民间经济》等家政、育儿类书籍为主，大部分是翻译欧美的家政类教材，其中《童蒙教草》属于修身课程用的教材，据有关研究表明，这本教材中所描绘的众多女性形象中，启发、训导、教授子女的"教育妈妈"类的形象居多。① 这说明以培养欧式贤母为目标的女子教育思想已经贯彻于具体的教育实践中了。

《学制》中的小学以寻常小学为主，推行男女共学的方针。除此之外，还设有女子小学，专门招收女学生。女子小学与寻常小学相比，在课程设置上多了一门"手艺"课，实际上类似于近世时期的"女红"课，但主要学习的是西洋女红，讲授裁缝和礼仪等内容。女子小学的设置一般有两种类型：一种是士族主导型，以石川县金泽市的女子小学为代表，招收对象为士族出身的女子，授课内容除裁缝外，还讲授其他手艺和礼仪；另一种是平民主导型，以宫城县和千叶县的女子小学为代表，学生以平民为主，授课内容主要是裁缝教育。② 据统计，《学制》时期的女子小学共计二百五十多所，③ 遍布全国各个学区，有的直接冠以"女子小学"的名称，有的则使用"女学校""女校""手艺学校"等名称，还有一些以寻常小学的分校或附属学校的形式出现，旨在通过增设裁缝、手艺等课程吸引女学生入学。

在明治政府和地方政府的积极推动下，女子初等教育的建设取得了一定成果。从《学制》颁布后的1873年起，至新的教育法令《教育令》颁布的1879年为止的7年间，小学中女子的入学率及学生人数都有了

---

① 氏原阳子：《论良妻贤母的女性形象——从分析明治时期小学校修身教科书入手》，转载名古屋大学教育学部：《名古屋大学教育学部纪要（教育学科）》（第43卷第1号），1996年，第120页。
② 高野俊：《明治初期女子小学研究——近代日本女子教育的源流》，东京：大月书店，2002年，第27—30页。
③ 高野俊：《明治初期女子小学研究——近代日本女子教育的源流》，第66—78页。

提升。如下表，女子的入学率由学制颁布初的 1873 年的 15.14 ％上升到了 1879 年的 23.51 ％，并且小学的女学生数也是成倍增长，1873 年小学的女生仅有 266632 人，到 1878 年就达到了 601948 人，增加了两倍之多。

表 2.1 《学制》实施后小学状况一览表（1873—1879）[①]

西 历	和 历	学生人数（人）			入学率（％）		
		男子	女子	合计	男子	女子	总体
1873 年	明治六年	879170	266632	1145802	39.90	15.14	28.13
1874 年	明治七年	1297240	417528	1714768	46.17	17.22	32.30
1875 年	明治八年	1462059	464067	1926126	50.49	18.58	35.19
1876 年	明治九年	1540841	526960	2067801	54.16	21.03	38.32
1877 年	明治十年	1594742	568220	2161962	55.97	22.48	39.88
1878 年	明治十一年	1671276	601948	2273224	57.59	23.51	41.26
1879 年	明治十二年	1717422	597648	2315070	58.21	22.59	41.16

　　此外，明治政府在大力发展女子小学等初等教育机构的同时，也在尝试设立女子中等教育机构。1871 年《学制》调查委员会成立的同月，文部省发布了建立官立女子学校的布告。次年，东京女子学校、京都府女子学校、开拓使女子学校相继成立。这些女子学校的学制为六年，另外还有两年预科，它们不同于寻常小学，最初施行的是小学程度的教育，然后逐渐提高，实行中等程度的教育。其中的东京女子学校与 1875 年设立的东京女子师范学校在 1877 年合并，之后经过不断的合并和发展，形成了今天的御茶水女子大学。而开拓使女子学校却因为种种原因于 1876 年被废止。1874 年，文部省以设立女子师范学校为一大要务，以此为契机，1875 年东京神田的女子师范学校开设，这个学校在培养女教师方面为近代日本的女子教育发挥了很大的作用。

---

① 参考文部省：《学制百年史·论述篇》第 195 页"表 4"和《学制百年史·资料篇》第 492—493 页"第 3 表"的数据制成。

第二节 中国女子学校教育的开始

鸦片战争后，随着中国门户的打开，西方传教士开始在通商口岸创办女子学校，是为中国近代女子学校教育之肇端。在教会女学的影响下，中国开始了自办女学的尝试，从私学到公学，逐步走向由女子小学到女子中学、以至女子大学的发展历程。

一、鸦片战争前的女子教育概观

1. 女子教育思想和内容的演变

古代女子教育的思想和内容，后世虽多有变化，但万变不离其宗，集中表现为"礼教"和"妇道"。自上古起，中国崇尚礼法，对于女子教育强调男女之别的伦理，注重贞节、男女大防等教条，遵循孔孟之女教。

礼教形成于秦以前的上古社会，经孔子提炼并大力宣扬。《礼记·昏义》中记载了"男女有别"和"夫妇有义"的内容：敬慎重正，而后亲之，礼之大体，而所以成男女之别，而立夫妇之义也。男女有别，而后夫妇之义；夫妇有义而后父子有亲。[1] 其中"男女有别"的提出，构成了"男女授受不亲"的基础，把妇女的"贞节"摆到了极为重要的地位。

妇道的教育贯穿着古代女性的一生。女孩 7 岁便教以男女不同席，不共食，以示男女有别；8 岁时教以进退辞让的礼节；10 岁时告以不得出闺门。教导的内容是培养女子的顺从德性，所习家务为烹饪、缝纫等家庭日常琐事；出嫁后，专习服侍公婆等家务琐事，终身束缚于旧礼教之中。而如何事夫则是妇道学习的重要内容。孟子认为，女孩在出嫁前应明白"往之女（汝）家，必敬必戒，无违夫子"，"以顺为正者，妾妇之道也"。[2]

进入汉代，三从四德成为女子教育的教条。三从四德是封建礼教给

---

① 《礼记》第四十四篇《昏义》，张树国点注，青岛：青岛出版社，2009 年，第 292 页。
② 朱熹：《孟子集注》卷六《滕文公章句下》，济南：齐鲁书社，1992 年，第 80 页。

女子规定的道德和行为准则。三从最早见于《仪礼·丧服》中的《子夏传》"未嫁从父、既嫁从夫、夫死从子"。"四德"亦称"四行",最早见于《周礼·天宫》中的《九嫔》篇,基本内容包括"妇德""妇言""妇功""妇容"四点。三从四德的推行,使女子的社会地位明显下降,丧失了独立的人格,她们从小到大,凡事都必须依附听命于别人,出嫁前无条件地服从父亲,出嫁后无条件地服从丈夫,丈夫死后无条件地服从儿子,终生不得自行其是。

三从四德的女子教育内容一直贯穿着整个封建社会,虽然在唐代,女子在社会中的地位有所回升,特别是贞操观念较之前淡薄,但是"三从四德"依旧是女子教育的主要内容。到两宋的二程和朱熹,他们提出"存天理、灭人欲",赋予三纲五常和三从四德绝对性、永恒性和普遍性[①],认为女子教育的最高境界是"存天理、灭人欲",女子无论处于何种境况,只要"灭私欲,则天理自明矣"[②]。由此,将"贞操"与"人欲"连在一起,主要对女子进行贞操教育,竭力鼓吹女子寡居守节,反对夫死改嫁,使原有的乱伦、再婚嫁习俗亦转而成为从一而终。

明清时期女子教育的突出特点是"女子无才便是德"的践行。关于"女子无才便是德"之缘起,有两种说法。一据陈东原先生考证,明朝末年吕坤在《闺范》中写道:"今人养女多不教读书认字,盖亦防微杜渐之意。然女子贞淫,却不在此。果教以正道,令知道理,如《孝经》《烈女》《女诫》之类,不可不熟读讲明,使他心上开朗,亦间教之不可少也。"[③]其中首次提到了"不教读书认字"。另一类说法按香港学者刘咏聪教授之研究,认为是明人陈继儒(眉公)之语:"女子通文识字,而能明大义者,固为贤德,然不可多得;其它便喜看曲本小说,挑动邪心,甚至

① 雷良波等:《中国女子教育史》,武汉:武汉出版社,第 126 页。
② 程颢、程颐:《二程集》,《遗书》卷二十四,北京:中华书局,1981 年,第 354 页。
③ 转引自陈东原:《中国妇女生活史》,上海:上海书店,1984 年,第 190 页。

舞文弄法，做出无丑事，反不如不识字，守拙安分之为愈也。陈眉公云：女子无才便是德。可谓至言。"① 虽然这两种说法不一，但可以推出，"女子无才便是德"的真正根源开始于明代。而且从当时的《女孝经》《烈女》等书中亦可看出，明代社会已出现不教女子读书认字的现象了。② 这可以说是"女子无才便是德"产生的基础。

清朝初年，《女四书》的编撰者王相之母，在《女范》（或称《女范捷录》）的"才德篇"开篇中写道："男子有德便是才，斯言犹可；女子无才便是德，此语殊非。盖不知才德之经，与邪正之辨也。夫德以正才，才以成德；故女子之有德者，固不必有才而有才者必贵乎有德。"③ 至此，"女子无才便是德"便原原本本地披露于世。"女子无才便是德"将女子的"德"与"无才"紧密联系起来，以"德"为由，剥夺女子受教育的权利，将女子置于愚昧无知的境地，以此来确保男权中心主义的统治地位及对女性的压迫和控制。

其实明末时期的"西学东渐"在女子教育方面对女子传统、封建教育的"男女之大防"进行了挑战和碰撞。明代进步思想家李贽在所著述的《梵书》《藏书》等中，记述了他反对妇女"贞节""守志"和"夫为妻纲"的吃人礼节，充分肯定男女智力平等的观点，大声疾呼女子可以受教育的主张。来自西方的传教士不但攻击男女有别的古训，还主张实行严格的一夫一妻制，反对以传宗接代为理由的多妻多妾，对中国社会产生了深远的影响。但是就在"西学东渐"逐渐形成启蒙潮之时，随着满清入主中原，儒家之外的外来宗教被斥为"邪教"，驱逐出境，女子教育和女子解放的启蒙宣传重新被"三从四德""女子无才便是德"

---

① 刘咏聪：《德·才·色·权——论中国古代女性》，转载《中国传统才德观及清代前期女性才德论》，台北：麦田出版有限公司，1998年，第201页。
② 雷良波等：《中国女子教育史》，第140页。
③ 王相：《女范捷录》，转载李振林：《中国古代女子全书 女儿规》，兰州：甘肃文化出版社，2003年，第342页。

等淹没。

2.女子教育的教本流传

中国自汉代开始，出现了一批女子教育专著和专供女子学习的书籍，以刘向的《列女传》和班昭的《女诫》为代表。《列女传》为 7 卷本，共记叙了 105 名妇女的故事。前 6 卷集中阐述了刘向对于女性在"母仪、贤明、仁智、贞顺、节义、辩通"诸方面的标准，第 7 卷从反面立论，通过叙述 15 个为后人所唾骂不已的女性故事，提醒妇人应当鉴戒。《列女传》是中国女子教育史上第一部妇女专门史和女子社会教育教材，它的面世为后世提供了女性社会教育的教材模本，受其影响，后世史家、教育家效仿《列女传》体例编撰了各式各样的"列女传"。

与《列女传》齐名的女子教育课本——《女诫》，是汉代班昭所作。《女诫》共 7 篇，合序为 8。7 篇依次为"卑弱""夫妇""敬慎""妇行""专心""曲从""和叔妹"，将一直以来的男尊女卑思想、夫为妻纲的观念和"三从四德"的原则，整理为一篇系统且完整的论著，从女子教育的内容到形式，对女子教育进行了框定，在中国女子教育史上影响深远。

继汉代之后，唐代又涌现出一批女子教育方面的教材，首推郑氏的《女孝经》和宋若华的《女论语》。《女孝经》共 18 章，仿照《孝经》体裁，假借曹大家班昭与诸女答问形式，强调礼教，将"孝"作为妇道之本，对女子的言行举止提出了极为严格的要求。宋若华的《女论语》被尊为女教经典。这部著作共 12 章，要求女性"凡为女子，先学立身。立身之法，惟务清贞"[1]。并对女子在学礼、待客、教子女方面作出了种种规范，是唐代以后女子教育的经典教科书。

自宋代推崇"贞洁"观，元代一改游牧民族文化而就范于礼教之后，明代对于"贞节"更是极为鼓励。为维护这种观念，上层社会有仁孝文

---

① 宋若华：《女论语》，转载李振林：《中国古代女子全书·女儿规》，第 80 页。

皇后的《内训》产生；下层社会有《闺范》和《温氏母训》的出现。《内训》从"德性""修身""节俭""警戒""事父母·事君·事舅姑"和"睦亲"等几个方面教育女子重在道德的修养，其主要目的是达到"以教宫闱"，重在"事君"，所谓"纵观往古，国家废兴，未有不由于妇之贤否"[①]。《闺范》是本图文并茂的女子读本。作者吕坤采用司马迁作《史记》的方法，既说理，亦附典型范例，从"女子之道""夫妇之道""母道""姑嫂之道""嫡妾之道"等教导女子遵循传统的"三从四德"，极力推崇班昭之说。《温氏母训》由温璜根据其母陆氏的训言笔录整理而成，篇幅不长，主要目的在于"使凡为女子者，知为人妇，为人母，相夫教子，与有责焉"[②]。

清朝前期，有关女子教育的读本得到全面、系统的编辑出版，主要有王相编的《女子四书读本》（亦称《女四书读本》）、陈宏谋编的《教女遗规》、蓝鼎元的《女学》、李晚芳的《女学言行录》等，出版形式多样化，既有单本也有合本，较之前的女教著作大为完备。到清代中后期，社会重视对女子的教育更是落到实处，延伸到社会各阶层和各领域，由此应运而生的是女子通俗教本的问世。其中流传至今、影响最广的是《女儿经》和《改良女儿经》。

《女儿经》系清代中叶的作品，作者为贺瑞麟。这部作品整篇只有1500字，分为4章，即"大纲""细目""总合"和"广义"，主要目的是强调女子的"女贞节烈""修容正经""女言从容""女功紧情"，涵盖了封建社会规范女子行为的"三从四德"中"四德"的全部内容。《改良女儿经》是《女儿经》的改进版，千字一个典故，合辙押韵，文字通俗易懂，较过去《女诫》等减少了一些封建迷信内容，但在实质上起到了宣传孔孟思想的作用。《改良女儿经》是封建女子道德观的范本，

---

① 《仁孝文皇后内训》，《蒙养书集成》（二），西安：三秦出版社，1990年，第231页。
② 《内训》，转载李振林：《中国古代女子全书·女儿规》，第136页。

它将女子更明确地置于家庭女性的角度来进行说教，如教女子勤奋治家，"勤治家，过光阴；勤纺织，缝衣裳"；教女子和气待人，在家庭内"事公姑，如捧盈；妯娌多，都一心"，在家庭外"莫欺贫"；教女子正确教育和抚养子女，"有儿女，不可轻"，应重视对下一代的教育方法。[①]

《女儿经》和《改良女儿经》实际上包含了此前所有女子教育教本的内容，反映了封建统治者更加注重对中国女子的伦理教化，但是以积极意义而言，它们开启了中国女子教育之大众化、普及化的端倪，为社会教育尤其是在扫盲教育的教材写法上是一种创新。[②]

3. 女子教育形式的发展

上古自秦汉时期的女子教育都是以家庭为依托，不另为女子设立学校。即家庭教育是女子受教育的唯一途径，且重视"母亲教育"，故出现了周室三母（太姜、太任、太姒）、孔母、孟母等一批伟大的母亲。

虽然这一时期的女子教育是没有计划和组织的家庭教育，但是女子受这种教育的主要途径却不尽相同。皇亲贵族家中由"子师"或保姆担任训导女子的任务，广大中下层家庭的女子教育皆由母亲承担。《内则》云：（凡生子）择于诸母与可者，必求其宽裕慈惠，温良恭敬，慎而寡言者，使为子师。其实"子师"类似于保姆。随着男女婴幼儿逐渐长大，男子开始就外傅，进蒙馆或其他私学，而女子到 10 岁便要求锁在闺房，继续接受子师或保姆以及母亲的家庭教育，并开始学做一个女人应具备的礼节，与文化知识无缘。

出身家庭不同，受教育的方式亦各异。《史书》记载，秦汉之前的女子识礼者多，而秦汉之后的女子知书者众，如《汉书》赞孝成许皇后"聪慧，善史书"；《后汉书》称和熹邓太后"六岁能史书，十二通《诗》《论语》，家人号曰诸生"。还有著名才女蔡琰（文姬）长于诗赋，妙于音律。

---

① 《改良女儿经》，转载李振林：《中国古代女子全书·女儿规》，第 362—364 页。
② 雷良波等：《中国女子教育史》，第 190 页。

显然她们没有进过官学或私学，所接受的仅是家庭教育，但是由于受文史家学渊源的熏陶，她们会在闲暇时间阅读《诗》《书》，加上家中对其任之，或加以指点，所以造就了一些才女。但这一时期的女子教育还是拘泥于妇道伦理的教育，一些家庭会制定家规家训，约束女子言行，如蔡中郎曾作《女训》篇①，对其女蔡文姬进行严格教育；南郑人杜泰姬，是楗为太守赵宣之女（一作赵宣之妻），对家中诸女及儿媳立了"戒"，要求诸女及妇必须讲求"威仪""体貌""恭敬""勤恪""孝顺"和"忠信"。而且在女子出嫁前会对其进行"短期培训"，教育女子如何做一个好媳妇，如何侍奉公婆、丈夫，如何处理舅姑，以及做媳妇的种种繁礼缛节。

唐朝时期的女子教育还是以家庭教育为主，但却诞生了女子艺术教育，出现了教坊和梨园，它们是最早的女子艺术教育机构。教坊是唐代掌管宫廷乐舞及教习的机构；梨园是唐代教练宫廷歌舞艺人演出的场所，均为宫廷歌舞人才培养之地，所收学生全系女子。据记载，当时宫廷内外与教坊内外的歌女和舞女达八千人之多。如杜甫的七言古诗中描绘的"昔有佳人公孙氏，一舞剑器动四方"②。其中公孙氏的高超舞技便是来自教坊和梨园的教诲。唐代设立的教坊和梨园，虽是传授音乐和舞蹈知识，但音乐、舞蹈与诗歌是合为一体的，所以既培养了歌女和舞女，对于女子的诗歌创作也是一种动力。我们知道，唐代女诗人辈出，如李治、薛媛、鱼玄机等，她们创作的《明月夜留别》《写真寄外》和《赠邻女》，至今脍炙人口。

宋元时期，勾栏、青楼十分发达，很多戏曲和话本的诞生、流传，无不与此有关。这一时期的歌伎舞女之众，实在无法统计。而欲入勾栏、青楼的女子皆先须到教坊习艺，待有了一定基本功后，方可临台表演。

---

① 关于《女训》的作者众说纷纭，一说《世说新语》记载贾充妻子李氏作《女训》于世；另一说认为《女训》为蔡中郎所作。本文取其后说。
② 杜甫：《观公孙大娘弟子舞剑器行并序》，转载《唐诗鉴赏辞典》，上海：上海辞书出版社，1983年，第588页。

宋代的教坊设于太常寺，专掌教习音乐，内置使一人，副使二人，都色长、色长等，元代教坊则主要由色长负责传授艺业知识。在教坊之外，一部分歌伎舞女是由师傅直接收徒授艺。如记载："顾山山，行第四，人以顾四姐呼之……资性明慧，技艺绝伦……后辈且蒙其指教，人多称赏之。"[①] 此外，歌伎舞女为求精湛的表演技艺，在修习歌舞戏曲之时，均自修文化知识，以在表演中获得灵感。如刘婆惜"颇通文墨，滑稽歌舞"[②]，樊番歌"妙歌舞、善谈谑，亦颇涉猎书史"[③]。

梨园与教坊之设，开女子艺术教育之风。中国古代社会始终没有专门为女子开办过学校，但供皇室取乐的女子艺术机构，却办得非常有成效，而且后世一直继承了这一传统，如明代在礼部设教坊司，清代改教坊司为和声署，直到雍正时期为止。

二、近代女子教育新观念的发生与发展

1. 反封建伦理道德的女子教育观

在男尊女卑的封建伦理道德思想的支配下，广大中国女性处于社会的最底层，没有任何权利和地位，成为男人的附属品，受尽压迫和摧残。鸦片战争使中国逐渐沦为半殖民地半封建社会，这无疑是中华民族历史的耻辱，但在客观上，却使中国的社会结构等发生了变化。资本主义带来的西方文化，特别是"自由、平等、博爱"和"天赋人权"等学说的传入，对中国封建守旧的思想文化产生了巨大冲击。中国早期资产阶级改良主义者们在接触到一些西方人士和西方文化后，通过对比中西方女性的社会地位和生活习惯，极力宣传西方的妇女生活观，宣传女子教育观。这些人物中，首推陈虬、郑观应和康同薇。

陈虬（1851—1904），原名国珍，字庆宋，号子珊，后改字志三，

---

① 《中国古典戏曲论著集成》（二），北京：中国戏剧出版社，1959 年，第 34 页。
② 《中国古典戏曲论著集成》（二），第 38 页。
③ 《中国古典戏曲论著集成》（二），第 30 页。

号蛰庐，瑞安县人，近代著名改良派思想家。著有《治平通议》。陈虬从"严禁缠足"出发，认为妇女不缠足不仅是妇女个人的解放，而且是社会劳动力的解放，可以促使更多妇女进入到社会劳动之中。他还提出中国应像"泰西男女入学"一样，"设女学以拔取其材，分等录用"，[①]主张开办女学，让妇女读书和劳动。

郑观应（1842—1921），本名官应，字正翔，号陶斋，广东香山人，清末教育思想家。郑观应认为反对陈规陋习，让妇女回归社会地位的首要任务就是让她们自由拥有受教育的权利。为此，他在《女教》一文中指出，"拘于无才便是德之俗谚，女子独不就学"，此乃"政化之所由日衰也"[②]的原因所在，深刻批判中国对女子教育的不重视态度。在此基础上，郑观应还对创办女子学堂提出了自己的看法。他认为创办女学可以采取中西结合的方法，一方面参照"泰西"之做法，为女子开设各种专业，授以女红、纺织、书、数等科学知识和技能，另一方面讲授中国传统的《女孝经》《女诫》等女训道德规范。可以看出，郑观应仍然没有脱离封建传统的女子教育观，但是他较早地提出了开设女学的主张，具有划时代的意义。

康同薇（1879—1974）作为维新志士康有为的长女，自幼受到良好的家庭教育，是中国新闻事业史上第一批女编辑和女记者之一。她积极参与维新改良运动，反对千百年来封建礼教对中国女性的压迫和摧残，撰写了《女学利弊说》等文章，阐述了自己对女性的观点和看法。她在《女学利弊说》的篇首写道："凡物无能外阴阳者矣。光有白黑，形有方圆；质有流凝，力有吸拒，数有奇偶，物有雌雄，人有男女，未有轩轾者也"，[③]认为男女之别是自然之理，不应有贵贱之分，天生应是平等的，任何"扶

---

① 陈虬：《治平通议》《戊戌变法》（第一册），上海：神州国光社，1953年，第228页。
② 郑观应：《女教》，《中国近代教育文选》，北京：人民教育出版社，1984年，第58页。
③ 康同薇：《女学利弊说》，《中国近代学制史料》（第一辑下册），上海：华东师范大学出版社，1986年，第876页。

阳抑阴"的封建传统都是违背"天赋人权"的公理的。基于男女平等的理论，康同薇进一步提出女子亦应同男子一样享受教育，要创办女学堂让天下女子接受教育，学习科学知识。她介绍了当时世界各国的女子教育情况，如欧洲小国瑞典和挪威，文盲女性只占全国人口的百分之一，而邻国日本的女学生人数已达二百余万，女子可就读的学校有三百余所。并设计了"遍立小学于乡……分立中学于邑……特立大学于会城"的兴办女学方案，望"起二万万沉埋之囚狱，革千余年无埋之陋风，昌我圣道，复我大同，于蹉中国，其毋才壅智而自穷"。①积极投身于倡办女学的行列，成为倡导中国女子学校教育的先驱者。

2. 贤母良妻的女子教育思想

甲午战争后，随着民族危机的加剧，清朝末年涌现出一大批改良主义教育思想家。其中维新改良运动的领导者康有为和梁启超提出的改良主义教育思想尤其是女子教育思想最为全面、影响最大。他们倡导"兴女学"，提出"贤母良妻"主义女子教育，成为戊戌时期唯一的女子教育思潮。

康有为（1858—1927），广东南海人，中国近代著名思想家和政治家。他在著作《大同书》中剖析了当时中国妇女在封建伦理重压下的数种苦难，提出男女同权问题，为妇女呼吁："吾今有一件事为过去无量数女子呼弥天之怨，吾今有一大愿为同时二万万女子拯沉溺之苦，吾今有一大欲为未来无量数不可思议女子致之平等大同自立之乐焉。"②认为妇女遭受极端残酷的非人待遇是极不公平的，妇女应当同男子一样，享受各种权利，特别是男女平等接受教育的权利。

康有为主张晚清变革的当务之急是"宜先设女学"，认为正是因为千百年来的封建礼教将妇女排斥于学校教育的大门之外，才造成了晚清

---

① 康同薇：《女学利弊说》，《中国近代学制史料》（第一辑下册），第879—880页。
② 康有为：《大同书》，上海：上海古籍出版社，1956年，第126页。

社会各类人才的极端匮乏，受到列强各国的欺凌，所以在"兴学选才"时决不能排斥广大妇女，让男女学生能从小接受健全的教育。他在《请开学校折》中提出建立完善的学校教育系统，分别在乡、县、省三级设立初等、中等和高等学校，把女子教育纳入其中，让天下女子也进入"极乐世界"。康有为还率先提出了"胎教"和幼稚教育，并且主张"不论男女皆得为师"，意为妇女不单是受教育者，同时也可以成为教育重任的担当者，具有进步意义。

但是康有为在批判封建礼教对妇女的压迫的同时，却又极力袒护孔子的学说，甚至认为孔子也是主张男女平等的，这说明他的女子教育思想仍然摆脱不了封建礼教的束缚，他所设计的"兴女学"教育理想蓝图中，不乏出现与封建主义思想有着千丝万缕联系的画面。

康有为在女子教育思想上的局限性发展至其弟子梁启超，集中表现为"贤母良妻"主义女子教育思想的提出。梁启超（1873—1929），广东省新会县人，字卓如，号任公。他深受老师康有为的影响，十分关心妇女问题，尤其注重妇女教育问题。

梁启超在著作《变法通议》中专门写下一章《论女学》，阐述自己的妇女观和女子教育思想。他从批判中国传统的"女子无才便是德"的守旧观念出发，指责"此实祸天下之道也"。[1]主张必须让妇女走出家庭，步入社会，接受教育，实现自立。他认为，正是由于占人口半数的妇女缺乏教育，困于家庭，而靠男子扶养，既拖累家庭也拖累国家，是谓"故曰国何以强？民富斯国强矣。民何以富？使人人足以自养，而不以一人养数人，斯民富矣"。[2]所以女子教育的真正意义是"富国富民"，即"强国"。

但是在封建统治极为残酷的清末时期，要使女子教育得以真正实行，

---

① 梁启超：《变法通议·论女学》，《中国近代学制史料》（第一辑下册），第870—871页。
② 梁启超：《变法通议·论女学》，《中国近代学制史料》（第一辑下册），第870页。

是非常困难的。所以梁启超提出"采西人之法",仿效美英法,学习日本,建立一套完整的教育体系,以求中国女教的勃兴。其实质为推崇贤母良妻主义教育。他指出:"西人分教学童之事为百课,而由母教者居七十焉,孩提之童,母亲于父,其性情嗜好,惟妇人能因势而利导之。"①因此"蒙养之本,必自母教始;母教之本,必自妇学始。故妇学实天下存亡强弱之大原也"②。意思是子女受母亲的影响最为重要,母亲担负着教育子女的神圣使命。如果母亲有文化就能为国家造就人才,反之则会使子女流于不才。所以"欲强国,必储人才;欲植人才,必开幼学;欲端幼学,必禀母仪;欲正母仪,必由女教"③,女子教育为"保种"之本源,妇女应接受普通教育,要做"贤母"和"良妻"。正如梁启超在《倡设女学堂启》里写道,兴女学的目的为"上可相夫,下可教子,近可宜家,远可善种"④。就是以女学造就"相夫教子"的人才,辅助丈夫,教育孩子,家庭和睦,传宗接代,培养好下一代,使女子做个贤母良妻。戊戌时期中国开办的第一所女学堂的宗旨就是"启其智慧,养其德性,健其身法,以造就其将来为贤母、为贤妇之始基"⑤,意为培养女子为贤母良妻。

这里的贤母良妻从批判"女子无才便是德"的立场来看具有进步意义,但是它在倡导女子受教育的同时,将妇女紧紧束缚于家庭之中,女子教育的目的归根结底还是"相夫教子",全然抛弃了妇女自身的需求,因此它又是一个不彻底的妇女解放口号,所以待到辛亥革命和五四运动之时,终于成为推行妇女教育解放运动的绊脚石而受到社会的猛烈批判。

---

① 梁启超:《变法通议》,何光宇评注,北京:华夏出版社,2002年,第91页。
② 梁启超:《变法通议》,第92页。
③ 《时务报》第25册,1897年5月2日。
④ 《时务报》第45册,1897年11月15日。
⑤ 《女学报》第9期,1898年10月。

3. 从女国民教育到男女平等教育

20 世纪初，随着资产阶级革命的高涨，革命派要求女子作为国民的一员，担负起对国家尽义务的责任，投入到救亡存国的运动中去，做个真正的女国民，从而把妇女提到了国民的地位。

"女国民"是站在批判"贤母良妻"教育思想的基础上提出的。资产阶级革命派认为贤母良妻虽然授以女性科学文化知识，但只是在原来传统的"贤妻良母"上注入了所谓西方的学说观点，目的是更好地为男子服务，男女仍然不能平等平权，而在"天下兴亡、匹夫有责"时期，匹妇也有责，妇女也要对国家尽义务。妇女要实现对国家尽义务，首先必须彻底废除贤母良妻的教育方针，让妇女获得自身解放，具有女国民之精神。所以，当时的资产阶级革命派极力鼓吹和宣传女国民教育思想。

1903 年 4 月，中国留日女学生共爱会在创办宗旨上写道："拯救二万万女子，复其固有之特权，使之各具国家之思想，以得自尽女国民天职"，率先喊出"女国民"。[1] 1907 年，燕斌（炼石）在《中国新女界杂志》发刊词中着重强调："本社最崇拜的就是'女子国民'四个大字。本刊创办杂志的宗旨虽有五条，其实也只是这四个大字，本社新女界杂志从第一期以后，无论出多少期，办多少年，做多少文字，也只是反复解说这四个大字。"[2]《女子歌》中也出现这样的填词——"社会进化权力伸，我女子亦国民"。[3] 此外，秋瑾经常使用"女子亦国民"之语，向广大妇女宣传女国民思想。同时，一些先进知识分子的理论刊物和创办的女子学校，如金田翮的《女界钟》、蔡元培的女校教育宗旨等也在客观上推动了"女国民"教育思潮的形成。金田翮在《女界钟》中写道："女子与男子，各居国民之半部分，是教育当普及，吾未闻有偏枯之教育而

---

① 《日本留学女学生共爱会章程》，《女学报》第 2 期，1903 年。
② 燕斌：《本报对于女子国民捐之演说》，载《中国新女界杂志》1907 年第 1 期，第 42 页。
③ 江阴潘梦蕉：《女子歌》，转载李又宁、张玉法：《近代中国女权运动史料》（上册），第 451 页。

国不受其病者也。"① 表明女子也是国民的一分子，应提倡女国民教育。蔡元培创办的爱国女校三易章程，皆以"铸造国民为目的"②，始终把女国民教育作为创办女校之宗旨。

女国民教育的宗旨是使妇女成为"高尚纯洁完全天赋之人，摆脱压制自由自在之人，思想发达具有男性之人，德性纯粹模范国民之人，热心公德悲悯众生之人，坚贞节烈提倡革命之人"③，希望通过教育手段，使妇女养成民族国家之观念，投入到救国存亡运动中去，或是秘密开展宣传、教育、暗杀和武装起义等革命活动，为社会和国家尽责。

女国民教育突出了女子作为国民的重要性，相对于贤母良妻主义教育具有一定的进步性，但它过分强调为国家尽义务是女子唯一神圣的责任，忽视了女子自身独立个性的发展。它的出现具有鲜明的时代特征，是当时资产阶级革命的产物，所以随着辛亥革命的胜利，它逐渐走向消亡。

五四运动前后，女子教育思想开始了由"贤母良妻教育""女国民教育"向"男女平等教育"的嬗变，直接动力来自先进知识分子。他们认为，妇女的解放归根结底是人格的解放，女人应具有独立的人格，而这种独立人格的实现就要实行男女平等教育，是谓男子应有的权利，女子共有之；男子应尽的义务，女子共尽之。

男女平等教育的突出特点是主张男女同校。早在民国初年，沈佩贞提出"实行男女同校，以使灌输女界常识"④。之后的1918年，岭南大学最早实行男女同校，至1920年全校共有中学三年级女生11人，大学预科女生12人，大学一年级女生2人，大学二年级女生3人。⑤ 但是岭南大学是一所基督教学校。一般认为，五四运动后，邓春兰发出的"男

①③　金天翮著，陈雁编校：《女界钟》，上海：上海古籍出版社，2003年，第37页。
②　张玉法、李又宁：《近代中国女权运动史料》，第1007页。
④　《劝沈佩贞女士改名说》，《申报》1912年11月24日。
⑤　甘乃光：《岭南大学男女同学之历程》，朱有瓛：《中国近代学制史料》（第4辑），第559—560页。

女同校书"是男女同校真正引起社会重视的标志。出身甘肃的邓春兰在
1919 年曾致书北京大学校长蔡元培，要求在北大附属中学内"添设女生
班，俟升至大学预科，即实行男女同班"[①]，被称为"女子要求入大学
的第一声"[②]，将男女同校问题的呼声推向高潮。《晨报》《民国日报》《妇
女杂志》等率先发表了有关"开女禁"系列文章，宣传男女同校和妇女
解放。罗家伦在《通论妇女解放》中提出"男女共同教育，实行男女同校，
实在是妇女解放的一个极为重要的问题"[③]。并列举四大理由予以论证：
"（1）要得人类的平均发展，就有是想男女共同教育的必要；（2）男
女共同教育，可以提高女子的地位；（3）为得男女间正当的交际起见，
不能不实行男女共同教育；（4）要谋成立真正良好的婚姻，也非实行
男女共同教育不可。"[④]

在男女平等教育的呼声中，1919 年 12 月，北京高等法文专修馆率
先接收两名来自广东的女生黄筠、郑慧菁，为国立高等学校男女同校之
始。1920 年年初，蔡元培在上海《中华新报》发表讲话："大学之开女
禁问题，则余以为不必有所表示。因教育部所定规程，对于大学学生，
本无限于男子之规定……即如北京大学明年招生时，倘有程度相合之女
学生，尽可报考。如程度及格，亦可录取也。"[⑤]是年春，北京大学首
次对旁听女生进行"甄别试"，正式开始招收女生，成为"中国教育史
上一个大纪元"[⑥]。此后，男女同校的潮流遍及全国各地，各高校纷纷
仿效北京大学，解除女禁，男女同校蔚然成风。

男女同校实现之后，知识女性们开始争取男女教育条件完全平等，

① 《邓春兰给蔡元培的信》，朱有瓛：《中国近代学制史料》（第 3 辑下册），第 81—82 页。
② 徐彦之：《北京大学男女共校记》，《少年世界》第 1 卷第 7 期，1920 年。
③④ 罗家伦：《通论妇女解放》，梅生：《中国妇女问题讨论集》（第一册），上海：新文
化书社，1929 年，第 20—21 页。
⑤ 《蔡子民先生外交教育之谈话》，《中华新报》1920 年 1 月 1 日。
⑥ 张莲波：《中国近代女子教育思潮述评》，《河南大学学报》（社会科学版），1995 年第 4 期，
第 79 页。

进一步改革女子教育。1923年成立的中华教育改进社女子教育委员会制定了《改进中国女子教育之计划》，要求实行男女平等教育，强调女子教育是建设健全国家的一个要素，建议学校应培养女学生四种能力，包括征服自然的能力、与人友好相处的能力、生存的技能和通过正当娱乐陶冶性情的能力，[①] 如此现象表明男女平等教育重在培养女性独立完全的人格，直接造就身心健全的女性，实现妇女的自身解放，成为近代中国女子教育发展的最高和最终目标。

三、近代初期的中国女子教育形态

1. 太平天国的女子教育革命

千百年来，受"女子无才便是德"的束缚，女子不能接受文化知识教育，不能与男子一样就学，但是鸦片战争后，随着西方思潮的渗入，中国的女子教育形态开始发生历史性地改变。中国的女子学校教育的开始，是与社会的变革、妇女的解放运动交织在一起的。

1851年，以洪秀全为首的农民革命军在广西举行起义，历时14年，纵横18个省市，建国号太平天国。在这次起义过程中，太平天国实行了比较全面的改革运动，尤其是对于女子的参政、女子生活和女子教育等，提出了一系列的规定，对解放妇女有了最初的尝试。

太平天国遵循反清、反封建、反孔、反儒的教育方针，专门设立教育机构，不论贫富、出身、地位、男女等，全面普及教育。在女子教育方面，首先改革考试制度，给妇女受教育权利。自科举考试制度实施起，历来没有女子参加。但是太平天国规定女子也有参加科举考试的权利，他们开设女科，考试妇女，选拔女状元。据史料记载，1853年举行女子天试，洪宣娇为主考官，出题为"唯女子与小人为难养也"，"录取了状元、

---

① 中华教育改进社女子教育委员会：《改进中国女子教育之计划》，《新教育》第6卷第2期，1923年。

榜眼、探花等多人"。^① 然而对于这段记载争议颇大。《太平天国科举考试纪略》中说:"然遍考太平天国文献,实找不到天朝有关女科的制度"^②。女科考试是否真的存在姑且不论,但太平天国设有女官是不容置疑的。女官名号颇多,如"左辅正军师""右弼义正军师"等,有的甚至在天王府及各王府供职。

太平天国的女子教育形式主要有营中教育、馆中教育、宫中教育和社会教育。太平天国实行男女分营,营中女子教育主要有思想教育、革命教育和纪律教育,让女子如男子一样接受以军事操练为主的术科训练,壮大太平女军力量;馆中女子教育属于"后勤"职责教育,馆中女性各就其职、各有任务,或从事肩米、背盐,或筑营、开沟等劳作,发挥女性参与战争、支持革命的作用;宫中教育主要是针对诸王特别是洪秀全后宫妃嫔们的教育。太平天国虽规定实行一夫一妻制,但只限于普通民众,诸王们可以娶很多妻子。对于诸王的妃嫔们实行的宫中教育,则回归到了传统的"三从四德",主张"女道""妇道""妻道"等,重新将女子束缚于封建道德之中。社会女子教育内容和形式多样,如太平天国每七天对天国的成年男女进行一次政治思想教育;在礼拜堂中实施的宗教教育;后期设立的育才馆、育才书院式的类似学校的教育等等。

太平天国由于阶级的局限性,在女子教育内容等方面又回到了守旧的礼教,重新将歧视和压迫妇女的封建道德几乎全部恢复,但是它主张男女平等接受教育,注重女子读书识字明礼,极大改观了清朝女子的精神面貌。尤其是太平天国严禁缠足等措施的实施,为维新妇女的不缠足运动奠定了基础。

---

① 汪堃:《盾鼻随闻录》卷八,《中国近代史资料丛刊·太平天国》(第4册),上海:神州国光社,1952年,第423页。
② 商衍鎏:《太平天国科举考试纪略》,北京:中华书局,1961年,第74页。

2. 不缠足运动与女子教育

不缠足运动首先是由男性发起的，而后女子逐渐加入。1883 年，康有为在广东南海创立不缠足会，制定《不缠足会草例》，号召妇女天足，之后 1895 年，康有为偕同其弟再度成立了粤中不缠足会，在其影响下，各地开始创设不缠足会。不缠足运动在 1897 年达到高潮。梁启超、谭嗣同、康广仁等人拟定了《试办不缠足会简明章程》，规定：

（1）凡入会人所生女子，不得缠足。

（2）凡入会人所生男子，不得娶缠足之女。（此指入会后所生男而言。若会前年已长大，无不缠足之女可娶，或入会人尚少，择配不易相当，则不在此例。）

（3）凡入会人所生女子，其已经缠足者，如在八岁以下，须一律放解，如在九岁以上不能放解者，须於会籍报明，方准其与会中人婚娶。

（4）凡入会者书其姓名年岁籍贯居仕履，及妻之姓，子女之名，（凡未定婚者皆报名，已定婚者无容报名。）以备刊登会籍之用。

（5）凡入会后所生子女，当随时陆续报名，以备续刊会籍。[①]

此章程在当时的社会中引起了强烈的反响。一时间，各界知识人士纷纷建议皇帝下诏，禁止缠足，提议奖励不缠足妇女、创办不缠足会报，主张开设女学堂，优先录取不缠足妇女等。

1897 年 7 月，梁启超和谭嗣同等人在上海设立不缠足总会，接着，广东、福建等省先后设立不缠足分会，一些府、州、县也相继设立分会。1898 年，随着"百日维新"的开始，8 月，康有为上奏《请禁妇女裹足折》，痛陈妇女裹足之弊病，请求光绪帝下诏严禁妇女缠足。光绪帝同意康有为的奏折，下令各督抚推行不缠足运动。这样不缠足运动获得了政府的支持，发展之势盛况空前，加入不缠足会的人数多达三十余万。

---

① 陈东原：《中国妇女生活史》，上海：上海书店，1984 年，第 318 页。

但是由于封建保守派的极力反对和镇压，不缠足运动随着维新运动的失败而告终。

不缠足运动虽然失败了，然而正如陈东原先生所指出的，"不缠足运动不过是维新运动的前驱，维新运动的最后目的，实在是兴女学"[①]。不缠足运动让不少女子逃脱了缠足之厄运，促进了中国女性的觉醒，使更多的女子走上了受教育的道路。维新前后，不少有志向的女子，远渡重洋，赴海外留学，成为中国第一代知识女性。

3. 近代初期中国的女子学校

鸦片战争后，随着西方思潮的输入，不少传教士亦乘势涌入，在中国进行一系列活动，其中以文化教育活动为最。他们开启了中国近代女子学校教育之先河，创办了中国历史上第一批女子学校，摧毁了中国重男轻女的封建教育体系，为中国女子教育事业的发展起到了推波助澜的作用，这些我们将在下一章详细叙述。

中国的教育理应由中国人自己来完成，中国的女子学校同样理应由中国人主办。早在维新运动之前，一些有识之士就提出了开办女学堂的议案，但未得到重视。维新运动的 1897 年，经元善、梁启超、康广仁和郑观应等有志之士，开始酝酿筹办女子学堂，并于次年 5 月 31 日，正式创办了中国历史上第一所由中国人自办的女学堂——经正女学堂。此后，私家设立女学堂逐渐增多。1902 年，上海务本女塾、上海爱国女学等相继设立。在这种兴女学的风气之下，封建官僚开始转变对女学的态度。1903 年，荣庆、张之洞、张百熙拟定的《奏定学堂章程》中涉及了女子教育方面，表露出女子必须接受教育，但还是把女子教育定格在家庭教育。1906 年 2 月 21 日，慈禧太后面谕学部，振兴女学。

官办女学的真正开始是在 1907 年。3 月 8 日，清政府学部奏颁了《女

---

① 陈东原：《中国妇女生活史》，第 318—319 页。

子小学堂章程》和《女子师范学堂章程》^①，正式承认了女子教育的合法地位，将女子教育纳入学制系统。《女子小学堂章程》认定女子小学堂"以养成女子之德操与必须之知识技能，并留意使身体发育为宗旨"，规定女子小学堂分为女子初等小学堂、女子高等小学堂及女子两等（并设）小学堂，严令女子小学堂与男子小学堂分别设立，不得混合。女子初等小学堂开设修身、国文、算术、体操、女红 5 门课程，另外还有音乐、图画 2 门选修课程；女子高等小学堂在初等小学堂课程之上另加中国历史、地理、格致、图画，选修课仅音乐一门。章程规定"修身"课须初授以"孝弟慈爱、端敬贞淑、信实勤俭诸美德，并就平常切近事项，指导其实践躬行，渐进则授以对于伦类及国家之责任"，"援引古今名人及良媛淑女嘉言嘉行，以示劝戒，常使服膺勿忘"。总之，女子小学堂以培养女子的道德和爱国情操为主旨。

《女子师范学堂章程》共 6 章，"以养成女子小学堂教习，并讲习保育幼儿方法，期于裨补家计，有益家庭教育为宗旨"，"限定每州县必设一所"，分官立、私立两部分，注重"贤母"教育。女子师范学堂设立修身、教育、国文、历史、地理、算术、格致、图画、家事、裁缝、手艺、音乐、体操，其中音乐为选修。章程规定"修身"课程要旨在于涵养女子之德行，以《列女传》《女诫》《女孝经》《内训》《教女遗规》等为课本。故女子师范学堂的教育目标主要是培养女子贞静、顺良、慈淑、端俭诸美德，再辅之其他知识教育。

《女子小学堂章程》和《女子师范学堂章程》奏定后不久，学部又发出《通饬京内各女学堂文》，开展如何完善女学制度的讨论。自此而后，官立女学和私立女学并驾齐驱，竞相筹办，如火如荼。天津北洋女子师范学堂、北京豫教女学堂、京师女子师范学堂、奉天淑慎女学堂、山东女学

① 以下关于《女子小学堂章程》和《女子师范学堂章程》中的引用内容均引自《大清光绪新法令》（第 13 册），上海：商务印书馆，1909 年，第 40—47 页。

堂、山西女学堂、杭州女学堂、湖北女子师范学堂、湖南周南女塾、广东公益女学、广西容县龙胆女学、苏州振华女学、河南女子师范学校、台湾女学等，犹如雨后春笋般显现。下表为 1907 年全国女子学堂统计数据。

表 2.2 1907 年全国女子学堂统计数据[①]

所在地区	学堂处数	职员人数	教员人数	学生人数
京师	12	22	59	661
直隶	121	127	168	2523
奉天	12	17	60	694
吉林	0			
黑龙江	2	1	4	90
山东	1	5	6	54
山西	5	7	15	149
陕西	10	10	20	154
河南	3	4	4	84
江宁	24	61	99	803
江苏	72	197	545	3395
安徽	2	8	12	86
浙江	32	64	138	995
江西	6	15	13	155
湖北	?	12	21	477
湖南	7	13	36	412
四川	70	?	157	2246
广东	6	22	39	391
广西	17	9	26	589
云南	18	19	34	1027
贵州	5	5	24	267
福建	3	4	21	244
甘肃	0			
新疆	0			

① 此表出自光绪三十三年（1907 年）学部第一次教育统计图表。但据雷良波等考证，此表中个别数据有出入，如其中直隶的学堂数量与《直隶教育杂志》的同期统计不相符，《直隶教育杂志》的统计结果仅有 97 所。

从此表中可以看出，各地女学堂总数达四百多所，女学生人数也近万人，初具规模。而且在女子普通学堂发展的同时，女子职业学校亦开始启动，主要有三类，即蚕业、纺织刺绣、医学护理等。女子蚕业学堂主要集中在纺织业、蚕茧业较发达的江浙闽一带，其中影响较大的有上海女子蚕业学堂、福建蚕桑女学堂和杭州蚕桑女学堂等。女医学堂主要有上海女子中西医学校、北京女医学堂、北洋女医学堂、杭州产科女学堂等，其中上海女子中西医学校办学较早，影响较大，为中国女医学奠基。女子职业学校中以女工传习所命名者居多，这类学校以培养女子技术工人、提高女子技艺为目的，所设置时间与蚕业女学堂基本同步。上海速成女工师范传习所、扬州女工传习所、杭州工艺女学堂、四川女工师范讲习所等为此类代表。

女子教育方面的学制章程出台之后，各地女学兴起，女子学校数量激增，为中国女子走出家门，走向社会，接受文化知识教育开辟了渠道，极大促进了中国女性的觉醒和妇女解放。一部分女子在接受了文化知识教育后，深感女子无才便是德的弊害，转身投入到女子教育事业，或办女学，或做教员，成为中国女子教育事业中的生力军，为中国女子教育的发展谱写了绚丽的篇章。

第三节　韩国近代女子教育论的出现

近代以前，在儒家思想和封建的伦理纲常的压迫下，朝鲜半岛妇女深受"三从之道"等"妇德"观的束缚，被牢牢地禁锢在家庭中，丧失受教育权利。19 世纪中叶，在欧美列强不断开港的要求下，朝鲜政府不得不放弃闭关锁国政策，逐步允许教会在朝鲜各地办近代学校。19 世纪末，面对丧失国权的危机，有识之士从救亡图存的需要出发，提出了教育富国、废除科举兴办学校等改革主张。女学在这种背景下兴起并发展起来。韩国史学界和教育界对近代教育的开端并没有明确的时间划分，但普遍把19世纪80年代中后期至20世纪初期视为近代教育的发端。此时，由于陆续出现近代学校和近代新教育政策，因此也称为开化期。开化期是朝鲜半岛近代女子教育的形成及发展时期。在韩国，近代教育主要是指以吸收西欧学校教育为主的教育，不同于传统的儒学或汉学教育。也就是说，近代教育蕴含着西欧的人人平等的价值观以及民主主义价值体系。考察韩国近代女子教育萌芽，可以通过近代女子教育论和建立女校运动来进行。虽然当时的女子教育倾向于男女分工主义，男女教育在内容上也存在很大差异，但毕竟是冲破了几千年来束缚女性的传统枷锁，使女性走出家门，进入学校，能够得到教育机会，因此此时期女性教育具有重要的现实意义。尤其国家危难时刻，女性能够主动开展各种形式的爱国运动，把女子教育和救国爱国结合起来，使女性真正成为国家的主人公。

一、近代以前的女子教育论

由于深受中国儒学影响，朝鲜半岛的女子教育沿袭封建传统教育，女子只能在家中接受母亲的言传身教，不能进入私塾学习。儒教社会的中心是家庭。而家庭的秩序建立在孝的基础上。孝作为对父母养育之恩的回报是理所当然的事情。女性在结婚前要孝敬父母，结婚后要孝敬公婆。特别是，女性出嫁后进入丈夫家庭就需要将公婆作为父母奉养。对公婆的孝比对丈夫的顺从更重要。在家长制社会，女性不能生育儿子是最大的不孝。假如不能生育儿子，就会被公婆赶出家门，这是"七出"的首要条件。"七出"是指符合以下七个条件，男子可以提出离婚。一是未侍候好公婆；二是未生子（无子）；三是有不贞的行为（淫逸）；四是有嫉妒行为；五是患有癫痫等遗传疾病（恶疾）；六是多言；七是偷窃东西等。同时还有"三不去"的规定，即假如出现以下情形不得提出离婚。一是为公婆服三年丧；二是先贫贱后富贵；三是离婚后妻子无家可归等。总之，在朝鲜王朝时期（1392—1910）非常注重对女子的传统妇道教育。在儒教社会，尤其重视母亲的言行对子女的影响，对 10 岁以前子女的教育责任全部落在女性身上。母亲的作用是教育好子女，在家庭中确立三纲五伦秩序。当时，贞操和顺从是女子美德，并根据"女必从夫"的观念要求顺从丈夫。士大夫家庭的女子虽然在家接受教育，但当时朝鲜社会崇尚文学，因此女子可以在家学习诗词和画画。但一般来讲，最主要的是强调女性的言行举止、礼仪规范、心性修养等，也就是说，女子教育的根本目的在于培养"贤母良妻"。朝鲜"贤母良妻"的代表人物是师任堂申氏（1504—1551）。她是朝鲜王朝时期女性的榜样。《内训》是朝鲜时期专门用来培养贤母良妻的教材，详细记载了女性的行为规范。成宗李娎的母亲德宗妃昭惠王后（仁粹大妃，1437—1504）韩氏根据当时朝鲜的情况，为规范宫中妃子的行为，特意撰写《内训》，该书参照中国的女训书，把妇道的规范编辑成七篇，于 1475 年翻译成韩文发行。1656 年（孝宗七年）重新印刷，1736 年（英祖十二年）改成活字本印刷。此书是朝鲜王朝时期规范宫中女性、倡导女教的主要教科书，内容包括言行、孝亲、婚礼、夫妇、母仪、敦睦、廉俭等等。《内训》强调妇德、妇言、妇容、妇功等四行。朝鲜王朝时期理想女性的标准是具备《内训》中的"四行"者。妇德，并非指才能比别人出色，而是行为举止要端正。妇言，并非能言善辩，而是分场合说话。妇容，并非指容貌秀丽，而是服装整洁，经常沐浴身子。妇功，并非纺线织布有多出色，而是不乱说话，房屋清洁礼貌待客。除此之外，还有许多体现了儒家女性观的女教书，如《女诫》强调卑弱、夫婿、敬顺、妇行、专心、屈从、和叔妹等内容。《女论语》章节涉及立身、学作、学礼、早起、事父母、事舅姑、事夫、训男女、营家、待客、和柔、守节等。《王节妇女范捷录》章节涉及统论、后德、母仪、孝行、贞烈、忠义、慈爱、秉礼、智慧、勤俭、才德等。贵族出身的教育家李德懋（1741—1793）在《士小节》

中强调妇仪，内容包括性行、言语、服食、动作、教育、人伦、祭祀、事物等。其中，在"教育"中强调女性应该谦逊、对待子女充满慈爱，平等对待每个子女。"昏义"中要求用妇德、妇言、妇容、妇功去教育女性。他认为德就是贞顺、言就是善言、容就是端庄温柔、功就是会纺丝麻。

二、近代女子教育论

开化期出现了新的女性观和近代女子教育论。开化派思想家主张朝鲜的开放和近代化，并倡导新的女性观和女子教育论。"兴女学"作为妇女解放的切入点，引起开化派的热切关注。他们历数女子教育在家庭与社会中的种种作用，发出了"妇学实天下存亡强弱之大原"的感叹，提出了"强种保国""相夫教子"的女子教育论。

1. 天主教、基督教及东学的尊重女权思想

有韩国学者指出："韩国引入西洋文物的形式同其他国家相比具有一定的独特性，即并非依靠与韩国有关系的西洋人，而是通过朝鲜人本身完成引入、研究工作的。"[1] 18 世纪中叶，朝鲜派往北京的赴京使行[2] 接触到"清欧文明"，回国时带回从北京的天主教会获得汉译西学书。这些西学书涉及面广、内容庞杂，一般分两大类：一是西洋科学、技术的书籍；二是西洋伦理、宗教的书籍。李瀷（1681—1763）是西学研究的最有力的推动者，他不仅关心西洋宗教、伦理，还非常关心天文、历法、地理。当他阅读《泰西水法》《天问略》《职方外纪》后，提高了对西洋科学的认识。[3] 洪大容（1731—1783）是北学派（朝鲜实学流派之一）的代表人物，具有极强的数学能力，著书《筹解需用》介绍西洋近代数学知识。洪大容主张并立证"地转说"，还曾经就太阳黑子提出了质疑。

---

① 李元淳：《朝鲜西学史研究》，王玉洁等译，北京：中国社会科学出版社，2001 年，第 41 页。
② 赴京使行：朝鲜李朝派往明、清两朝的外交使节。
③ 李元淳：《朝鲜西学史研究》，第 54 页。

李瀷、洪大容等实学家探究学问，给 18 世纪处于朱子学社会秩序的朝鲜展示了新的世界。通过这些汉译西学书，天主教的"在神面前人人平等"理念也传入朝鲜半岛社会，动摇了身份秩序。天主教把女性看成跟男性一样的人，提倡一夫一妻制度，禁止纳妾，给传统家族制度带来震撼，为新价值观的出现奠定了基础。

　　基督教进入朝鲜半岛比天主教晚一个世纪，即 1882 年朝鲜与美国签订《朝美修好通商条约》之后。由于基督教传入朝鲜半岛时已经开港，再加上闵氏政权的庇护，很快传播开来。基督教传教士们根据在其他国家的传教经验，侧重于医疗和教育传道。医疗方面，基督教中的长老教会主要开展以宫廷或统治阶层为中心的医疗服务，而监理教会主要开展以普通民众为对象的医疗服务事业。教育方面，主要通过开办近代学校，对民众进行知识启蒙。如 1885 年建立的培才学堂，是实施近代教育的最早的学校，由美国传教士亚本塞罗（H.G.Appenzeller）创办。次年建立的梨花学堂给女性提供了接受教育的机会。在女子教育方面，女传教士成为主导力量，其传教活动诱发朝鲜女性接受教育，参与社会。女传教士展现了女性的社会作用和独立生活的风采。当然基督教女子教育不可避免的带有局限性和保守性，如女子教育强调女性成为丈夫的真正伴侣，即强调贤妻的角色。

　　1884 年甲申政变^①失败后，朝鲜国内矛盾进一步激化。政府加重农民的负担，日本对朝鲜农业的掠夺加剧。在此过程中，农民的政治、社会意识增强。1894 年，在朝鲜境内爆发了大规模的由东学党领导的反对封建统治、反对帝国主义瓜分侵略的东学农民运动。东学即天道教，其

①　甲申政变：指 1884 年 12 月 4 日（农历甲申年十月十七日）朝鲜发生的流血政变。这次政变由以金玉均为首的开化党主导，并有日本协助。政变的目的有两个，一是摆脱清朝控制，二是改革朝鲜内政。开化党暗杀了七名守旧派大臣后，发布了具有资本主义色彩的政纲，故甲申政变是朝鲜第一次资产阶级改革的尝试。12 月 6 日，袁世凯率领清朝驻朝军队镇压了这次政变，开化党人或被处死，或亡命日本。

创始人崔济愚提出"人乃天"的思想。崔济愚的继任者崔时亨强调"夫妻和睦是道的基础"。东学的人人平等思想蕴含了女性解放思想。东学农民运动要求政府允许寡妇再嫁,此要求后来在甲午改革中得以实现,即"不论贵贱,寡妇可以自由再婚",而且开展给女性起名字的运动。

2. 官方主导型改革运动——甲申政变及甲午更张

19 世纪中叶,由于外国列强的侵略,朝鲜社会面临危机。当时朝鲜的实际统治者、兴宣大院君(1821—1898)在加强国防力量的同时采取闭关锁国政策,拒绝列强的通商要求。闵氏掌权后国内外政策发生了变化。19 世纪 80 年代,朴珪寿、吴京锡、柳宏基等有识之士进入政界,推行开化政策,促进改革运动。主要吸收西方文化,通过文明开化,促进社会改革,并且建立近代教育制度。此时,日本强迫朝鲜开放门户,迫使朝鲜签署《江华岛条约》。这种国内外形势的变化使朝鲜儒家社会体制解体,通商开化论逐渐发展为开化思想。1884 年甲申政变后,开化党政府制定十四条政纲,主要有废除对清廷的朝贡,树立全民平等权利,去除门阀,登用人才,改革税制,实行内阁政治,等等。十四条政纲还批判身份制度,促使传统的男尊女卑思想瓦解,开展女子教育。甲申政变否定和批判了固有的社会体制。甲申政变失败后,闵氏政权也不得不采取补救性的洋务开化政策。但在执行过程中,受中日关系的影响,未能自主、如期进行。

1894 年,日本在甲午战争中胜利,开始加强对朝鲜的渗透,这使朝鲜半岛社会矛盾日益激化,引发了东学农民起义。危机四伏的形势迫使朝鲜政府进行了改革,被称为"甲午更张"。尽管甲午更张中日本的影响贯穿前后,但某些内容还是具有一定近代化意义。甲午更张的基本纲领为"洪范十四条",其中规定打破身份制度;按能力采用人才;废除奴婢文书;禁止人身买卖和早婚制度;允许寡妇再嫁。甲午更张时设立的"学务衙门"承担了近代教育的全部职能,废除了持续一千多年的科举制度。1895年年初，高宗国王颁布了"教育立国诏书"，这份诏书将"智育""德育""体育"一起列为教育的三大纲领。按照"教育立国诏书"，政府制定了设立和运营各种学校的基本法，在全国大城市陆续设立了小学、中学及师范学校。在同年颁布的"小学校令"中，明确规定在小学教育阶段实行不分男女的义务教育，当然包括女子教育。对于女子教育一边强调妇女独立，另一边强调为国家富强，培养贤母。虽然政府希望通过甲午更张实现国家近代化，但并未取得实质性成果。甲午更张提出的很多改革内容多半停留于书面而未付诸实践。但此次改革毕竟奠定了近代教育的法制基础，设立了许多国立教育机关。朝鲜半岛女学在这样的背景下兴起并发展起来。

3. 民间主导型自主开化运动——独立协会和爱国启蒙运动

甲午战争后，朝鲜统治者认识到日本取胜是近代技术及作为其后盾的欧洲文明发挥了关键性作用，而且更深切感悟到日本已成为威胁朝鲜王朝的国家。19世纪末，面对严重的民族危机，有识之士从救亡图存的需要出发，提出了抵御外侮，富国强兵，废除科举兴办学堂，改旧学倡新学等一系列维新改革主张，努力推行带有近代化特征的新式教育。开化势力与基督教势力合作组织成立了独立协会[1]，以民众为基础，推进了近代化运动。《独立新闻》[2]《独立协会》、"万民共同会"开展的自主独立和自由民权运动。自由民权运动不仅是近代意义上的言论、出版、集会、结社等的实践，也是以自主、民权的近代政治观为基础的建设近代化国家的运动。[3] 开化派女子教育论的代表人物为朴珪寿、金玉均、朴泳孝、俞吉浚等人。他们提倡以西方女性为样板的女子教育论，虽然

---

[1]　朝鲜王朝后期由资产阶级知识分子组成的社会团体，其存在的时间为1896年7月到1898年12月，广义上是从1896年4月《独立新闻》创刊到1899年1月各地支会解散为止。

[2]　《独立新闻》是"专为朝鲜人"办的韩文报纸，以刊登民族新闻为目的，其内容多为"内外、男女、上下、贵贱均可了解的朝鲜消息"。

[3]　李元淳：《朝鲜西学史研究》，第439页。

主张观念上的开化，但并没有提出女性摆脱封建束缚的具体方法，对女性进行教育的必要性也局限在家庭中的作用。他们在力陈女子教育的重要性和必要性之后，呼吁一切志士仁人都来关心倡办女学堂。由于开化人士的倡导和力行，使女子教育冲破封建专制的藩篱而发展起来。

韩国学者赵京源把开化期出现的女子教育论分为六个方面，即开化派人士们主张的女子教育论、传教士们通过创小基督教系女校主张的女子教育论、政府通过甲午改革主张的女子教育论、"独立协会"主张的女子教育论、"赞襄会"通过成立女校所主张的女子教育论、《乙巳条约》后出现的女子教育论[①]。如果按照当时各派女子教育论的主张进行划分，内容上重复较多，本书主要根据开化期的时代特征及女性观的变化，划分为男女平等主义女子教育论、男女分工主义女子教育论和救国主义女子教育论。

男女平等主义女子教育论

该教育论主张女性跟男性一样，都是上天赋予的生命，故应该与男性一样享有同等的权利，其中当然包括受教育的权利。很多有识之士在频繁接触西方文化中认识到社会落后的根源在于女性未接受教育，因此，需要向女性提供教育机会，启发女性的能力。1884 年甲申政变失败后，开化党代表人物之一朴泳孝流亡日本，1888 年在流亡地写了给国王高宗的"开化上疏"，其中主张设立小学和中学，使 6 岁以上男女儿童平等地接受义务教育。朴泳孝是朝鲜半岛最早提出对男女进行小学义务教育的人士。他虽然没有专门提出对女性进行教育，但是他从男女平等的角度所提出的把女性纳入近代学校教育制度框架内的思想具有划时代的意义。朴泳孝还在"开化上疏"中呼吁尊重女性的人格，禁止虐待和奴役女性，禁止终止妊娠，允许寡妇再嫁，废除纳妾制度，禁止早婚。1896

---

① 赵京源：《开化期女性教育论的状况分析》，梨花女子大学师范大学教育科学研究所：《教育科学研究》第 28 集，1998 年，第 23—42 页。

年4月7日，《独立新闻》刊登社论，提出女性应该接受新式教育，扩大知识面，进而争取女性的权利。在同年5月12日社论中提到女子教育事关国家兴亡，应建立国立女校，使女性与男性一样得到同等的教育机会。此时其他各种刊物也反复强调"女性教育效用论"，指出女性教育的意义在于培养优秀的国民，并把女性教育升华到民族、国家的高度。1896年9月5日的《独立新闻》指出，"政府急需做的事情就是教育女孩，但是朝鲜从不把女孩当人看，也不对她们进行教育，这相当于放弃了一半人口。如果政府建立女校对女孩进行教育，等于将把放弃的人口一半变成有用的人。希望有觉悟的女性不要放弃自己的权利，要学习知识，同男人一样，做男人不能做的事情。"1905年12月8日的《大韩每日新报》也指出，人的才能男女相同，而且女性的性格适合做学问。虽然具有美貌的女性不少，但无法使用自主权利表现自己的才智，应该开设女校，使女性接受教育，积累学问，开阔见识。当政府受到外国干涉和胁迫开港时，这些有识之士把民族和国家的希望寄托在女子教育上，但此时有关女子教育的讨论较多集中在对女性进行贤母教育，故女子教育的意义和效果并非在于培养女性的独立意识，而在于培养为家庭和民族服务的贤母。虽然天赋人权论主张男女平等，但还没有脱离传统的男女分工，主张教育女性的目的也只是使女性更好的管理家庭和养育子女。

男女分工主义女子教育论

徐载弼是韩国近代史上著名的开化派政治家、独立运动家，基督新教信徒。甲申政变失败后经由日本逃亡美国，1895年年底归国，创办《独立新闻》和独立协会，宣传启蒙思想。1896—1898年他通过在《独立新闻》上发表社论，强调女子教育的目的在于培养优秀国民。他认为只有母亲有学问，才能培养出身体健康、具有正确见解及实现能力的近代国民。1900年，《大韩自强会月报》《西友》《大韩学会月报》《畿湖兴学会月报》等刊物也积极宣传"国家贤母论"。大韩自强会的创始人及副会长尹孝定不仅认识到女子教育的重要性，还以身作则，把女儿尹贞媛送到日本和欧洲留学。他在《大韩自强会月报》第 1 期（1906 年）上发表了题为"女子教育的必要性"的文章。文中对文明国家受过教育的女性与落后国家未接受教育的女性进行了比较，阐述受过教育的女性在子女教育方面具有合理性和条理性。他认为理想的母亲不仅重视子女的身体健康，更重视子女的德育教育，朝鲜的妇女从未接受理想的女子教育，因此无法教育好子女。这种现实酿成"国民之不繁"及"人才之不兴"。因此，开展女子教育是国家富强的必备条件。李哲柱在《畿湖兴学会月报》第 10 期（1909 年）刊登了题为"女子教育的迫切性"的文章，强调女子教育的重要性在于培养出色的国民。他认为朝鲜未出现孟子、欧阳修那样的人才，就是因为缺乏贤母。因此，根治国家的腐败，培养人才的重任落在女子教育上。这些男性知识分子的共同点是强调女子教育是根本，是文明之源，同时，他们是站在男女分工的立场上谈女子教育，强调女性在家庭中的角色。这一时期，作为女子教育的具体内容，大量翻译了欧洲国家的著作。一些刊物连载了《家庭学》《育儿法》《家庭卫生学》等书的内容。可见，此时期女子教育灌输的知识局限在子女教育上，女子教育的意图在于把女性培养为贤母。

救国主义女子教育论

1905 年，日本通过《已巳条约》将朝鲜强行纳入其保护国范围。民众意识到只有通过发展近代产业，才能恢复民族独立，实现国家富强。而近代产业需要通过发展近代教育才能实现。为了恢复国权，维护独立，出现了强调女性作为国民的责任，期待女性参与救国运动的倡议。俞吉浚是第一个主张从国家富强的角度专门针对女性进行教育的知识分子。他在 1895 年出版的《西游见闻》中曾介绍美国女性的社会参与和地位，促进女子教育和社会参与，批判早婚、包办婚姻及纳妾等恶俗。俞吉浚从"效用论"的角度阐述了女子教育的必要性。他认为，第一，未接受教育的女性很难胜任"治家"和"待客"等传统女性的职责。第二，国家有难男性奔赴战场时，女性需要具备代替男性履行职责的能力。第三，不重视女子教育的国家即使人口达到千万，也不过五百万人。以此来表达若不重视女子教育，国家会蒙受损失。第四，女性承担教育孩子的重任，因此迫切需要对女性进行教育。假如一个国家的女性没有知识，那么这个国家肯定要衰亡，女性也就成了国家的罪人。从而，强调母亲的影响力和责任不应只停留在家庭，而应从国家的角度重视起来。他认为，"孩子是国家的根本，而女性是孩子的根本"，以此来强调女子教育的重要性。他认为，不教育女性，还希望女性成为贤母，是一种对牛弹琴的做法。徐载弼在《独立新闻》中主张，国家的兴亡取决于女子教育，警告不重视女子教育国家就要衰亡，强调女子教育的紧迫性。独立运动家朴殷植强调："妇女如没有学问，就不懂家庭教育，无法培养子女的德行。朝鲜半岛人口两千万人，而一半是女性，这些女性得不到教育，就会变得愚昧无知。因此，女子教育是民族存亡的关键。"朴恩植认为母亲的作用与国家的兴衰有密切联系。"如果母亲在教育中一直强调爱国，那么孩子不可能不爱国；如果母亲一直灌输忠孝，那么孩子不可能成为不孝之子。为了挽救衰弱的朝鲜民族，就必须着手进行女子教育。"

　　女子教育的演变是随着时代的变迁完成的。经过短暂的开化期之后，朝鲜半岛进入日本殖民统治时期，对女子教育的探索始终围绕"贤母良妻"和"女国民"教育展开，虽然也提到"男女平等"的教育，但直到1945年光复也未形成气候。韩国近代女子教育忽视了女子独立个性的发展，直接影响了现代韩国女性的就业观。女国民教育思潮具有鲜明的时代特征，是为了国家和民族独立，所以随着1945年民族解放，这种教育思潮逐渐消失。光复后，韩国女子教育又回归到"贤母良妻"，把"贤母良妻"作为女子唯一的人生目的。

第三章　基督教与女子学校的诞生

基督教是西方列强进行义化渗透，实现"为基督征服世界"目标的重要工具。西方传教士在中国、日本和韩国等东亚国家的活动涉及各个领域，但其在教育方面的影响可谓最强。中国、日本和韩国三国的女子教育都是以基督教会创办的女子学校为发端。这些教会女学从普通教育、师范教育、职业教育到特殊教育，从小学、中学到大学，逐渐形成了一套较为完整的教育体系和办学模式，直接催生了中、日、韩三国的自办女学，在改变东亚国家的女子教育现状，促进当地妇女的觉醒和自立产生了积极的影响。

第一节　日本的基督教女子学校

早在近世以前，来自西方的基督教徒就在日本开始了他们的布教活动。这些传教士在日本的九州、中国等地一面传教，宣扬人类没有贵贱贫富差别、追求社会的平等，另一面从事一些没有身份贵贱和男女差别的教育事业。他们从儿童教育开始，逐步设立初等教育机构和学校。这些学校教授英语、算术、修身、绘画等课程，实行男女无差别的教育，对当时的女子教育带来了一定影响。

一、基督教系女校的产生及初等教育

1 "斐丽丝"和英女学校的创立

幕末至明治初年，来到日本的基督教传教士们对教育更是倾注了十分的热心，一些女传教士为了传播自己的信仰，开始登陆日本进行传教

和教育活动。她们创办了近代日本最早的女子学校，成为日本最初的女教育工作者，开创了女子教育的黎明，对近代日本早期的女子教育做出了贡献。

来自美国的女传教士凯达（Mary E. Kidder）被称为"日本最初的女教育者"[①]。她于1870年在横滨设立的"斐丽丝"（Ferris）和英女学校是近代日本第一所女子学校。凯达于1834年出生于美国的康涅狄克州，成人后一直担任学校的教师，从属于基督教归正派教会。1869年与新潟英语学校的外籍教师 S.R. 布兰登（Brown S.R.）一起来到日本，不久也在新潟教授英语。1870年9月，凯达在横滨以一天教授三小时英语的家塾形式开始了她的女子教育活动，这就是"斐丽丝"和英女学校最初的形态。1872年，"斐丽丝"和英女学校转到神奈川县知事大江卓提供的野毛山官舍附近的一间日式房屋。1875年又迁至山手—七八番地的新校舍，开始取名为"艾伊扎库·斐丽丝"学院（Isaac Ferris Seminary），之后又更名为"斐丽丝"学院（Ferris Seminary），也就是今天斐丽丝女学院的前身。

虽然最初只有6名学生，但学校很快就发展起来了，次年6月学生人数就上升至28人，到1875年学校迁至新校舍时，人数已经达到50余人了。学校的课程设置也由最初的一门英语增加为教理问答、圣书讲读、习字（日语）、汉文、英语和简单的科学等，另外还有一些缝补、编织和刺绣等课程。次年，又增加了算数、地理、哲学入门、植物学、作文、世界史和英语阅读等，课程的设置逐渐趋于完善。1879年，凯达随丈夫回国，两年后又返回日本，但这次她离开了"斐丽丝"和英女学校，而与丈夫定居于东京。1888年开始在盛冈一带传教，但不久就卧病在床，于1910年病死在东京，后葬于横滨山手的外国人墓地。可以说，

① 斐丽丝学院编译：《凯达书信集：日本最初的女性教育者的记录》，东京：教文馆，1975年，第183页。

凯达是一个"教育型的传教士",她通过自己的教育活动来进行她的传教事业。S.R. 布兰登曾评价道:"对日本女性进行教育,是使日本成为基督教国家必须进行的一项重要事业,而凯达则是最适合这项事业的妇女传教士。"①

"斐丽丝"和英女学校创办的翌年,由美国妇女联合会传道协会派遣的布朗(Mary Pruyn)、克罗丝比(Miss Julia Closby)和皮埃逊(H.Pierson)三名女传教士也在横滨设立了公立女学校。这所学校在设立之初带有教育混血儿童的使命,更确切地说是具有救济驻扎过此地的英国军队遗孤的使命。公立女学校最初称为"米歇尔(音)(mission)之家",采用女塾的形式,次年迁至新校舍后更名为"日本妇女英学校"。②学校也逐渐改变了初衷,对日本人和外国人实行无差别的收容,特别是对于失去母亲的儿童没有任何限制。后来,这所女学校发展成为了拥有神学部的学园。据说中村正直曾将自己的妻女送入此学校学习。③

与前几位开设学校的女传教士不同,1872 年 4 月,女传教士伊瓦斯(Evans H.)夫人指导京都府立新英学校开设女红场,在教授英语的同时教授裁缝、纺织等手艺课程。福泽谕吉曾对这个女红场描述道:"外国妇女一人教授府内的妇女习字,并另有七八名通晓手艺的妇女帮忙教授,在这里学习英语和手艺的女子达到了一百三十余人,上至十三四岁下至七八岁的华族和士农工商的女儿皆有"。④这所学校在 1874 年改称为英女学校,可以说是日本最早实行职业教育的女子学校。

凯达等女传教士作为日本最初的女教育者,不仅开创了日本最早的女子学校,而且带动了一大批女子学校的出现,推动了近代日本女子教育的发展。她们在创办学校的同时,还与日本人一起办学或是鼓励日本

---

① 斐丽丝学院编译:《凯达书信集:日本最初的女性教育者的记录》,第 133 页。
② 平塚益德:《以人物为中心的女子教育史》,第 52 页。
③ 平塚益德:《以人物为中心的女子教育史》,第 53 页。
④ 平塚益德:《以人物为中心的女子教育史》,第 37 页。

人自己办学，从而带动了日本人自主创办女子学校的积极性。受其影响，一批日本女性开始了自己创办女子学校的尝试。

2.基督教系女校的初级教育

明治初期颁布的学制虽然提倡男女共学，但事实上发展和完备的是以男子为中心的学校制度，而在其中来自欧美的基督教传教士对女子教育的发展起了很大的作用。日本开国后，监督派、长老派、荷兰改革派等的传教士接踵而至。他们在传教之前，学习日语和教授英语。这样，以英语的导入为契机，在开始近代教育的同时，通过私学而产生的基督教系学校也一直发展至今。

井上義已在其著作《日本基督教教育史》中，将基督教主义学校的历史分为三个时期。第一个时期是明治维新（1868 年）前后至明治 10 年代中期（19 世纪 80 年代前半期）；第二时期是明治 10 年代中期至明治 20 年后（19 世纪 80 年代后半期）的"欧化时代"；第三个时期是明治 20 年代开始的国家主义时期，直到 1945 年。[①] 我们参照他的时期分法，以 19 世纪 80 年代后半期为分界，来考察日本基督教系女子学校的初等和中高等教育。

19 世纪 80 年代后半期之前，传教士在各地创办女子学校，致力于女子教育的发展，构筑了基督教主义女子学校的基础。当时女子教育振兴的一个大的社会背景是1873年的基督教解禁和伴随而来的欧化潮流的出现。受文明开化思想的影响，日本国民出现崇拜欧美的高潮。基督教也是欧美文化的一部分，所以基督教主义学校也得到迅速发展。除欧美传教士创办的基督教系女校外，还出现了由日本人新教徒创办的女子学校，如岩本善治创办的明治女学校等。可以说，基督教主义女子学校进入了蜜月期。

例如，在长崎一带活动的监督派开始在大阪设立照暗女子学校，在东京设立立教女子学校。长老派在东京的居住地设立私塾 A 六番女学校

---

① 井上義巳：《日本基督教教育史》，东京：创文社，1977 年，第 77—79 页。

和 B 六番女学校，后来发展成为女子学院，荷兰改革派的布兰登夫妇在横滨借用自己诊所的一部分开办斐丽丝女子学院。美国会众派（American Board Mission）在神户创办神户女子学院、在京都创办同志社女子学校，美以美会差会（American Methodist Episcopal Mission）在东京创办小学（青山学院女子部的前身），浸礼派（American Baptist Mission）在东京开设骏台英和学校。

随着欧化潮流的到来，日本开始在风俗习惯、生活样式等方面排斥日本的传统，模仿西方的习惯，而基督教系女校的存在正好顺应了这股潮流，成为日本女子首选的教育机构。利用这个机会，日本国内的基督教系女子学校不仅在数量上激增，而且很多学校开始脱离最初的启蒙教育，在规模和教学程度上都有了很大的改善，为中等教育的实现奠定基础。

据 1888 年的日本新教差会统计，当时基督教女子寄宿学校的数量达 39 所，学生 3663 人。[1] 其中美国教会所创办的女子学校居多。此外，东京还有日本人新教徒创立的原女学校和樱井女学校等。上述的 39 所女校在以后的发展中曾有一些停办，或迁移、合并，成立年份较早并在之后仍继续发展的基督教女校如下表 3.1。

表 3.1 日本近代早期创办的基督教女校一览表[2]

时间	校名	兴办教会	首年入学人数（人）
1871	共立女学校	美国妇女联合传道会	18
1874	青山女学校	美国美以美会	15
1875	斐丽丝女子学院	美国（荷兰）归正宗	35
1875	神户女子学院	美国公理会	5 名寄宿生和一些走读生
1875	仙台英和女子学校	美国浸信会	32
1876	女子圣学院	美国长老会	8
1877	立教女学校	美国圣公会	10

---

① Statistics of Missions and Missioanry Work in Japan for the Year 1888,ABC:Unit 3-Reel 335-page0179.

② Amy G. Lewis, Christian School for Girls, Christian Movement in Japan(1908),p.153.

　　基督教女子学校在设立之初，一般以教授英语和《圣经》为主，再加上一些识字课程。随着学校的不断扩大，教学内容也在相应地变化。横滨的共立女子学校最初教授的是英语、简单文化课程、音乐和西洋的家政学，不久增加了翻译、汉学、日本学、数学、习字、裁缝和礼节等课程。新荣学校（女子学院前身）第一届毕业生渡濑龟子回忆道："《圣经》、植物学、天文学、万国史、万国地理等课程都是英美教师用英语来授课的"。[①] 同志社女子学校校规记载，1878 年设置了日本语科和英语学科，开设有日本学、习字、裁缝、烹饪、体操、音乐、英学、心算、笔算、点算、度量学、地理学、万国史、人身究理、地质学、文理学、天文学、心理学、修身学等。[②]

　　宗教教育是基督教系女子学校的特色。一般每周会设置一至两次《圣经》课程。主要是讲解《圣经》和研究《圣经》。另外，宗教教育还充实在课外活动和每天的生活当中。而且每天和传教士一起生活也是在接受宗教教育。此外，这些学校还会设立一些传教组织，向当地居民进行传道。如斐丽丝女子学院的妇女青年会和矫风会、女子学院的自助荣恩会、东洋英和的基督教女子青年会等，都具有一定的传教性质。

　　这些女子学校虽说都是基督教性质，但设立的动机及主体不尽相同。大致可以分为三种形式：第一种是传教士作为校长或创立者，而且多数是女传教士。例如，青山女学校、神户女子学院和活水女学校的创立者分别是女传教士斯科马克小姐（Miss Nora Schoonmaker）、塔鲁科特小姐（Miss Eliza Talcott）、塔德利小姐（Miss Julia Duddley）和拉塞尔小姐（Miss Elizabeth Russel），以教授英文为主，这类学校数量最多；[③] 第二种是传教士和日本人合作办学的，前述的同志社就是其中一例，但其中也有以

①　田村光：《女子学院八十年史》，东京：女子学院，1951 年，第 64 页。
②　同志社五十年史编纂委员会编：《同志社五十年史》，京都：同志社校友会，1930 年，第 215 页。
③　平塚益德：《以人物为中心的女子教育史》，第 57—63 页。

逐步辞退外国援助为方针的学校，梅花女学校是最好的例子，最初梅花女学校是合办性质的，后来转由日本人独办；第三种是由日本人新教徒创办的，虽然基督教性质没变，但在某种意义上不是米歇尔型学校[①]，这类学校的代表为樱井女学校（1876）、明治女学校（1886）和熊本女学校（1889）。这些女子学校担任着传播欧美文化的使命，给长时期处于男人隶属地位的女子带来了新的气息，而且这些学校的教学水平具有相当高的程度，培养了一批像若松贱子、羽仁元子等优秀女性。

二、基督教系女子学校的中高等教育

明治 10 年代后半期开始，日本的基督教系女子学校出现前所未有的盛况。在这种形势下，基督教会的长老派开始筹划东京府内基督教女校的合并事宜。关于当时社会的背景，《女学杂志》在 1887 年曾发表了一篇评论《女学校之论》指出，从女学校数量的不断增加，确实可以承认"女学的进步"，但是"不能因为女学校数量的增加而喜形于色，反之，与其数量增多，不如让已经存在的女学校或者合并，或者继续扩大规模，以实施更完善的教育。这是我们的真切希望"[②]。这篇评论其实就是呼吁女学校的扩充和质量的提高。

我们以新荣女子学校的合并为例。新荣女子学校是由基督教女传教士创办的。1869 年，美国宣教师卡罗扎丝（Crothers）夫妇在筑地明石町居留地内的六番馆开了一所女学校，招收了几名女学生，称为 A 六番女学校。1873 年，与卡罗扎丝夫妇同住在六番馆的丹木逊（タムソン）夫人帕库（パアク）（音译），也办了一所女学校，称为 B 六番女学校。不久，A 六番女学校停办，B 六番女学校迁至新荣町，改称为新荣女子学校。原 A 六番女学校的一部分学生则转到原女学校。1878 年，原女

---

① 米歇尔型学校 (mission school)：是一种以基督教精神作为教育基础的学校。基督教系的米歇尔学校一般分为新教系和天主教系两种。
② 《女学杂志》第 76 号，1887 年 9 月 17 日。

学校的大部分女学生又转到新荣女子学校。接着，为了发展中等女子教育，新荣女子学校又开始了与樱井女学校的合并。经过两所学校的努力，1887 年秋，樱井女子学校开始与新荣女学校合授高等科的课程，为重新实现女学校的合并迈出了第一步，也为基督教系女子学校向中等女子教育发展创造了基础。

由于近代日本的教育变革主要表现为政府领导下的"自上而下"运动，私立学校虽然被允许存在，但一直没有真正的合法地位，而且随着日本国家意识的萌芽和主权观念的建立，公立教育逐渐完善，真正留给基督教教育的发展空间实际上是非常有限。[①]从 19 世纪 80 年代后半期开始，基督教开始受到冲击和批判。1890 年《教育敕语》的颁布，给信仰自由带来了威胁。而 1891 年的"内村鉴三不敬事件"[②]更把基督教推向被批判的境地。这种冲击也波及到之前发展最好的基督教女子教育。以其中一所女校为例，1893 年时学校只有注册学生 130 人，而 5 年前学生的在校人数曾超过 400 人。[③]

1899 年 8 月 3 日，日本文部省颁布第十二号训令，"从教育管理的角度来看，普通教育应独立于宗教之外，在国立学校、公立学校及其他遵照国家法令规定课程之学校，一律禁止宗教教育和宗教仪式，即使在正常的课程以外，亦不准行"[④]。虽然基督教系女子学校都是私立学校，没在限制范围，仅仅获得政府许可就行，但是为了能与公立教育相抗衡，还是需要进行改革，否则将会不断边缘化。所以基督教系女校开始改善

① 张永广：《社会化与国家化：近代中日基督教教育发展路径之比较》，《社会科学》，2010 年第 10 期。
② 1891 年 1 月，日本第一高等中学校举行恭迎《教育敕语》仪式时，身为基督徒的内村鉴三根据基督教信仰对天皇的署名没有进行"礼拜"。他的真实想法并不是反对《教育敕语》，而是认为这是应当执行的，但不应去礼拜。这一行为被谴责为不敬，内村被骂为国贼，被迫辞职。
③ Rev.A.Mi yake, "Evangelistic Work in Japan .II.", The *Japan Evangelist*, Vol. I, No.2 (December ,1893), p.141.
④ 日本东京文化厅编：《明治以后宗教制度百年史》，东京：元书房，1970 年，第 236 页。

师资与设施，转型为更高层次的中高等教育。

明治以来设立的基督教系女校纷纷开始设立高等科。他们设立高等科是受当时美国的女子高等教育的影响。因为 19 世纪后半期开始，美国的女子学校纷纷升格为女子大学。而来到日本的女传教士中有很多就是女子大学的毕业生。所以这些传教士在设立女子学校的同时，一直为升格女子大学而努力，时常向本国传道会抗议日本大学不招收女生，强调在基督教系女子学校增设相当大学程度的高等科的必要性。

在她们的努力下，斐丽丝女子学校在 1882 年设置了高等科；活水女子学校在 1879 年创立后，经过十年的时间，先后设置了初等科、中等科、高等科、神学科、音乐部和技艺部等，并在 1889 年送出了第一批高等科毕业生 2 名；1891 年，神户英和女子学校（1894 年改称神户女子学院）设立了相当于大学程度的高等科。明治 20 年代的日本，官公立女子高等教育机构只有一所 1890 年创办的女子高等师范学校。但基督教系女子学校设置的高等科毫不逊色于女子高等师范学校。比如，上述的神户英和女子学校的高等科，它的第三学年必须经过小学阶段等 16 年的学习，论程度相当于今天的大学四年级。而一般的女子高等师范学校的最高一级也只是经过了 15 年的学习。相比而言，神户女子学校的高等科要比女子高等师范学校高一级。

为实施中高等教育，基督教系女子学校进一步完善教学内容。例如斐丽丝女子学校在 1884 年就设置了三年预科和四年本科，本科开设有十八史略、国史略、日本外史、和歌抄读、代数学、物理学、植物学和道德学等课程，其中合众国史、英国史和万国史使用英文教材。神户女学院在 1891 年设立高等科，分为文科和理科。文科开设有英文学、哲学、理财学（经济学旧称）等必修课、理科开设有理化学、植物学等必修科目。全校公共必修课程有修身（《圣经》）、和汉学、神学、心理学（包含教育学）、图画、裁缝、唱歌、音乐、体操。但是由于明治 20 年代的反基督教潮流的影响，虽然这个高等科是为培养理科教员而设置的，可是实际入学者甚少。

在教学方法上也较为进步，如前面的渡濑龟子还讲道，"在植物学课上，会发给每位学生一个木箱，然后让学生装满土、栽下花草的种子，每天观察它们发芽、成长和开花的变化。天文学课上，会配置好望远镜，教学生如何观察天体"①。共立女学校每月开展两次化学实验，聘请东京的大学教授来授课。像今天大学里的一般公共课程在当时基本都设置了，还有一些在当时相对先进的自然科学课程。

基督教系女子学校也是日本近代女子高等教育的先驱者，对于女子高等教育的发展有着重要贡献。平塚益德曾指出，到1920年为止，依照"专门学校令"设立的10所女子专门学校中，与基督教系没有联系的只有3所。这10所女子专门学校按设立年份排列如下：日本女子大学（1904年）、女子英学塾（1904年）、帝国女子专门学校（1909年）、神户女学院专门部（1909年）、同志社女子专门学校（1912年）、东京女子医学专门学校（1912年）、圣心女学院高等专门学校（1915年）、东京女子大学（1918年）、活水女子专门学校（1919年）、京都女子高等专门学校（1920年），其中帝国女子专门学校、东京女子医学专门学校和京都女子高等专门学校是与基督教系无关联的。

以东京女子大学的学科设置为例。从1920年开始，学校着手设置大学部。1921年4月，英文科改为英文专攻部，新设三年制的高等学部和二年制的大学部。1927年，又设置了国语专攻部和数学专攻部。同时，大学部延长至三年制，有国文科、英文科、哲学科、社会科。学部设置后，学校顺应时代的要求，考虑到毕业生的利益，努力争取中等学校教员的免试资格认可。1925年，英语专攻部获得了教员免试资格。1931年和

---

① 田村光：《女子学院八十年史》，第65页。

1937年，国语专攻部和数学专攻部也分别获得了教员免试资格。而当时，获得数学教员免试资格的只有东京和奈良两所女子师范学校。与此同时，大学部的英文科和国文科分别在1930年和1932年获得了中等学校教员的免试资格。从大学部是为专门学校提供教员这一目的来看，东京女子大学的这个大学部实际上具备了真正意义上的大学水准。而且东京女子大学还要求学生在毕业时必须提交毕业论文，如通过可获东京女子大学学士学位。这种提交毕业论文和授予学士学位的规定，也达到了当时男子大学的要求，走在实施女子高等教育的前列，为二战后日本女子高等教育的发展奠定了基础。

第二节 教会在中国创办的女子学校

中国近代女校的开端始于教会女学，这已是不争的事实。鸦片战争后，西方列强通过不平等条约的签订，在中国摄取了大量特权，其中包括在中国传教和办学。随着大批传教士进入中国，各种传教团体和教会学校相继出现，教会女学也随之产生。自第一所教会女塾开办到1949年的一百年间，教会女学遍布于中国各地，涵盖了普通教育、师范教育、职业教育和特殊教育等各种教育类型，从小学、中学到大学形成了较为完整的教育体系和办学模式，推动了中国人自办女学的发生，对整个近代中国女子教育的发展产生了深远的影响。

一、教会女学的产生及初等教育

1. 宁波女塾的创办和发展

关于近代中国的第一所教会女校，目前的考证结果有四种：① 1834年德国传教士郭实腊（Charles Gutzlaff）之妻温丝黛尔（Wanstal）在澳门创办女塾，专收女生，第二年附设男塾，学生多来自广东；[①] ② 19世

---

① 金维新：《留美拓荒人》，上海：同济大学出版社，1994年，第2页。

纪 30 年代，美国公理会传教士裨治文·伊利沙（Elizah Bridgmam）在广州设立女塾；[③] 1839 年，教会在上海县创办了当地最早的教会女校；[②] 1844 年，英国东方女子教育会传教士爱尔德赛女士（Miss Mary Aldersey）在浙江宁波开设女塾。[③] 现代史学家持最后一种看法为多数。

鸦片战争后，中国被迫实行五口通商，宁波为通商口岸之一。作为首次开埠通商之城市，宁波成为西方传教士最早进入中国的重要通道，也是西方教会在中国设立学校的最早地区之一，教会女学的发源地亦在此区域。

1842 年，爱尔德赛女士随外国传教士的入华之潮，来到了宁波。爱尔德赛 1797 年 6 月 24 日生于英格兰东南部埃塞克斯郡。1824 年至 1826 年，正值青春时期的爱尔德赛向早期来华传教士的马礼逊[④]学习中文，立志有一天加入去中国传播基督教义的神圣行列。1842 年中英条约签订后，已经 46 岁的爱尔德赛取道香港来到宁波，准备创建女子学校。随同而来的还有她在爪哇岛的学生孙来夫人（Mrs. Lai-sun）。

中国社会传统的女性观、相对自闭的文化环境与被侵略的现实，使爱尔德赛创办女学困难重重。但是爱尔德赛毫不气馁，针对这种办学困境，她采取"乐善好施"的办法，通过施以衣物、食物和医药等获得了贫民的好感。1844 年，爱尔德赛在宁波城内祝都桥竹丝墙门内（今尚书街东端）的一间宗祠内正式开设女塾，史称宁波女塾。《鄞县通志》里专门记载了爱尔德赛创办首所女学的经历："清道光二十四年爱尔德赛女士由英来甬传道，创设女塾，招生就学不独。开甬上女子教育先声，为全国第一女校也……时风气未开，甬人颇疑虑，裹足莫前，女士不以

① 王秀美：《中国近代社会转型与女子教育的发展》，《北京大学学报》，2001 年第 3 期。
② 罗苏文：《女性与近代中国社会》，上海：上海人民出版社，1996 年，第 57 页。
③ 顾长声：《传教士与近代中国》，上海：上海人民出版社，1981 年，第 226 页。
④ 马礼逊（1782—1834），西方派到中国大陆的第一位基督教传教士。他在华传教 25 年，首次把《圣经》译成中文出版，创办英华书院，开教会学校之先河，为近代中西文化交流的先驱者。

此恢心，卒得学生数人，豁免其学费，供给其饮食，且津贴其家属，以是渐得社会信任，翌年乃有学生十五人，后增至数十人。"①

宁波女塾初期课程较为简单，开设有《圣经》、国文、算术、天文等普通教育课程，以及简单的针线活、刺绣、缝纫，以满足日后女学生谋生之需要。1847 年，美国北长老会传教士柯夫人 (Mrs. Cole) 在宁波槐树路设立另一所女校。1857 年，与爱尔德赛的宁波女塾合并称崇德女校，校址设在姚江北岸槐花树下（今江北区实验小学所在地），归长老会管理，学校初具规模。随着女学生人数的增加，早先学校补贴学生的办法也逐渐取消，取而代之是开始征收学费，成为教会女学维持办学的一个经济来源。同时学校的课程设置亦愈趋完善，到 1890 年，学校的所有课程划分为四类：一是讲耶稣故事的道学；二是国文；三是世界史地一类的课程，名为西学；四是数学。英文课程的添加是在 1883 年，但当时尚未普遍。② 除了学校的功课之外，女学生还会帮忙处理学校的杂事，或是兼职于校外，以补贴自己生活和学校经费。

宁波女塾虽然规模不大，发展也比较缓慢，但毕竟开了中国女子受教育风气之先，特别是它的艰难创办历程，对后来的教会女校是一种鼓舞，也是中国人自办女学的楷模，所以可以说它的影响力虽弱小但深远，犹如一支蜡烛，在黑暗中点燃了近代中国开启女子学校教育的火把。

2. 教会女学的初等教育

1844 年爱尔德赛女士创办宁波女塾后，教会女校在各通商口岸及其他城市陆续开办，出现了"教会所至，女塾接轨"的局面。③ 1850 年，美国圣公会传教士裨治文夫人格兰德在上海设立裨文女塾；1851 年，美国圣公会琼司女士在上海设立文纪女塾；1853 年教会在天津设立淑贞女子小学；

① 张传保、赵家荪：《鄞县通志·政教志》，宁波：宁波出版社，2006 年，1122 页。
② 褚季能：《记宁波女塾》，《东方杂志》第 31 卷第 7 号，1934 年，第 23—27 页。
③ 梁启超：《倡设女学堂启》，转载林志钧编：《饮冰室合集·文集》（第 2 册），北京：中华书局，1989 年，第 20 页。

同年在福州设立福州女书院；1859 年还在福州设立育英女书院。据统计，仅 1847—1860 年，外国传教士在 5 个通商口岸开办了 12 所教会女学。①

　　第二次鸦片战争后至 19 世纪 90 年代，教会在通商口岸的传教、办学活动进一步得到条约保护，使教会女学有了明显地发展。这一时期的教会女学呈现出逐渐向内地扩展的趋势，北京、天津等地开始有女子学校出现。1864 年，格兰德又在北京创办贝满女学堂。至光绪年间，教会女子小学已初具规模，1877 年，女生人数增至 2064 人。②19 世纪 80 年代后，教会女学的发展速度更快，许多教会女校出现报考者过多而拒收的现象。这一时期上海、江苏一带增设了不少女校。据 1898 年《女学报》统计，当年教会女学堂仅上海一地就有 15 所之多。③美国人林乐知在著作《五大洲女俗通考》中记录了截至光绪二十八年（1902 年）中国的教会女学的情况，详情可见下表 3.2。④

表 3.2 1902 年全国教会学校人数一览表

学校类别	学校数（人）	学生总数（人）	女生数（人）
书院	12	1814	96
天道院	66	1315	543
高中等学堂	166	6393	3509
工艺学堂	7	191	96
医学堂及服事病院	30	251	32
小孩察物学堂	6	194	男女各半，拟为 97
初等蒙学堂	未详		
总计		10158	4373

　　从上表可以看到，当时全国教会学校除去初等蒙学堂外，共有学

① 俞庆棠：《三十五年来中国之女子教育》，转载庄俞等：《三十五年来之中国教育史》，第 303 页。
② 何晓夏、石静寰：《教会学校与中国教育近代化》，广州：广东教育出版社，1996 年，第 224 页。
③ 雷良波等：《中国女子教育史》，第 207 页。
④ 陈东原：《中国妇女生活史》，第 349 页。

生 10158 人，其中女生有 4373 人，占总人数的 43% 强，发展速度可见一斑。

教会女学的课程设置，根据宁波长老会学校 1849 年的报告中可知女校设有：基督教教训之课本以及圣经中的故事、数学、地理、英语等主科。不过，初期之教会女学，一些创办人也极知迎合中国人的心理，专设有看护学及工艺家政等专科，以造成"贤妻良母"。[①] 可以看出，教会女校把宗教课程放在十分重要的地位。每年教会女校都要开设圣经或圣道等宗教课程，并明确规定，若宗教课程不及格者就开除其学籍。教会女校注重英语，不仅将英语作为必修课，而且主要课程都采用英文教学，许多课本都是英文原版，有的学校甚至连中国历史和地理也用英文讲授，造成有的学生在接受教会教育后连中文字都不会写了。

随着教会女学的发展，其课程设置亦愈明智，如林乐知认为"女学者，使之读西书，明外事，擅文才，而后其志气高尚，其见识远大，其位置崇亢，而不肯自卑，其行止俪落，而无所黏滞焉"[②]。所以后期教会女学中的西学内容非常丰富。课程包括算术、动植物学、生理卫生、地理学、世界史和哲学等西方近代科学。同时，教会学校还将《三字经》《百家姓》《四书》《诗经》等中国传统的蒙学课本和儒家经典引入课堂。此外，为了使学生身体强健和仪态端庄，教会女校重视体育和美育，开设有体操等文体课程。

教会女校提倡学习与社会实践相机和，鼓励学生参加课外活动，注重培养学生在实际中的工作能力，让学生充分体现自己的实用价值，以及"学生之团结合作服务牺牲等美德"。但学校对于学生的学业要求也十分严格，针对"女子性柔力弱"，要求女生练习书法必"出日摩临"。

① 李楚材：《帝国主义侵华教育史资料——教会学校》，第 250 页。
② 李楚材：《帝国主义侵华教育史资料——教会学校》，第 235 页。

此外，因为"妇有长舌"，还要求"平日宜教其慎言语、谨视听"等。[①]
对于成绩优秀者，学校采取"并读两班"或跳级的形式给以奖励，而对
于不及格者则给以留级的处罚。

到 20 世纪 20 年代，教会的女子初等教育略显成效。当时，全国各
省区基本上均设立了基督教教会女子小学，而且还细分有初级小学和高
级小学，具体情况如下表 3.3。

表 3.3 1919—1920 年基督教女子小学学生数一览表[②]

地区项目	初级小学女生	高级小学女生	女学生总数
东北	2601	301	2902
直隶	3136	708	3844
山东	3887	910	4797
江苏	4067	1429	5496
浙江	2293	599	2892
福建	8042	1328	9370
广东	6185	1424	7609
安徽	1320	248	1568
江西	1379	209	1588
湖北	2964	847	3811
湖南	2107	263	2370
四川	6423	529	6952
贵州	93	2	95
云南	142	45	187
广西	444	105	549
山西	689	123	812
陕西	413	47	462
甘肃	93	27	120
河南	1754	225	1979
蒙古	300	33	333
新疆	18		18
西藏			
合计	48350	9409	57759

从上表中可以看出，1919—1920 年间，全国基督教教会小学中的女
学生人数达到 57759 人，要集中在东北地区、沿海地区以及长江沿岸地区，

---

① 李楚材：《帝国主义侵华教育史资料——教会学校》，第 247 页。
② 中华续行委办会调查特委会编：《中华归主（中国基督教事业统计 1901—1920）》（中），
中国社会科学院世界宗教研究所译，北京：中国社会科学院出版社，1987 年，第 612 页。

约占全国基督教教会女小学生总数的 92% 以上。但是这时期内陆的教会小学也发展迅速，特别是新疆、蒙古等边疆地区也开始出现教会女学。我们再拿这个数据与 1902 年教会女子人数相比，不难发现，在短短的不到 20 年间，教会小学的女生人数从 4373 上升至 57759 人，增长了 12 倍之多，几乎以每年成倍的速度递增。而且这些数据远远高于同时期国人自办学校中的女生人数。1922 年的一项统计结果表明，天津基督教初级学校女生所占比例高出公立学校 8 倍之多。① 女子初等教育的发展速度和规模为教会女学向中高等教育奠定了扎实的基础。

二、教会女学向中高等教育的发展

1. 女子中等教育的发展

经过女子初等教育的发展期，教会女学开始向中高等女子教育迈进。与女子初等教育一样，教会学校开创了中国女子中高等教育的先河。

教会创办女子中学有两种形式，一种是直接设立教会女子中学，另一种是由女子小学发展为女子中学，同时兼顾小学课程。直接设立的女子中学数量极少，而绝大部分是由最初的小学初级教育发展至中学的。大致从 19 世纪 80 年代末期起，部分教会女校开始向中学发展。著名的有北京的贝满女学堂、上海的圣玛利亚女校和中西女子中学、江苏的镇江女塾等。1864 年公理会裨治文夫人在北京设立贝满女学堂，为中国女学生提供中国经书、基督教会义、家政和数学等方面的初等教育，② 长达 30 多年，于 1895 年开始成立四年制女子中学，改称贝满女子中学，教学水平不断提高。1881 年合并而成的圣玛利亚女校，它在 1900 年改修业年限为 8 年，实际上包含了中学课程，1908 年添设师范科，1915 年正式改为中学 4 年、小学 8 年。同时期上海中西女塾在林乐知和海淑德的管理下，发展为中西女子中学，课程教育为 10 年；江苏的镇江女

---

① 何晓夏、石静寰：《教会学校与中国教育近代化》，第 224 页。
② 杰西·格·卢茨：《中国教会大学史》，曾钜生译，杭州：浙江教育出版社，1988 年，第 124 页。

塾也增加了中学课程，小学至中学学制达 12 年。

教会女子中学在课程设置上也有区别于小学课程。当时的中西女塾设有 30 多门课程，分有小学部分和中学部分，如小学的课程主要有认字写字、浅介辞句、讲解浅书、习学琴韵、练习书法、翻译字句、习学西语、数学启蒙、各国地理；至中学开始，课程难度相应提高，设置有翻译选编、代数学、讲求格致、考究天文、勾股法则、平三角、弧三角、化学、重学、微分、积分、讲解性理、航海测量、万国公法、全体功用、富国策、天文测量、地学、金石类考及音乐、家政等西方近代自然和社会科目。①

我们再来比较下镇江女塾的小学和中学课程设置。《镇江女书塾章程》中详细列举了每个学年的课程设置，共有 12 年，按照小学 8 年、中学 4 年来看，小学课程至第八学年为止，主要课程有蒙学课本、读故事书、算术、动植物、蒙学地理、幼童卫生、英文、写字、诗歌、体操等，从第七学年开始增加了一些程度较高的课程如幼学摘编、读教士列传、尺牍、作论等；第八学年又增开地势略解、讲《左传》摘要上、大美国史记等。可以看出前六个学年基本上属于启蒙教育，多为读书识字课程，自然科学课程偏少偏易。

从第九学年开始为中学阶段，主要课程设置如下：第九学年的课程在前一年的基础上增代数备旨、圣教史记、地学指略、《左传》指略、《左传》摘要；第十学年增加形举、天道溯源、背讲古文、万国通史、策论；第十一学年增开万国通鉴、天文略解、格物入门、东莱博议；第十二学年增开性学举隅、泰西新史等。② 从上述两大部的课程设置，可以看出：一是宗教类课程由浅至深，小学以讲《圣经》故事为主，之后逐年加深，直至中学的圣教史记；二是中学课程以国文古文为主，出现了《左传》

---

① 顾长声：《从马礼逊到司徒雷登——来华新教传教士评传》，上海：上海人民出版社，1985 年，第 271—273 页。

② 《镇江女书塾章程》，朱有瓛：《中国近代学制史料》（第 4 辑），第 342—343 页。

等中国传统教育内容；三是社会科学从简单的蒙学地理、历史发展至中学的万国通史；四是自然科学课程的难度明显增强，中学阶段出现了代数、天文、物理等程度较高的科目。这些课程的设置表明教会女子中学的程度明显高于小学，尤其自然科学内容的加深，对于提高女子的科学素质，培养新型知识女性，具有重要作用，为女学生今后走向社会、谋取职业，参与竞争奠定了技能基础。

至 1919—1920 年，基督教女子中学遍布全中国，覆盖 17 个省区，全国女中学生的总人数达到了 2569 人，主要集中于沿海地区，其中的山东 444 人、江苏 618 人、浙江 182 人、福建 219 人、广东 236 人，共 1699 人，占总人数的 66% 多；长江沿岸地区次之，如江西 113 人、湖北 118 人、湖南 126 人、四川 85 人、安徽 19 人，共 461 人，占总数的 18%，[①] 而内陆乡村，特别是西部边疆如陕西、甘肃、蒙古、新疆、西藏一带女子中学都为零，在地域上呈现东西分布不均匀。但与中国人自办女子中学相比，教会女子中学不仅在创办时间上提早了二三十年，而且发展迅速，加快了与女子高等教育的衔接。

2. 女子高等教育的产生

随着教会女子中学的发展，女子中学毕业生的升学出路以及中小学聘请女教师困难等问题日益突出，激发了女子高等教育的开启。戊戌变法后，西方传教士认识到实现男女平等应该让男女接受同等教育，开始筹划教会女子大学的设立。女传教士伊丽莎白·菲希尔呼吁道："如果已经给男孩子中学教育，那一定也要给女孩子中学教育；如果已经给男孩子大学教育，那就一定给女孩子大学教育"[②]。

在这种历史条件下，20 世纪初，教会女子高等教育开始在中国出现，

---

① 中华续行委办会调查特委会编：《中华归主（中国基督教事业统计 1901—1920）》（中），第 612 页。
② 华惠德：《福建华南女子学院建校史略》，转载朱有瓛：《中国近代学制史料》（第 4 辑），第 594 页。

主要形式有两种：一是独立的教会女子大学，二是男女同校的教会大学。其中前者又分为由教会中学发展而来的和直接创办的两种。[①]

第一所独立的教会女子大学是华北协和女子大学，也是中国历史上第一所女子高等教育学校，其前身是北京的贝满女子学校。1904 年，华北协和女子大学正式成立，麦美德 (Luella. Miner) 担任校长，最初校名为协和女子书院。1916 年改名为协和女子大学，有学生 30 人，1920 年协和女子大学并入燕京大学，成为燕京大学文理科女校。至此，共送出毕业学生 72 人，其中本科 31 人，专科 41 人。女子大学的学制是预科二年，本科三年，招收四年制中学毕业生，设立了数学系、自然科学系、中国古典文学系、历史和经济系、《圣经》、心理和伦理系 5 个系，共开设 26 门课程。华北协和女子大学创立之后，1908 年福州女子学院预备学校成立，起初只授中学课程，1914 年开设大学本科课程，改名为华南女子学院。1915 年，金陵女子大学成立，由德本康夫人担任第一任校长，学制四年，分文理两科，这是中国第一所直接创办的女子大学，也是在近代中国影响较大的一所女子大学。（将会在后面章节详细论述）此外，独立的教会女子大学还有美国女公会、监理会、浸礼会在上海创办的上海女子医学专门学校和美国监理会女子部在苏州创办的女子医学院，但是学校规模较小，而且要求专业程度较高，毕业人数很少。

最早实行男女同校的教会大学是广州的岭南大学。[②]1905 年起，该校出现女子插班生。1915 年至 1917 年岭南大学曾一度另立女学，但于 1918 年再度实行男女同校学校。1920 年，该校有女学生 28 人，其中大学预科 12 人，一、二、三年级分别为 2 人、3 人、11 人。[③]岭南大学实现了真正的男女同校学习，教师平等对待男女学生，上课时男女杂坐，

① 乔素玲：《教育与女性》，天津：天津古籍出版社，2005 年，第 20 页。
② 一说是广州的南华医学堂。详见梁家麟：《广东基督教教育（1807—1953）》，香港：建道神学院，1993 年，第 92 页。
③ 乔素玲：《教育与女性》，第 22 页。

图书馆和教室的座位亦没有男女之别，而且男女同学经常一起讨论问题，共同参加学校的团体活动如各种社团期刊社、演说会、游戏活动以及集体旅行等。女学生在学习成绩方面也不逊于男学生。据记载，1918—1919 年男生 14 人的总平均得分为 77.6 分，而女生 12 人的总平均得分也达到了 77.3 分。在岭南大学的影响下，1920 年教会大学中的沪江大学、雅礼大学、燕京大学等都实现了招收女生，至 1925 年教会大学的在校女大学生人数达到 530 人。[1]

教会女子大学实行严格的教学制度，强调教学内容中西并重，设置了整套正规化和专业化的课程体系。以华南女子文理学院为例，该校教授的科目达 14 种，基本包括了西方自然科学、社会科学、新教育理论、教育方法、音乐、美术、体育、家政等，具体如下：一是生物学，包括动物学、植物形态学、植物生理学、种原学、优生学、显微和制片术等；二是化学，包括无机化学、有机化学、食品化学等；三是国文学，包括近代文、文学史、演讲、诗词学、译文（英译汉）、汉文教学法、中国哲学、小说等；四是教育学，包括心理学原理、儿童心理学、性学、学校管理法、小学教授法、音乐教授法、学校体育教授法、游戏术等；五是英文，包括记叙文类、辩论文类、说部剧本、英美文艺、英文教授法等；六是历史，包括古代史、中古史、欧洲近代史、欧洲大战史、宗教史、中国时局之中西观史事评论、历史教学法；七是家政，包括家庭研究、卫生学、食物保存及烹饪法、家庭管理法、育儿学、营养学、家用及临时看护学等；八是美术，包括图画设计及淡墨画法等；九是算学，包括立体几何、大代数学；十是音乐，包括弹琴、音乐教授法、唱歌；十一是体育，包括高等生理卫生、学校体育教授法、游戏术、健身术等；十二是物理学，包括物理学大纲；十三是宗教教育，包括圣经渊源、新

---

[1] 何晓夏、石静寰：《教会学校与中国教育近代化》，第 239 页。

约和旧约历史及宗教等；十四是社会学，包括社会学绪论、应用社会学。[①]
在课程设置之外，教会女子大学还实行严格的学分制和淘汰制，要求学生每年必须读完规定学分才能升级，若成绩低劣或品行不良则勒令退学，修完规定学分才能毕业，而且毕业生必须提交具有一定质量的毕业论文。

教会女学从最初的初等教育发展到后来的高等教育，一直为中国的女子教育起着铺路石和导先路的作用，为女子学校教育的普及提供了标本。教会女学严谨的教学制度、严格的教学要求等等都为中国近代女学的创办和改革提供了参考。而它在大学阶段实现了男女同校，开了中国高等教育男女同校之先例，对当时社会风气的改变起到了启蒙作用，为中国教育走向真正的男女平等教育创造了可能。

第三节 韩国的基督教系女子学校

韩国近代女子教育是"西学东渐"的产物。伴随着被迫开港，西方的文化、宗教也随之而来踏入朝鲜土地。美国传教士以传教为目的，纷纷创办了教会女子学校，尽管这些学校以传教为目的，但在客观上打破了女子长期没有专门教育的局面，开创了女子接受学校教育的先河。

一、基督教系女校的产生与兴起

韩国近代女子教育的开端是基督教传教士们开办的私立学校。19世纪末开始，社会逐渐关注女性的地位及人权。1882年，朝鲜与美国签订《朝美修好通商条约》，此后大批外国传教士涌入朝鲜，成立了各种各样的传教团体。他们在传教的同时，着手建立各种教会学校，教会女校也随之出现。传教士们希望通过教育、医疗事业，改变儒教传统根深蒂固的朝鲜人，传播人人平等的思想。1886年，美国传教士斯克兰顿夫人（M.F.Scranton）在汉城创办了朝鲜第一所女子学校——梨花学校（Ewha

---

① 何晓夏、石静寰：《教会学校与中国教育近代化》，第 244 页。

Hakdang），此后基督教女校相继成立。如汉城的贞信女学校（1895 年）、釜山的日新女学校（1895 年）、仁川的英化女学校（1897 年）、汉城的培花女学校（1898 年），等等。这些学校的成立给女性创造了接受近代教育的机会，男女平等意识随之在女性中传播。当时，传教士们的办学原则是男女校同比例增加，教育目标是在尊重朝鲜固有传统和文化的基础上追求近代教育，培养贤母良妻和基督教女性。

1. 第一所基督教系女校——梨花学堂成立

朝鲜被迫开港后，国家面临危机，为了尽快摆脱危机，政府不仅积极接受西方的近代技术，还向欧洲派遣绅士游览团（1881 年）、领选使（1882 年），并派留学生去日本学习。自 19 世纪 80 年代，为了培养近代教育人才，政府和民间陆续建立了近代男校。其中代表性的有元山学舍（1883 年）和育英公院（1886 年）。当时信仰基督教的李树正希望通过基督教的传播提高女性地位。1884 年，李树正向世界女性海外宣教部（WFMS）寄去请愿书，希望派女传教士到朝鲜半岛。世界女性海外宣教部成立于 1869 年 3 月，曾向印度、日本、中国等地派遣女传教士，他们也关注朝鲜半岛女性的处境，在李树正的请愿下，宣教部派传教士玛丽·斯克兰顿夫人到朝鲜半岛传教。1885 年 6 月，斯克兰顿夫人抵达汉城。她希望建立专门针对女性的教育机构，并为女性开设诊所，让更多的女性领悟上帝的关怀，并按照耶稣的指引，寻找新的人生。她在阐明教育理念时说道："我们并非按照外国生活方式、衣着及环境改造韩国人，而是希望韩国人为自己是韩国人而骄傲。"1886 年，在高宗国王的支持下，斯克兰顿夫人创办了基督教女学校——梨花学校，使女性有了接受正规教育的机会。梨花学校是韩国历史上第一所女校，由于当时社会排斥西方人，斯克兰顿夫人和传教士们经历了很多苦难。当地人认为外国人非常可怕，不愿意把孩子送到学校。偶尔有父母同意，也要求校方写保证书，因此，梨花学校一开始入学的几乎都是贫困家庭的孩子或被遗弃的孩子。建校第二年，高宗国王赐校名梨花学堂。这说明梨花学堂虽然是私立学校，但得到了社会认可。[①] 梨花学堂的教育目标是培养传统的模范主妇，让她们在邻居和亲戚中传教，故 1893 年以前，梨花学堂的课程只有《圣经》，学生也多是孤儿和乞丐。虽然很难从她们身上寻找新教育的先驱形象，但毕竟通过教育机构接受了新型教育。因为过去女性都是在家庭接受儒教礼节的教育，故这种学校教育可以说具有社会变革的意义。斯克兰顿夫人可谓是韩国近代女子教育的先驱，而梨花学堂是韩国女性启蒙的先导。梨花学堂为韩国女性开辟了新天地，使女性第一次认识到独立自主性。

2. 基督教系女校的兴起

梨花学堂成立后，又经历了甲午改革，出现了很多基督教女校。最初以汉城为中心，后逐渐扩大到地方，最终女校数量超过了男校。

表 3.4 1886—1910 年间成立的基督教系女校[②]

年度	学校名
1886 年	梨花学堂
1887 年	贞信女校
1894 年	正义女校
1895 年	日新女校
1896 年	崇贤女校、基督女校
1897 年	永化女校、耶稣女校
1898 年	培化女校
1903 年	崇义女校、元山女校、贞明女校
1904 年	好寿敦女校、进诚女校
1905 年	永明女校、耶稣女校
1906 年	崇贞女校、贞诚女校、贞义女校、普圣女校、保圣女校、普信女校
1907 年	须彼亚女校、信明女校、纪全女校
1908 年	贞新女校、永生女校、基督普信女校、三崇女校

---

① 梨花历史馆：《梨花 110 年史》，首尔：梨花女子大学校出版部，2007 年，第 21—31 页。
② 金在仁、杨爱卿等：《韩国女性教育的变迁过程研究》，首尔：韩国女性开发院报告书，2000 年，第 77 页。

二、基督教系女校的教育理念

基督教女校的办学宗旨是培养"韩国女性"及"基督教女性"，因此在传授韩国历史、文化、传统及风俗的基础上，培养具有基督教素养的韩国女性。对于基督教系学校来说，教育理念带有双重性。即既要培养朝鲜人，又要培养基督教传教士。

梨花学堂作为最具代表性的基督教系女校，其教育理念为培养实用、创造、和谐的人。理念包含四个方面内容：一是科学实验教育、医学教育及经济问题教育等实用教育；二是谋求东西方文化的和谐；三是强调独创性；四是追求德智体协调发展，这些理念具体反映在课程安排上。梨花学堂谋求文科、音乐科、家政科的均衡发展，各科的课程都分为公共必修课、专业课、一般教养课等。其中伦理学、日语、体育、宗教学等成为公共必修课。一般教养课是各科的学生可以自由选择，这在当时属于新的尝试。比如，文科生可以选修音乐和家政学；音乐科生可以选修英语和韩文、家政学；家政科的可以选修英语和韩文、音乐等。为了使学生身心全面发展，梨花学堂特别重视体育课，设立体育课的目的并非培养卓越的运动选手，而是全体学生的体力和人格的培养。文科高年级学生在英学馆与传教士一起吃住，共同生活。其间，只能使用英语，同时自然而然地学会了西方礼节。虽然当时日本殖民当局禁止使用韩语，但在梨花学堂可以学习韩语和和韩文。音乐科把重点放在理论教育和挖掘个人能力上，而且把朝鲜音乐作为正规课程纳入教学，这在日本占领时期是非常艰难的事情。为了使学生更好的学习本国音乐，还开展唱民谣运动，并收集各种民谣，出版了《朝鲜民谣合唱歌曲集》（1931年）。其他女校的教学理念与梨花学堂大同小异（参考表3.5）。比如，贞信女校的宗旨是通过母语教育，培养具有自立自律精神，懂得韩国式生活方式，并通过学习《圣经》，培养具有基督教精神的人。基督教系女校的共同点在于培养适合在韩国家庭生活的女性，而并非培养美式的女性。

为此向学生传授烹饪、制衣及收拾房间等家政内容。女校要求女生之间团结友爱，适应所处环境，和睦相处。

表 3.5　基督教系女校的教育理念[①]

建校年度	学校名	教育目标及理念
1886 年	梨花学堂	根据基督教精神进行人本教育（培养具有社会奉献精神的韩国女性，提高女性素养）
1899 年	好寿敦女校	根据基督教精神进行人本教育，提高学生素养、培养具有社会奉献精神的女性（宗教生活、家务和职业教育）
1907 年	信明女校	根据基督教精神，使韩国女性接受新教育，成为社会先驱
1903 年	崇义女校	对女性传教、启蒙、培养教师、培养传教人员（具有爱心的女性、有正义感的女性、具有奉献精神的女性）

基督教系女校尊重韩国的历史、文化，让女性成为有素养的女性并要求学生适应固有的生活方式。女校通过基督教教育，希望女性摆脱家长制和传统恶俗的双重枷锁，使其找到真正自我。有韩国学者指出，基督教对韩国女子教育具有如下影响[②]：一是基督教宣扬人人平等思想，打破阶层差距，传播男女平等思想；二是传教士开展的新文化教育使女性了解了外界，为勇敢冲破传统思想奠定了基础；三是传教士开启了韩国女子教育的大门，使女性以外国女传教士为榜样，走向社会；四是基督教缩短了本国与世界的距离。基督教系女校的特色概括如下：第一，按照基督教教义，给学生传授民主主义思想，培养国家需要的人才；第二，强调学生自立；第三，基于平等思想，开展教育活动；第四，实施近代化教育；第五，在学期和时间安排上，确立了近代学制。基督教系女校排斥日本天皇神化以及参拜神社，鼓励女性爱国救国。

---

① 金在仁、杨爱卿等：《韩国女性教育的变迁过程研究》，第 83 页。
② 郑日焕、金南善等：《女性教育论》，首尔：教育科学出版社，2003 年，第 98 页。

第四章　自办女子学校的
出现与女教育家的产生

在基督教系女校的影响下，中、日、韩三国开始了国人自办女子学校的尝试。由于历史发展和社会状况的不同，中、日、韩三国在自办女学方面表现出各自不同的特点和特征。中国第一所国人创办的女子学校出自于男性，女性随之也创办了不少女子学校，但大多数中途夭折，难成气候；日本第一所国人创办的女子学校虽然出自于女性，但从早期自办的女子学校来看，它们始终呈现出延续基督教系教育理念和宣扬日本传统女德教育两条并行发展的趋势；韩国自办女子学校的发端则来自于民间的女性团体。虽然中、日、韩三国在自办女学方面有着各自的特点，但是随着自办女学的发展和女性人才的不断培养，中、日、韩三国都诞生了不少致力于本国女子教育的女教育家，她们或自办女子学校，或参与创办女子学校，逐步形成了自己的教育理念或教育思想，在各自国家的女子教育史上写下了重要的篇章。

第一节　日本女性自办女子学校与女教育家的出现

近代日本的女子学校按创立者主体的不同可以分为官立、公立和私立[①]三种，而且这三种学校一直都是并存出现的，构成了近代女子学校的发展史。日本最早的官立女子学校开始于 1872 年。而最早由日本女

[①] 官立、公立和私立：日本学校按照经费来源分为官、公、私立三种，官立是由文部省拨款；公立是由地方政府拨款，国家给予补助；私立是由学校法人提供资金，国家和政府给予补助。

性创办的女子学校是 1875 年跡见花蹊创办的跡见女子学校。这也是近代日本女性自办女学的开始，具有划时代的里程碑意义，反映了女性自身追求教育的觉醒，此后由女性创办的女子学校不断涌现。日本女性最初创办的女子学校从创办的初衷和性质来看主要分为两类，一类是受基督教影响而创办的，该类女子学校自然带有浓厚的基督教色彩，代表有樱井女子学校和熊本女子学校等。另一类是以跡见女子学校为代表，把实现女德教养作为目标的女子学校。

一、日本新教徒设立的女子学校

日本新教徒设立的女子学校主要有樱井女学校、明治女学校和熊本女学校。

樱井女学校创立于 1876 年，是由明治初年的女教育家樱井智嘉开创的一所基督教型的女子学校，之后在矢岛楫子的管理下，与另一所基督教型的女子学校——新荣女学校合并为女子学院，成为具有代表性的一所教会女子学校。

樱井智嘉（1855—1928），出生于江户（东京旧称）日本桥，18 岁与海军士官樱井昭惪（后为基督教传教士）结婚后不久，在神田的芳学社学习英语。22 岁时，樱井智嘉在新荣教会接受洗礼，成为一名新教徒。为了实践基督教主义下的良妻贤母教育，1876 年，樱井智嘉在麴町区中六番町创办樱井女学校。樱井女学校最初称为英女学塾。其宗旨是培养优秀的母亲，开设了裁缝、数学、化学、地理学、生理学、修身学等课程。1879 年 9 月，樱井智嘉提交了《学科增加申请书》，正式把家塾命名为樱井女学校，声明学校为基督教系女子学校，并增设了高等小学科。次年 4 月，樱井智嘉创办了日本第一所私人幼儿园。幼儿园的设立，使樱井女子学校实现了幼儿教育—小学—高等科的整体教育系统。

1881 年 7 月，矢岛楫子开始出任樱井女学校代理校长。为了顺应教育发展的趋势，矢岛楫子一改樱井智嘉的家塾风范，致力于向近代女子学校的转型，以实现女子高等普通教育为目标，开始整顿和充实樱井女学校。首先着手学校的特色教育——幼稚园。樱井女学校在樱井智嘉时期虽然设置了幼稚园，但没有制定具体的课程，只是统称"幼稚园保育法"。1882年，矢岛楫子重新制定附属幼稚园的规则，完善了保育课程。并在1884年，设置保姆培养课程，并以学科的形式加以确定，取名为"幼儿保育科"，这一课程的设置，在私立学校中是最早的。1886年，矢岛楫子聘请外国教员，在樱井女学校开设女护士培训所，是当时日本最早开办护士专业的学校之一。女护士培训所在1886年招收了第一批学生，学制一年。1887年秋，矢岛楫子又设立"高等科"，把樱井智嘉的培养"良妻贤母"的理念转变为"对女子进行专门教育，培养德性、开发知识，以习得家庭管理和儿童教育的方法"[①]，成为当时日本为数不多的实施"高等教育"的女学校，引导了女子高等普通教育的发展。据1889年的《京滨间女学校现况》调查表显示，樱井女学校的教员数和学生数都居于前列，其中学生人数达到325人，高居榜首，成为这一时期京滨间（东京和横滨）最大的女子学校。[②]樱井女学校进入了发展的隆盛时期，为后来女子学院的成立奠定了基础。

樱井女学校从1876年创立至1890年合并于女子学院，虽然只有短短十几年，但是它的特色专业——保姆教育和护士培训，为当时的日本社会培养了如创办榎坂幼稚园的汤浅初子、担任东京女护士协会会长的大关智嘉等一批优秀人才。

明治女学校由木村熊二（1845—1927）和妻子木村鐙子在1885年创办的。不久，改由其弟子严本善治（1863—1942）管理。木村熊二于1845年生于出石藩一个儒学家庭。20岁与同为幕僚的田口家的女儿鐙子结婚。经历了幕末的讨幕运动，致力于维新改革的木村在1870年，

---

① 大滨彻也：《女子学院的历史》，女子学院，城市1985年，第198页。
② 《女学杂志》第141—143、146、148号，1888年11月。

赴美留学。在美国期间，他信奉基督教，并从神学院毕业，取得传教资格。
两年后，木村回到日本，最初在自家住宅开办私塾，开始了基于基督教
主义的教育事业。不久，他得到夫人铿子的支持，开始转向女子教育。

木村希望深受儒教思想影响的日本女性能够接受文化教育，主张实
施与文明开化同步的女子教育。但是在木村看来，不论外国教育如何
进步，也不能抛开日本的传统，教育应该是基督教的自由平等精神和日
本传统相调和，基督教和儒教的结合体。所以木村觉得不能完全照搬外
国的教育模式。而且他看到国外小学程度以上的学校教育都是接受基督
教徒的慈善捐款来实现经营的，因此他希望自己的学校也是这种经营模
式，而不依赖于教会的支援，这也是日后明治女学校走向关闭的一个重
要原因。

1885 年 9 月，明治女学校正式开学。木村雄二担任校长，木村铿子
出任董事，负责学校的宿舍管理等方面。最初只有 4 名学生，6 名女教师。
开设科目有英语、地理、历史、生理、物理、化学、动物、植物、矿物、
数学、修身、汉文等。其中汉文被置于重要科目之一，自然科学的科目
较多，而与家政有关的科目却无。学校采用的教科书除汉文课之外，都
使用的是原书或者是翻译书籍。招生对象为修业年限 5 年的小学毕业生，
年龄在 14 岁以上、30 岁以下的女子。学校还制定了严格的规章制度，
整个学校组织和学科设置类似于基督教系学校。

木村雄二认为女性的命运应该由自己掌握，所以在创办明治女学校
之后，实际上学校的整个经营都是妻子木村铿子在管理。木村铿子原姓
田口，是当地与木村家齐名的一个幕臣家庭。幼时的铿子不喜欢歌舞乐
曲，而酷爱读书和武艺，精通汉学。与木村雄二成婚后，受木村的影响，
开始关注时事政治，放眼世界，参加了当时的矫风会、妇女青年会等组
织。把整个生命都投入到明治女学校的木村铿子终于没能坚持，在 1886
年逝世。之后，严本善治被聘为教头，负责学校事物，1892 年，正式成

为明治女学校的第二任校长。

严本善治从 1885 年开始就在《女学杂志》等刊物上发表有关女性启蒙的文章,主张通过女子教育实现妇女解放,得到许多读者的亲睐。羽仁元子(自由学园的创始人)曾是一位喜爱阅读《女学杂志》的读者,也正是为实现这本杂志倡导的妇女解放而入读明治女学校的。《女学杂志》事实上与明治女学校是一体的。

严本善治认为女子教育应建立在基督教信仰和自由平等的精神之上,要求学生做到"清澈、正义、心地善良、关爱他人,充满奉献精神"[①]。在他的管理下,明治女学校形成一股充满自由的独特氛围。当时的教员阵营有《文学界》的北村透谷、岛崎藤村和星野天知等,他们崇尚艺术,讴歌浪漫的爱情,另一方面,明治女学校与其他基督教系女子学校一样每天早晚进行礼拜,周末去教堂,圣诞节表演《圣经》上的故事,弥漫着宗教色彩。

明治女学校自成立后不断发展,1892 年,校址由原来的饭田町一丁目迁至麴町下六番地,学校进入了发展的最盛期,学生人数达到 300 人。1896 年,一场大火把明治女学校的校园全部烧毁,加上不久之后夫人若松贱子[②]病死,严本善治遭受沉重打击。明治女学校也开始失去活力。1885—1909 年创办,终于走向了关闭。

虽然明治女学校的创办仅为 24 年,但是作为近代日本女子教育的先驱者之一,为日本社会送出了一批优秀毕业生,如 1890 年毕业的五岛千代槌创办了晚香女学校,羽仁元子创办了自由学园,相马黑光创办了新宿中村屋,此外还有樋口一叶、野上弥生子、山室机惠子、大塚楠绪子等优秀女性。

---

① 严本善治:《向明治女学校学生转告目前的女子教育法》,《女学杂志》第 207 号,1890 年 4 月。
② 若松贱子:曾就读于斐丽丝女子学校,毕业后留校任教。《女学杂志》的主要撰稿人之一,译有《女公子》。

熊本女学校创立于 1887 年，最初称为熊本女学会，1888 年成为熊本英学校的附属女学校，1889 年正式独立出来，更名为熊本女学校，创立者为德富久子、不破鹤和竹崎顺子。其中德富久子和竹崎顺子都是前述女子学院的创办人矢岛楫子的姐妹。德富久子（1829—1919），生于肥后熊本藩，后嫁给汉学者德富一敬为妻，育有德富苏峰和德富芦花两兄弟，这两人都是日本有名的大文豪。竹崎顺子（1825—1905）在 15 岁时成为横井小楠的门下，开办了家塾白新堂，积累了办学经验。1887 年，她在海老名弹正的影响下，接受洗礼成为一名基督新教徒，此后一直经营熊本女学校，奉行儒家妇德思想与基督教信仰相结合的教育模式，致力于熊本当地的女子中等教育。

熊本女学校是以培养乡村女子为目的的一所教会女子学校。自 1897 年，竹崎顺子担任校长开始，学校开始向升格为高等女学校努力。1921 年，熊本女学校正式成为 5 年制高等女学校，更名为大江高等女学校，开始进入快速发展。这期间培养了高群逸枝等一批优秀人才。1945 年，校园在战争的炮火中成为废墟，但不久就将校址迁入田迎町进行重建。1948 年，成为新学制下的大江女子高等学校，1952 年又将校址迁往熊本市南高江，次年成立学校法人，设置商业科。1988 年 5 月，学校法人更名为顺心学园，校名改为费斯女学院高等学校，学制 3 年。2005 年，学校又更名为熊本费斯学园高等学校，开设全日制课程和通信制课程。全日制课程只招收女生，设置了普通科、计算机事务科和医疗福祉科。通信制课程则实行男女共学。2009 年，学校法人顺心学园并入另一学校法人开新学园，于 2011 年正式关闭。

二、跻见花蹊与跻见女子学校

1.跻见花蹊的女子教育思想

跻见花蹊在 1875 年创办了跻见女子学校（跻见女子学园大学前身），成为日本女性中创办女子学校的第一人。她深受儒家传统教育，恪守儒教保守主义教育观，实施日本传统的妇德教育，培养出众多名流妇人，其功绩之显著"可谓是日本女子教育界的第一人"[①]。

跡见花蹊（1840—1926），本名龙野，出生于大阪近郊的木津町。花蹊自幼通读《论语》等儒家经典，受其熏陶，初步形成了她的儒家妇德教育理念。她一生都以儒家妇德为最高准则，坚持向学生灌输妇道伦理和传统才艺，成为固守这一传统理念的"顽固的保守主义教育家"[②]。

花蹊认为，日本自古以来就存在着坚韧不屈的大和魂……只有了解大和魂，才能明白日本国体之本质。那些受西洋风感染的女子高呼男女同权、妇女独立，实质是品行不端和堕落的表现。她强调，"教育的真髓就是在学生的头脑中根植国体神圣的观念，这点古今皆同，社会愈进步，智育教育愈发达，就愈应坚固人们的道德观念"。所以花蹊经常让学生阅读《古事记》《日本书纪》以及渡边石重丸的《国本策》，培养学生的国体神圣观念。她说："西方式的教育当然也是今天这个时代不可或缺的，但若只惟其是瞻，则会丧失国魂，万分危险。"[③]因此，"不论男性如何，女性首先要像个女性，磨炼妇德，以德的力量来使无理的丈夫变得正派，从而进一步关心国家大事"[④]。

在她看来，女子教育的目的正是如此。在此基础上，她提出了"良妻"的职分训诫，认为"随着国家的发展，妇女的责任亦愈发重大，特别表现在理财方面。国家财政的管理与家庭经济的梳理是密切相连的，所以妇女在这个方面更应倍加努力。无论知识如何丰富，文明如何进步，如果财政失败就会一事无成，对妇女来说也就无法做到'齐家'了"。所以，"妇女要做到勤俭二字。不论男子如何努力，妇女认识不到也是无济于事。如果女子幼小时受父母溺爱，婚后又受丈夫宠爱，一心只想穿漂亮

---

① 高桥胜介：《跡见花蹊女史传》，东京：东京出版社，1932年，序第1页。
② 涉川久子：《近代日本女性史1·教育》，东京：鹿岛研究所出版会，1970年，第115页。
③ 高桥胜介：《跡见花蹊女史传》，第71页。
④ 高桥胜介：《跡见花蹊女史传》，第63—65页。

衣服，追逐流行的话，不要说做到齐家了，我相信就连国家的前途都有危险了。""所以妇女不论身份如何，不论财产多寡，都要做好自己的本职工作"，做一个称职的"良妻"。^①

在灌输"贤母"观念方面，她认为："伴随着物质文明的进化，世界亦愈加复杂多变且存在诸多危险，所以作为母亲必须加强对子女的教育。""无论学校教育如何严格，母亲如果没有良好的修养，小孩不但不能活用这些知识，而且还失去了教育的意义。""所以，在危险思想四处蔓延的当今社会，已为人母者和将要为人母者都应该努力加强自身修养。"花蹊还认为，女性要做好"贤母"，还必须戒除不良习惯，端庄礼仪，保持勤勉，从而给下一代以模范的作用。^②

"总之，女子的美德就是一种自我牺牲精神，就是一般所说的'椽的支撑者'，是一种无名英雄，我们要切记这一点。我经常听到女性对于男性的'力量'，我认为这种力量就是侍奉丈夫的良妻和教育爱儿的贤母的合称，这也是女子的最高生命意义所在。"^③很明显，跡见花蹊女子教育思想的中心就是提高妇德涵养，培养儒家传统意义上的良妻贤母。她所创立的跡见女子学校正是这种教育理念的产物。

2.跡见女子学校的创立和发展

1859 年，20 岁的花蹊接替父亲管理大阪中之岛的私塾，持续时间长达六年零一个月。这期间她积累了宝贵的办学经验，为其后开办跡见女子学校奠定了基础。1870 年 8 月，花蹊到东京后，先在神田的三崎町开办了一家私塾。凭着自己十几年的教育经验和已有名望，她的私塾影响日渐扩大。随着学生的不断增加，私塾已经无法容纳。1874 年，花蹊在附近的神田仲猿町建了一所新校舍，并于次年 1 月正式向东京府提交设立申请，取名为"跡见学校"，这就是今日跡见女子学园大学的开端。

---

① 高桥胜介：《跡见花蹊女史传》，第 61—63 页。
② 高桥胜介：《跡见花蹊女史传》，第 69—70 页。
③ 中野一夫：《跡见花蹊教育词藻》，东京：跡见学园，1995 年，第 110—111 页。

当时的日本正处于文明开化时期，花蹊对于迅猛的欧化浪潮甚为担忧，她说道："一些名媛倡导文明开化，毅然剪短发、着男服，还在耳朵上夹铅笔、系男式腰带，可谓大煞风景"①，并认为，新时代的女子应保持日本固有的传统妇德。她认为"必须完全改变这种状况"，决定"为女子教育尽力"。1875 年 1 月 8 日，跡见学校举行开学典礼。当天就有很多华族女子入学，上流社会的来宾也很多。

跡见女子学校创办的直接动机是花蹊对明治初期文明开化现象的担忧和不满，以及由此对日本传统妇德观念的冲击。戒除浮华虚饰，宣扬尊皇爱国，培养日本固有之妇德，造就完美至善之主妇成为花蹊个人以及跡见学校的实践目标。

在这种宗旨下，跡见女子学校实施"德育·智育·体育"三方面相结合的教育方针。关于德育，花蹊认为："作为女子不论何时首先应像个女人，须磨炼妇德，增强德之力量"，"然而方可替国家分忧"。所以跡见女子学校在课程设置上特别重视国语和汉学教育。开学之初的跡见女子学校就设置了国语和汉学课程，涵盖了经纶道德的各个方面。而且这个教育方针一直没有发生改变。随着日本女子教育的指导思想逐渐趋于保守化，特别是1890 年《教育敕语》的颁布，加强德育教育成为女子教育的主流思想后，跡见女子学校积极响应这一趋势，更加强调传统妇道的涵养。这在1894年的课程表中，表现最为明显：

表 4.1 跡见女子学校课程表（1894 年）[2]

授课时间	月（周一）	火（周二）	水（周三）	木（周四）	金（周五）	土（周六）	当日下午
8 时—10 时	数学裁缝	裁缝	数学裁缝	裁缝	数学裁缝	裁缝	琴、点茶、插花
10 时—12 时	汉学习字	汉学绘画	汉学习字	汉学绘画	汉学习字	汉学绘画	
13 时—15 时	国史国文	国史国文	国史国文	国史国文	国史国文		

① 藤井瑞枝：《跡见花蹊先生实传 花下之路》，第 25 页。
② 涉川久子：《近代日本女性史 1·教育》，第 117 页。

从这个课程表可以看出，国语和汉文的地位相当突出。国语课主要学习日本传统的小说、随笔、和歌以及历史等，所用的教材有《古事记》《神皇正统记》《源氏物语》《伊势物语》《古今集》《万叶集》和《紫式部日记》等；汉学课的教材则主要是《论语》《中庸》《大学》《春秋左传》等四书五经的儒家典籍和《女四书》《列女传》《女大学》等儒家女训。花蹊特别重视通过《女四书》等传统女训来涵养妇德，"如果妇女能够熟读这些儒家女训，清醒自己的头脑，体会其中的精神，也就能固守道德"。可谓是"国家的基础是妇女"，所以"如果妇女的思想虚浮，那对于国家、对于家庭都将会不利"。

跡见花蹊针对当时大多女子学校只重视智育教育的倾向，提出"体育"教育理念，她的"体育"教育理念并不是现代概念上的"体育"，而是指作为家庭主妇所必备的家政教育，它包括裁缝、绘画、琴曲、点茶等科目。在花蹊看来，有了点茶、插花、音乐等心得技能后，人的品位也就自然得到提升。1884 年，在美国弗吉尼亚州举办的博览会上，展示了跡见女子学校的绘画作品，影响很大。当时日本的其他女子学校都是在文部省建议后，才陆续设置相关课程。

跡见花蹊的教育方式和理念也遭到不少进步人士的严厉批判。建校不久，文部省曾要求跡见女子学校应该教授女子更多的专门知识，而不应设置绘画、裁缝、点茶和琴曲等课程，但是花蹊仍固守自己的教育方针，拒绝修改课程设置。1907 年时曾受到文部省的批评，但仍以国语、汉学、裁缝、绘画和习字为重。花蹊的"顽固的保守主义"信念，在近代日本的女子教育史上是一个值得进一步探讨和研究的断片。

1919 年，80 岁高龄的花蹊辞去跡见女子学校的校长职务，成为名誉校长。其养女跡见李子继任校长。此后，跡见女子学校在李子和其他后继者的管理下稳步发展。1944 年，跡见女子学校改组成跡见高等女学校。两年后，设置学制三年的专攻科，科目为国文和家政。1947 年和

1948 年，又分别设置跡见学园中学和高中。1950 年设立跡见学园短期大学。次年，成立学校法人跡见学园。1965 年，跡见学园在埼玉县新座市设立跡见学园女子大学，学科为国文学科和美学美术史学科。两年后增设了英文学科。接着在 1974 年又设文化学科。随着 21 世纪的到来，跡见学园女子大学又设立大学院，招收日本文化专业和临床心理学专业研究生。跡见学园女子大学开始了更大的飞跃。

3.跡见花蹊及其女子学校的社会评价

跡见女子学校可以说是以培养上流社会的女子为办学目标的。它从建立起便与日本上流社会，乃至皇室一直保持着密切关系。学园不仅为皇室和上流社会培养血脉，同时自身也因此得以发展。这些也反映出跡见花蹊及女子学校的社会地位。

花蹊因为父亲的缘故结交了公卿贵族乃至皇室，早在京都期间，就经常出入公卿贵族之家，为其家人讲学，借此她的才识名声亦日渐远播。当时 81 岁的绫小路有长和 82 岁的梅园秀晓等公卿，以及关白九条幸经的夫人等一些贵族夫人都曾师从于她。1870 年，花蹊在东京得到公卿贵族和皇室的协助，很快创办了一所私塾。次年，她受命为宫廷作画，绘画才能得到了皇室的赏识，当时的皇后（昭宪皇太后）在 1872 年 11 月和 1873 年 2 月两次召见花蹊，备受媒体关注。1873 年 2 月 17 日的《东京日日新闻》对"跡见花蹊再次应召觐见"进行了报道：

> 本月 12 日，姊小路家管家跡见摄斋之女花蹊受到了皇后的亲切召见。皇后观赏了其书画后，予以种种恩赐。当日一同召见的还有间宫八十子。觐见时，花蹊呈献和歌一首，以供御览。实为妇人之典范。[①]

1918 年 4 月 4 日，花蹊再次应召觐见皇后。皇后赐给花蹊刻有皇室家徽的银杯及其他物品。次月 23 日，宫内省应皇后要求，又一次召见

---

① 唐泽富太郎：《女子学生的历史》，东京：木耳社，1979 年，第 259 页。

了跻见女子学校的两代校长——花蹊和李子，并赐李子一千日元。作为私立女学校，能得到皇室的如此重视，这在当时是非常罕见的，而且皇室还特别赐予奖金以资鼓励，这对于跻见女子学校来说，是莫大的荣誉。

同时花蹊还担任着皇宫女官们的汉籍和书画授课，每周六和周日，花蹊就来到赤坂御所，为夕颜典侍等女官讲课，一直持续到跻见女子学校成立为止。而后在 1884 年，花蹊再次为女官们授课。花蹊的教育事业也得到了皇室的支持，她创办的女子学校可以说是在皇室的恩惠下才不断发展起来的。在这一点上，花蹊和后文中的下田歌子有共通点，但是支持歌子的人多为伊藤博文等新兴的华族和高官，而花蹊的交往对象则集中在旧公卿之家。所以歌子容易卷入支持者们的政治旋涡，在获得利益的同时也遭受了颇多损失。与之相反，花蹊却很巧妙地利用支持者的社会荣誉来提高自己学校的声誉。可以说，跻见女子学校完全是所皇族公卿的贵族学校。从它招收的学生亦能看出。下面是开学当日的学生名单：

姉小路贞子（明治天皇侍奉女官藤袴典侍）、正规町钟子（元宫中女官长松风典侍）、薮文子（锦织子爵夫人）、薮峰子（鸟居子爵夫人）、庭田子（小出子爵夫人）正亲町春香（园池子爵夫人）、勘解由小路直子（川口男爵夫人）、中川仲子（嵯峨侯爵夫人）、万里小路伴子（堀田伯爵夫人）、万里小路李子（第二代校长跻见李子）、绫小路长子（庭田子爵夫人）、勘解由小路操子（鸟丸伯爵夫人）、三条西滨子（三条伯爵夫人）、本多藤子（松前子爵夫人）、风早糸子（风早子爵令媛）、大熊鹤子、小河升子、永井义子、平田长子、波多野元子（画家花涯）、福田君子、福田满子、四辻芳子、细井熊江、堀江仓子、后藤梢子、后藤真澄[①]

---

① 大塚久编：《跻见女学校五十年史》，东京：跻见女学校，1925 年，第 26—27 页。

从这份学生名单中可以看到学生的来源基本上都是皇室的女官以及伯爵、子爵夫人，均来自日本上流社会。而其中皇室女官的出现则显示了学校与皇室的密切关系。

学校不仅接收皇宫女官，也开始有皇妃和皇女的加入。最早是在跡见女子学校的神田私塾时代，当时的三条智惠子殿下（后为闲院宫妃）就曾在此学习。跡见女子学校移至小石川之后的1891年，北白川宫满子公主入校学习；1903年，闲院宫恭子公主进入女校的小学部学习；1904年7月，闲院宫茂子公主入学；随后，闲院宫第三公主季子也进入女校学习。后三位公主的母亲（三条智惠子）出于对跡见女子学校的信赖，把皇室血脉的培养委托于跡见花蹊，这些对于一个私立学校来说，是一种无上的光荣。

1912年，跡见花蹊已步入古稀之年，适逢跡见女子学校创立三十五周年，学校在5月9日举行盛大纪念活动的同时也举办了跡见花蹊的寿宴。活动在日本桥俱部举办，来宾以大隈重信为代表，聚集了一千五百多名朝野名士、淑女。当日，闲院宫妃智惠子为表达贺意，赠送一套银杯并赐祝歌一首：

> 曰聆听野边云雀黄莺之鸣啼，不觉间喜迎五春七返
>
> 曰细看攀沿千岁陡坡之山花，不觉间已跃七十山口①

这次宴会不是简单的寿宴，而是跡见花蹊功成名就的体现。同年7月8日，皇室授予花蹊宝冠章，以表彰她多年从事教育之功劳，并叙勋六等。跡见花蹊能获此荣誉，实非偶然，是她多年勤奋努力的成果，也是她作为日本女子教育的开拓者的真切写照。

1922年，跡见花蹊又一次受到了文部省的表彰。不久，跡见花蹊被叙为勋五等。1926年，一代才女跡见花蹊辞世，终年86岁。花蹊的

---

① 藤井瑞枝：《跡见花蹊先生实传：花下之路》，第48页。

教育生命虽然已经走到了尽头，但是她在女子教育史上的"功绩"却是永驻的。

"身先士卒、以示天下"——跻见花蹊先生创办学校时，冠以女子学校之名的仅有东京跻见女学校，时至今日，女子教育已经普及，私立学校亦不计其数。今日之盛况固然是时势所造成，但先生以身示范，对于女子教育的促进作用是值得肯定的。

当时的内务大臣中桥德五郎更是称赞跻见花蹊：

> 跻见花蹊的事迹和功绩已是众所周知，但是她在明治初年就已经思索我国的女子教育，并靠自身的力量创办了跻见女学校，在教育领域中奋斗了五十余年。且其门下积聚了众多身份高贵之人，送出了近万名学生，实可谓"我国女子教育界第一人"。[①]

三、近代日本女教育家的诞生

综观日本教育史，古代贵族家庭就十分重视对女子的才艺教育，他们会聘请一些有才学的人到家中教授自己的女儿，其中就有女性，这可以说是女性担任教师的肇始。到了中世，随着武家社会对女子教育的重视，在公家和武家女子的教育中，出现了更多的女性家庭教师。但是这些家庭教师只是在家中针对某一个学生专门教授特定技艺，且是零星分布，没有形成一定的规模和体系。所以真正意义上的女教育者是产生于近世，当时遍布社会各个角落的寺子屋中的女师匠可谓是女性教育工作者的雏形。

进入 19 世纪以后，随着寺子屋的增加，江户等大城市出现了由女性经营的寺子屋和授课的女师匠。到明治初年，由女性经营的寺子屋广布于全国 3 府 25 县。尤其是在江户地区，由女性经营的寺子屋占当地寺子屋总数的 10％以上，达到 53 所。其中 38 所均出自于平民女子之手。

---

① 高桥胜介：《跻见花蹊女史传》，第 99—100 页。

这在当时女子出入社会较难的情况下是非常引人注目的。这些女性在经营寺子屋的同时，还招收男女师匠，而且女师匠所占比例较大。当时 53 所由女子经营的寺子屋中，男师匠仅有 13 人，而女师匠则达到了 61 人。[①]

寺子屋中的女师匠也构成了近代初期新制小学中的女教师的主力军。下面表 4.2 和表 4.3 分别是 1873 年东京府新制小学改编后的女教师情况，当时共有 117 名女教师。从表 4.2 可以看出受教育年限在 10 年以上的超过半数，再从表 4.3 显示出她们的平均年龄都在 40 岁左右，由此可以推断这些人基本上都是受到寺子屋教育的，而且她们不仅是受过教育，还在很大程度上是有教学经验的，也就是说主要是来自寺子屋中的女师匠。

表 4.2　东京府内女教师的受教育年限[②]

受教育年限（年）	5	5—10	10—15	15—20	20—25	25—30	30 以上	不明	合计
人数（人）	7	39	38	16	5	1	1	10	117

表 4.3　东京府内女教师的年龄[③]

年龄（岁）	15—20	20—25	25—30	30—35	35—40	40—45	45—50	50—55	55—60	60—65	65—70	70—75	75 以上	不明	合计
人数（人）	5	9	10	10	7	13	18	14	7	5	8	5	2	4	117

日本的近世虽然出现了女师匠，但她们只是旧式封建教育的沿袭者，并不是真正近代意义上的女教育者，所以我们只能把她们称为女教育者

[①] 石川谦：《寺子屋——庶民教育机关》，东京：至文堂，1960 年，第 152 页。
[②] 根据 1873 年（明治六年）的《开学愿书》制成，转引自海原彻：《近世的学校和教育》，转载东京都立教育研究所编：《东京教育史资料大系》（第 1 卷），第 284 页。
[③] 根据 1873 年（明治六年）的《开学愿书》制成，第 284 页。

的雏形。在日本近代教育史上，最早创办女子学校，以近代意义上的女教育者面目出现的则是来自外国的女传教士。前述的斐丽丝女子学校的创立者凯达以及其他女传教士可谓是日本女子教育史上第一批真正意义上的女教育者。她们的实践活动为日本女性自办女学产生了深刻的影响。

随着学制的颁布和女子教育的发展和扩大，近代日本逐渐出现了一大批女性教育倡导者和实践者。1875 年，跡见花蹊创办的跡见女子学校，是近代日本女性自办女学的开始，具有划时代的里程碑意义，反映了女性自身追求教育的觉醒，此后由女性创办的女子学校不断涌现。如在基督教的影响下，日本的一些女教徒创办了樱井女子学校、女子学院和熊本女子学校等，这些女子学校带有浓厚的基督教色彩。之后，1882 年，下田歌子创办了桃夭女塾；1886 年，鸠山春子参与创办了共立女子职业学校，即今天共立女子学园的前身；1892 年，河村常子创办了私立女子裁缝专门学校；1902 年，三轮田真佐子在原有的翠松学舍的基础上创办了三轮田女学校。这些女子学校的创办意味着日本女子中等教育的开启，实际上"明治时期的女子中等教育是由私立学校来推进的"[1]。进入明治 30 年代以后，女性创办的女子学校不断增加，而且朝着实学职业教育和高等教育方向发展。这类学校有1900 年吉冈弥生的东京女医学校（今东京女子医科大学）、1900 年佐藤志津的女子美术学校（今女子美术大学）、1900 年津田梅子的津田英学塾（今津田塾大学）、1908 年大妻小鹰[2]的裁缝私塾（今大妻女子大学）等。此外，还有一些女性参与创办的女子学校，如木村鐙子是明治女学校（1885 年）的创始人之一。轮岛闻声创办的淑德女学校（1892 年）和赤松安子与丈夫一同创办的德山女学校（1890 年），同属于佛教系统，它们采取宗门教育，与当时的基督教系学校形成一种对立的态势。在进入大正时期后，又出现了安井哲

---

[1]　平塚益德：《以人物为中心的女子教育史》，第 19 页。
[2]　大妻小鹰：日语写作"大妻コタカ"，这里译为"小鹰"。

子参与设立的东京女子大学以及羽仁元子创立的自由学园，使近代日本的女子高等教育又朝前迈进了一大步。

在这些众多的女性教育倡导者和实践者中诞生了一批优秀的女教育家，如樱井智嘉、矢岛楫子、竹崎顺子、跡见花蹊、鸠山春子、河村常子、三轮田真佐子、棚桥绚子[①]、下田歌子、吉冈弥生、大江隅（今东京家政学院大学创始人）、塚本滨[②]、佐藤志津、津田梅子、木村镫子、大妻小鹰、安井哲子和羽仁元子等。她们提出了自己独有的教育思想和理念，辛勤地耕耘在教育领域，把知识传授给学生，把自己的一生都贡献于教育事业，她们的名字都被载入了日本女子教育的史册，而她们对日本女子教育的功绩则不可磨灭。

樱井智嘉作为明治初年的女性教育家，她创办的樱井女子学校开创了日本女子寄宿学校的先河，而且她还创办了附属幼儿园，成为这一领域的先驱。矢岛楫子在樱井女子学校的基础上创立了女子学院，并设立了日本最早的护士学校——护士养成所，而且她还作为社会改良家，对日本的妇女矫风事业[③]做出了重要贡献。竹崎顺子在接手熊本女子学校后，坚持人格素质和良妻贤母的培养，并重视卫生方面的教育，具有很强的近代性。鸠山春子作为日本早期的职业女子学校共立女子职业学校的创办人之一，享有"欧式良妻贤母的忠诚实践者和典型代表"[④]的称号。河村常子从开办裁缝女私开始，坚持自己的教育事业，最终创办了私立

---

① 棚桥绚子（1839—1939），近代日本女教育家，东京高等女学校（今东京女子学园）的第一任校长。其一生致力于女子教育事业，曾任教于学习院和东京女子师范学校，并参与创办了名古屋高等女学校（今菊里高等学校）。
② 塚本滨（1866—1941），近代日本女教育家、家政学者。其一生致力于家事和家政的教育事业。曾任教于东京女学馆、女子高等师范（今御茶水女子大学）附属高等女学校、静冈高等女学校和青山女学院等。她在1900年出版了《家事教本》，是日本高等女学校的第一本家事教科书。此外还有《家庭生活合理化》等著作。
③ 妇女矫风事业：指的是矢岛楫子在1886年创办的东京妇女矫风会。该组织是一个以矫正社会弊端和禁酒禁烟为目标的妇女团体。1893年更名为日本基督教妇女矫风会。
④ 桥本宪三：《高群逸枝全集》（第5卷），东京：理论社，1967年，第547页。

女子裁缝专门学校。大江隅和塚本滨虽然不能说是位于前沿的女教育家，但她们分别提出的生活教育和家政科教育，对日本女子教育的发展很有贡献。三轮田真佐子则是近代唯一一位著书发表女子教育论的女性，她很早就提出了良妻贤母主义教育，并开办了女子学校，把自己的一生都奉献于这项事业。吉冈弥生和佐藤志津分别开创了医学和美学的专业教育，对日本实学教育的发展功不可没，特别是吉冈弥生的女医学校为社会培养了大批女医，在日本医学界的影响是相当之大的。津田梅子的津田英学塾和木村镫子参与设立的明治女学校则开创了近代日本女子高等教育的先河，是近代女子所受最高教育机构的代表。大妻小鹰创立的大妻女子裁缝学校，坚持家政学教育，最终发展成为具有自己教学特色的大妻女子大学，在日本家政教育史上写下了一页。跡见花蹊和下田歌子作为一代才女，在女子教育史上的功绩，更是享誉日本全国，被成为日本教育界的"东洋之花"。[①]安井哲子和羽仁元子带着她们的东京女子大学和自由学园在实现自由人格教育的征途上奋战终生，为战后新民主体制下女子学校的重建奠定了基础。

这些女教育家们提出了各自的教育思想和理念，所实践的教育活动有的相似相近，有的截然不同，但都为勾勒出一幅争奇斗艳、绽放异彩的日本近代女子教育史画卷贡献了自己的一份力量。她们的教育理念在一定程度上反映了这一时期日本整体教育体制的特点，她们的教育实践活动也有力地推动了近代日本女子教育的发展进程。

第二节 中国人自办的女子学校

随着教会女校在中国的不断出现，受其刺激，中国民间人士出于强国保种的需要，开始兴办女子教育。从维新时期到民国初年，中国女学

---

① 谷村一佐：*The Double Star*，转引自高桥胜介：《跡见花蹊女史传》，第 131 页。

经历了初创期—勃兴期—发展期三个发展阶段。维新运动期间是中国女学的初创期，诞生了由中国人自己创办的第一所女子学校——经正女学堂。进入清末新政，特别是 1907 年中国第一个女学堂章程——《学部奏定女子小学堂章程》颁布后，全国各地兴办女子学校。民国建立后，女子教育体制不断完善，办学规模日益扩大，逐渐改变了教会女学占主导地位的局面。

一、中国人创办的第一所女学——经正女学堂

1. 经正女学堂的创办

自 1844 年，爱尔德赛女士在浙江宁波开设中国第一所女塾后，教会女校不断出现，至 1897 年，仅上海一地的教会女校就达 12 所，[①] 但由国人自办的女子学校尚未出现。那一年，梁启超在《论女学》一文中写道："居今日之中国，而与人言妇学，闻者必曰天下之事其更急于是者，不知凡几……然吾推极天下积弱之本，则必自妇人不学始……"[②] 表达了对中国女学的担忧。在这种形势下，中国近代史上第一个由中国人自己创办的新式女学堂——经正女学堂登场了，让当时的开明知识分子看到了创建女校的希望。

与近代日本不同，中国人自办的第一所女子学校不是出自女性，而是出自男性。它的创办者是时任上海电报局总办的经元善。经元善（1841—1893），浙江上虞县人，原名高泉，字莲山，号居易子等，早期的资产阶级改良派活动家、近代资本主义企业家、教育家。

经元善早年曾在上海读书，后随父经商。长期的经商经验和办洋务企业的经历，让经元善认识到人才教育的重要性，而国家的落后局面使经元善的爱国意识愈加强烈，他关注国家命运，主张教育救国，通过开办新式学堂，培养新式人才。1893 年年底，经元善募集资金在上海城南

① 熊贤君：《中国女子教育史》，太原：山西教育出版社，2004 年，第 178 页，表 8-1。
② 梁启超：《论女学》，《时务报》第 23 册，1897 年 4 月 12 日。

高昌庙附近创办了经正书院，聘请梁启超等新式知识分子任教，向学生传播中西诸学，以期培养通晓中西的洋务人才。经正书院的创办是经元善办学的最初尝试。但是经正书院的存在时期很短，三年后的1896年夏，因经费困难，经正书院并入了盛宣怀开办的南洋公学。

通过经正书院的创办，经元善发现只设立普通学堂还不能解决中国人才匮乏的问题，因为当时各式各样的学堂和书院，都只招收男子，而女子学校的意义更为重大，"今中国不振，归咎于二千年女学不开"[1]，于是他把目光转向了兴办女子学校方面。1897年，57岁的经元善决定在上海创办中国近代第一所女子新式学校——经正女学堂，亦称中国女学堂。

筹办经正女学堂，经元善克服了重重困难。首先是来自社会的压力。当时中国风气未开，封建保守势力强大，顽固派群起反对女学，不仅上书弹劾经元善，制造舆论攻击他，甚至公然骂他创办女学是"大逆不道"[2]之举。在这种形势下，一些原先支持经元善的人畏缩不前，"避之者浼矣"[3]。但是这些都没能阻扰经元善创办女学堂的决心和毅力，表示"年将花甲又何所恋"，"舍身饲虎亦无所难"[4]。为减轻社会压力，经元善在上海中西各报发布女学堂缘起和章程，阐述兴女学乃古代已有之事业、古代圣人之意旨，以堵塞封建卫道士之口；同时严定学堂男女职员的界限，尽力避免人们的误会。其次，创办女学的另一困难是解决办学经费问题。为了筹集到足够的资金，经元善多次禀请南、北洋大臣和盛宣怀，要求从电报局备赈存款中拨白银3000两以补贴女学的常年经费，但遭到拒绝。可是他并没有气馁，转而发动女界捐款，并要求自己的妻妾带头认捐开办费400元、常年费60元。在他的影响和带动下，半年内就有102位妇女捐款，谭嗣同、张謇、黄遵宪等人也先后出资赞助，

① 章开沅主编，虞和平编：《经元善集》，武汉：华中师范大学出版社，1988年，第182页。
② 章开沅主编，虞和平编：《经元善集》，第406页。
③ 章开沅主编，虞和平编：《经元善集》，第348页。
④ 章开沅主编，虞和平编：《经元善集》，第278页。

共筹集开办费 6130 元、常年费 575 元。[①]

在经正女学堂的筹备期间，经元善还做了大量的准备工作。由于他本人并非学校出身，也不曾到国外考察女学，所以为了寻求帮助，他先后邀请中外有关知名人士集会四次。1897 年 11 月 15 日，创办中国女学堂的第一次会议在上海召开，经元善、施子英、康广仁、汪康年、严筱舫以及西方传教士林乐知等 48 人参加。会议主要讨论了倡导捐赠办学办法、经费收支办法、女学堂校舍建筑、学堂章程、造就师范人才以及向地方官吏申报批准等事宜。这次会议意义重大，它使经正女学堂的筹建迈出了坚实的一步。同年 11 月 21 日和 12 月 1 日又分别召开了第二次和第三次集会，具体讨论了课程设置问题。12 月 6 日在上海张氏味莼园安恺蒂家召开了第四次集会，有中外妇女 122 人参加。大会讨论了创办经正女学堂的事宜，听取了"中西官绅女官们"对有关女学的课程设置、教学内容、授课形式和学堂内部管理等方面的意见，确定了女学堂章程。[②]1898 年 4 月校舍落成，5 月 31 日经正女学终于在上海城南高昌庙桂墅里正式开学了。

2. 经元善与经正女学堂

在中国长达二千多年的封建社会中，广大妇女受到"女子无才便是德"传统观念的束缚，被剥夺了接受学校教育的权利，所以在严格意义上来说，近代以前，中国不曾有过专门的女子学校。教会女校的出现打破了这个局面，但是它的创办者是外国传教士，它的主旨是以传播宗教精神、培养基督信徒为中心，为西方列强进行文化侵略服务的。1897 年，经正女学堂的创立开了近代中国自办女学堂之先河，是近代中国教育之壮举，产生了广泛的社会影响。而这些都离不开经元善的女子教育理念。

---

① 宋艳丽：《经元善与近代女学的兴起》，《聊城师范学院学报》（哲学社会科学版），2001 年第 5 期。
② 李永生：《经元善的中国新式女子教育探索》，《安徽教育学院学报》，2000 年第 4 期。

经元善的女子教育理念

经元善年少时期崇拜孔孟之道，熟读四书五经，成年后曾专门研读过王阳明的"致良知"之说，深谙"知行合一"之旨，逐渐形成了自己的诚本治国思想和经正教育观念。他毕生视"诚"字为做人处事之根本，坚信治国之道，也应本之以"诚"。他曾指出中国国运衰落是"孔孟之教名存实亡，杨氏为我之学积重难返"[①]，人们崇尚浮华，缺乏"诚"心所致。所以要图国富强，应以"诚"为本，注重教育。

在这种诚本治国思想下，经元善提出了自己对女子教育的看法。他认为传统教育制度不重视女子教育的现象不仅摧残了妇女的身心，使妇女缺乏独立，最终还将祸国殃民，从而指出女子教育的重要性。

首先，经元善认为振兴女子教育是富国强兵，即保国之举。甲午战败，国难当头，激发了经元善强烈的爱国意识，也促使他对救国富国之术作出深刻的思考。他认为洋务教育缺乏效果的一大原因在于不兴女学，母教不力。[②] 所以他在《中国女学堂缘起》一文中痛指女学不开是国家衰落的原因："今外国环通，智学不开，吾华地大物众，丧师割地，赔款求和而昏者尚不知变计，后人必不解其故。即今之人亦索之莫保，盖亦数千年抑制妇女，等若禽兽之戾气以致之者故。故欲保吾国，保吾类，必自此始。"[③]"欲求自强之源头，舍此之外，无他道也。"[④] 可见经元善将女子教育与国家兴亡、民族生存联系在一起，指出了女子教育对中国前途的影响和重要性。

其次，经元善认为振兴女子教育是相夫教子，即保种之举。中国传统教育历来推崇修身、齐家、治国、平天下。经元善认为欲治国必先齐

① 经元善：《居易初集卷二》，《挽救中国本原迂言》，清朝光绪二十七年（1901年）澳门铅印本影印原书版，第61页。
② 李永生：《经元善的中国新式女子教育探索》，《安徽教育学院学报》，2000年第4期。
③ 经元善：《女学堂答杭垣人书》，章开沅主编，虞和平编：《经元善集》，第207页。
④ 经元善：《居易初集卷二》，《挽救中国本原迂言》，第61页。

家，家正而天下定，齐之正之，其惟内则平。他指出中国多年不开女学的重大积弊是"中国人数四万万妇女不读遂不能明天下之事，凡言论事功皆依靠男子，则中国人去其一半多。西人谓吾为半教之国"[①]。其结果导致西方列强虎视眈眈，欲变夏为夷，瓜分中华。而且女子教育的价值还在于能保证孩子优生优育。他认为"人自胚胎赋形，即禀母之胎教，自孩提成立，依依恃母，饮食、教诲、触处皆关学问"，"是欲妇女知大义，不得不先兴女学明矣"。[②] 他还引用西方的女子教育经验来强调中国兴办女学重要性。"闻泰西教育一门派作百分，母教七十分，友教得二十分，师教仅得十分，可见孩提之差一段诱携工夫，全赖母教之先入为主，但欲母教，势不能不先讲女学。"[③] 可谓是有贤母，而后有贤子，妇女做到相夫教子，即奠定为国家造就人才的基础，这其实就是贤妻良母主义教育的体现。经正女学堂在创立宗旨以及后来的课程设置中都没有离开过培养贤妻良母这一目标。

虽然经元善的女子教育理念中贯穿着贤妻良母主义教育色彩，但是他也认为女子教育的发展，女学的兴办能够解放妇女，促进男女平等。他在《劝女子读书说》中批判了当时男女不平等的现实："男子束发之后，即令读书，虽贩夫牧竖，亦恐以不识一丁，为终身累。至于女子，惟知洞其耳，桎其足，涂饰其面，一若仅供天地间玩好之用。"[④] 指出"男女既同为人，即可同参天地"，从"天赋人权"和人性的角度，提出了他的男女平等、妇女解放的基本思想。这种思想在当时具有一定的代表性。

经元善还对整个中国的女子教育提出了设想："拟欲内地广兴女学，而人情难与虑始。惟沪上通商既久，渐习西法，即就沪先创设一总堂，

① 经元善：《女学堂答杭垣人书》，章开沅主编，虞和平编：《经元善集》，第207页。
② 经元善：《又上总署地南洋各督抚宪夹单禀》，《集成报》卷二十四，1898年。
③ 经元善：《中国女学堂禀北南洋大臣稿》，章开沅主编，虞和平编：《经元善集》，第210页。
④ 经元善：《居易初集卷三》，《劝女子读书说》，上海：上海同文社，1902年，第39—40页。

以开风气之先，徐图渐推广。"① 他建议中国的女子教育采取渐次渐进的发展规则，由沿海推及内地，逐步推广。经元善没有对女子教育做任何的鸿篇巨论，但他切实地将对国家命运的关注与具体的社会实践结合起来，比较清醒地认识到了当时的社会现状和兴办女学的重大意义，并付诸实际行动，体现出了经元善不同于其他社会改良者的那种富有个性的务实精神。

经正女学堂的办学与影响

1898年5月，经正女学堂正式开学。女学堂招生对象是8至15岁的"良家闺秀"，并要求8至11岁者，"必能略识字"，12至15岁者，"必略识文法能阅浅近之信札"，方许入学。最初学生仅20多人，到秋季时人数大增，10月底，经元善又在上海城内陶沙场增设分塾，延请中西教习各一人。这年年底，两处共有学生40余人。第二年年初，学堂声名远播，吸引了众多女生，在校及报名入学者共达70余人。

经正女学堂是中西文化结合的产物，是经元善等维新改良派学习欧美、日本而兴办起来的女学，在办学宗旨、学科设置和教学管理方面都具有新式教育对的特点。

第一，经正女学堂的办学宗旨有三个特点：一是强国保种，"女子为生才起点，关系强国强种"②，要想培养人才，强盛国家就必须"重母教，兴女学"；二是培养妇女自养自立的能力，女子通过学习和掌握一定的知识技能后，可以获得经济上的自立，能够走入社会，从事医生、律师、教习等职业；三是开兴女学之风气。经元善认为通过在上海举办办学，"造就师范人才"，逐渐"普及各省府州县"，只要大家"同心并胆，紧韧不挠，期以十稔，中国女学可遍寰宇"③。

---

① 经元善：《又上总署地南洋各督抚宪夹单禀》，《集成报》卷二十四，1898年。
② 章开沅主编，虞和平编：《经元善集》，第379页。
③ 章开沅主编，虞和平编：《经元善集》，第187页。

第二，从学科设置看，突出了中西结合的特点。学堂章程明确规定："堂中功课中西文各半"，都必须"先识字，次文法，次读各门学问启蒙粗浅之书，次读史志、艺术、治法、性理之书"，[①] 逐渐由浅入深，由易到难。中文课程还包含"女红、绘事，皆日习之"，而西学课程则"每旬逢三、八日，由教习试课论说西学功课"。学生使用的教材主要有：《女孝经》《女四书》《内则衍义》和《古文》等，西文教材由教习酌情而定。学堂还借鉴了教会女校的办学经验，在学生的业余生活中添加了体操、针黹、琴学之类活动，以丰富学生们的生活。除了这些基础课外，学堂还设置了3门专业学科——算学、医学、法学，要求学生每人必选一门，并设立了师范科，"专讲求教育童蒙之法"。这样一来，学生能够掌握一定的实用技能，学成后学校还会发给文凭，且可直接进入社会参加工作。女学堂还在授课形式上一改过去旧式学堂个别施教的传统，采用了班级授课制，"大率每学生二十人而设中西文教习各一人，"并建立了考试制度，"每月投课一次，由教习命题评定甲乙；每季设大课一次，课卷送通人评定，列等第、设奖赏"。[②]

第三，学校管理采取男女共事、同人参与的原则，具体如下：（1）堂中暂设教习四人，中文西文各半，皆延请华妇主之；（2）堂中设提调二人，华妇西妇各一人，皆常驻，照料学生出入，管束堂中女仆人等，酌奉薪水；（3）堂中设董事十二人，皆以曾经捐款之妇人为之，主轮日到学稽察功课并助提调料管束一切，不领薪水；（4）堂中设外董事十二人，皆以曾经捐款人之子若夫若兄弟为之，主在外提倡集款，延聘教习提调，商定功课，稽察用度等事，不领薪水；（5）堂中设司事二人，以男子为之，主管银钱出入及堂内外琐务，由外董事公择老成谨悫能会

---

① 章开沅主编，虞和平编：《经元善集》，第 226 页。
② 章开沅主编，虞和平编：《经元善集》，第 227 页。

计者为之，酌给薪水。①

　　第四，学堂在学生的作息制度上也采取了有别于旧式书院的形式，体现出严密有序的学校管理制度。学堂规定每年"正月二十开馆，十二月望日散馆"，从"三月朔起，每晨七点半钟开课，十二点放饭；午后一点钟开课，五点钟放学。九月朔起，每晨八点半钟开课，十二点放饭；午后一点钟开课，四点半钟放学（春冬两季加添夜课）"。并规定每周"休沐一天"，"三伏酷暑，午后停课纳凉，如欲回家歇夏，准予给假一月"。②

　　1899 年年底，经元善因带头致电总理衙门谏阻废帝一事，遭到慈禧的忌恨，被清政府通缉，迫使他远避澳门。他的出走使女学堂受到了沉重的打击，城内分塾很快因经费不足而停办，总塾也是岌岌可危。远在澳门的经元善非常焦虑，但当时他的家产已被查封，生活十分困难。1900 年中秋节前后，女学堂终于走向了停办的命运。

　　经正女学堂从筹办到终止，只有短短不到三年时间，连一个毕业生也没培养出来。而且在办学宗旨、教学内容和招生对象等等方面还不能彻底摆脱封建传统观念的束缚，存在着明显的缺陷。但是，作为中国女学的先声，它对我国的女子教育及妇女解放产生了深远的影响。它在混浊未开的近代中国社会，以实际行动冲击了封建社会的纲常礼教，首开我国女子学校教育新风气，正如经元善自己所说"沪上初倡女学，是下第一粒粟之萌芽"③。受其影响，全国各地纷纷创立女子学校，女子职业学校也开始出现，为中国女性走入社会，实现自立和解放跨出了坚实的一步。

---

① 章开沅主编，虞和平编：《经元善集》，第 226 页。
② 章开沅主编，虞和平编：《经元善集》，第 230 页。
③ 章开沅主编，虞和平编：《经元善集》，第 379 页。

二、叶璧华与懿德女校

1. 叶璧华其人

在经正女学堂创立的 1898 年，[①] 广东最早的女子学校——懿德女校在梅县诞生了，这也是中国最早由女性创办的女子学校。[②] 懿德女校的创办人叶璧华为清末民初梅县著名教育家，她幼承家学，博览群书，能诗善赋，素有才女之称，留有诗作《古香阁全集》传世。光绪年间，叶璧华讲学于广州定园。她受维新思想影响较深，力主兴办教育，推行新学。戊戌变法失败后，她返回梅县宣扬新思想，倡男女平等的读书之风。她创办的懿德女校为广东地区兴办女校开了先河，亦是中国女性自办女学的第一人。

叶璧华 (1841—1915)，号润生，别字婉仙，自称古香阁主人，清道光年间出生在嘉应州白渡堡庐陵乡（今属广东梅州丙村镇）的一个书香之家。其父叶曦初，系嘉应丙子科举人，曾在广州府学署掌教。叶璧华自幼聪颖好学，十多岁就能题诗作对，名噪一时。

叶璧华与清末翰林李载熙之子李蓉舫结婚后，两人感情甚笃。但好景不长，1859 年，叶璧华家翁李载熙被钦点出任广西提督学政，赴任途中身亡。此后李家家道中落，李蓉舫只有浪迹江湖，到潮州、粤西、广州等各地设帐授课，数年不归。1887 年，蓉舫病逝于广州，叶璧华仅 47 岁。从此，叶璧华强忍悲痛，含辛茹苦，背起了持家课子的重荷。1892 年，叶衍兰[③] 出任广州越华书院山长，怜惜叶璧华一个人孤苦操劳，邀请她到广州设馆授徒。于是，叶璧华来到广州，在定园设馆，招徒讲学。至清末光绪年间，两广总督张之洞因慕其名，聘请叶璧华到广州做家庭教

---

① 关于懿德女校的创立时间有两种说法，一种是百度网认为其是 1898 年创立的，另一说为 1900 年，参见何国华的论文《广东最早的女子学校》。本书参考的是百度网上的数据。

② 参考乔素玲：《教育与女性》，第 28 页，表 1-2 数据推算得出。

③ 叶衍兰（1823—1897）：字兰台，广东番禺人。善诗词、工小篆，有《鸿爪前游日记》六卷、《秋梦庵词》二卷和《续秋梦庵词》一卷。"粤东三家"之一。

师。在执教期间，她关心时局，深受康、梁维新思想影响。戊戌维新失败后，国内局势危急，革命斗争风起云涌，叶璧华离广州返回梅县。

叶璧华娘家世代业文，其夫家更是书香书第。这样的家庭教养使得她学识精深，尤擅长诗词，与《化碧集》的作者范荑香、《胡香楼诗集》作者黎玉贞，并称为近代岭东三大女诗人。为增长学识，1893 年，年届半百的叶璧华仍拜著名文人叶兰台（即叶衍兰）为师。叶璧华一生作诗甚多，其生前曾手编《古香阁诗集》二卷，包括她平生的诗、词、赋三个部分（现仅存卷一、共有诗 239 首，几乎全是七言，绝句为主，七律次之，七古与五古仅极少数）。诗词作品风格多样，有深情婉约的《闺怨》："一叶梧桐忽报秋，闲庭风雨小窗幽。闭门怕见高楼月，空惹人间午夜愁。"① 也有悲壮慷慨的《有感》。

而且叶璧华与同邑著名诗人黄遵宪既有亲属之谊，又有知己之情。黄遵宪母吴氏，为叶璧华婚姻介绍人。而妻叶氏，乃叶璧华堂妹。叶璧华的《古香阁诗集》编成后，黄遵宪还曾为之作序，内云："润生女士，曦初先生之女也，与余内子为姊妹行，长殡于李。李故望族，与余家有连，所居又同里。余年十五六，即闻其能诗，逮余使海外，归自美利坚，始得一见，尽读其所为《古香阁诗集》。其诗清丽婉 约有雅人深致，固女流中所仅见也。"② 将二人惺惺相敬之意，表现得婉曲有致。且考察《古香阁诗集》中，也有咏及黄遵宪之诗作，对黄诗的特点及所蕴含，理解得十分深透。

关于叶璧华的历史记载很少，但她留下了不少诗篇，从中我们可以管窥到她的成长足迹。叶璧华的诗作可以分为四个时期，分别是天真烂漫的少女时期、婚后家庭生活时期、追随叶衍兰的从学与从教时期、回

---

① 叶璧华：《闺怨》，《古香阁全集》，梅州：广东梅县诗社，1999 年，第 3 页。
② 叶璧华：《古香阁全集》，序文。

乡倡女学时期。[①] 从这四个时期的作品中我们可以看到叶璧华思想的转变，特别是后两个时期她深受维新思想的影响，不仅从最初的哀怨困境中走出，还逐步认识到封建传统对女性的迫害，认识到女性应该学习知识，认识到女子教育的重要性。

叶璧华幼承家学，熟习诗文，好学博闻，夙擅才华，良好的家风与父亲的着意栽培，使璧华少小即崭露头角，少时即有佳作《荷花诗》《芙蓉花发满塘红》等传世。少女时代的纯真和可爱，在其诗中一览无遗。婚后的一段时间里，叶璧华仍然过着舒适的生活，时常与知己切磋论诗，谈笑唱和。这一时期叶璧华诗作题材范围相对狭小，多是聊寄闲愁之作，但是其诗中亦不时流露出自己的宏图伟志，"落花茵溷各随机，作客休弹剑铗词。果使剑光耀牛斗，不教窗下老娥眉"[②]。其心性之高、神豪气迈让人心生敬意。

1859 年，叶璧华家翁李载熙之死是她人生的转折点。丈夫常年漂泊在外不归，叶璧华吞下了孤独和艰难的苦楚。这个时期的诗作转向哀婉离愁的叙述，对蓉舫的痴情与思念浸透了她的诗篇，"羡煞鹊桥高驾处，金风玉露话离愁""神仙岁岁伤离别，我羡鸳鸯不羡仙"[③]等句句肠催寸断。随着丈夫的去世，留守"家风"成为她心目中执着的坚守。鹤、梅、莲、虞美人、兰、秋海棠等品性高洁之物出现在其诗作之题咏。

1892 年，叶璧华跟从叶衍兰到羊城设馆后，因其视野扩大，诗风日益清冽甘醇。离乡背井来到广州，经历过战火、生离死别和种种人世沧桑，年届五旬的璧华笔下开始涉及时事，接受维新思想，与黄遵宪、梁诗五等人均有来往。蕴积多年的豪气终于要如"剑光耀牛斗"，散发其自身的能量，准备为这个时代前进作出自己的贡献，留下自己的的印记。[④]

---

① 曾欢玲：《客家女诗人叶璧华生平及诗歌概观》，《学理论》，2010 年第 9 期。
② 叶璧华：《有感三首》，《古香阁全集》，第 15 页。
③ 叶璧华：《七夕》，《古香阁全集》，第 34 页。
④ 曾欢玲：《客家女诗人叶璧华生平及诗歌概观》，《学理论》，2010 年第 9 期。

最突出的时事诗作是：

> 卅年犹记趋庭日，曾傍禹岗坐钓台。
>
> 法海兴波谁御敌，慈云荫座只抡才。
>
> 铿轰火马如雷电，烂漫花田竟劫灰。
>
> 且喜升平旋报捷，江山无恙我重来。[①]

1895 年，日本侵占我国台湾，广州震惊，璧华仓皇逃离，面对战火硝烟，她忆及往日埋首旧书堆，感慨万千。回乡后的她将自己的维新思想奔走呼告，把维新人士积极倡立女学的口号付诸于实践，于 1898 年成功创办懿德女校。这时的叶璧华已经从一位饱含爱国热情的诗人，转变为一位推行新学的教育者。

2. 懿德女校的创办与影响

叶璧华的家乡——梅城的客家妇女具有刻苦耐劳、勤俭朴素的美德，但她们也深受"三从四德""女子无才便是德"等封建礼教的束缚，被剥夺了读书的权利，绝大多数妇女都是文盲。清朝末年，黄公度、温仲和等乡贤在梅城成立了推动教育发展的机构，加上华侨、港澳乡贤的大力赞助，梅城的教育事业 (即所谓新学) 有较大的发展，但尚未出现真正意义上的女子教育。

因受甲午战争的影响从广州回到梅城的女诗人叶璧华目睹梅城妇女的这种现状，尽己之力为乡族女子教育奔走。受维新思想影响较大的她，首先在梅城道前街口万三张公祠办识字手工班，招收女子读书学艺。经过一段时间的筹备，叶璧华决心在家乡创办一所女子学校，让家乡的妇女能够接受新知识。当时的梅城还处于封建闭塞时期，传统观念下的女人只能是男人的附属品，不要说读书难，想办女校就更难了。但是叶璧华不顾世俗的偏见，面对诸多的责难和非议，在梅城开明乡贤梁诗五和

---

① 叶璧华：《古香阁全集》，第 82 页。

黄遵宪等人的支持下，毅然于 1898 年在梅城创办了首间女子学校——懿德女校，校址设在嘉应州城原培风书院旧址（即现在的周增路尾）。这也是中国女性自办女学的首次尝试。

女校开办之初，阻力很大，常受到一些人的讽刺、诽谤、嘲笑和打击。反对女学的封建势力企图搞垮它，在城内到处散布流言蜚语。当时城内流传着造谣、诽谤的三句半："懿德女学堂，做事真荒唐，妇女闹读书，该了！该了女学校，校舍变土娼，同人来暗约，坐堂！"[1]（"该了"系客家话，意为有伤风化，不可救药。）然而叶璧华信念坚定，不为所动，坚持地把女校办了下去。

懿德女校创办之初，仅有学生二三十人，所授课程以古文和诗词为主。叶璧华在张玉仙（梁诗五的夫人）等人协助下，把学校办得井然有序。几年之后，女学生人数逐年增加，女校声誉日隆，因学风良好，也逐渐赢得了社会各界的赞许和支持。

受其影响，梁浣春亦在城西办起崇实女校；1907 年，上市黄泥墩的廪生梁玉麟倡议把市塘唇萧屋对面的育婴堂（因当时无婴送收）改为嘉善女子学校，得到政府当局同意，为公立女校。1935 年时，该校有学生130 人，教师 6 人。

在叶璧华的倡导下，梅州各地女校如雨后春笋，蓬勃发展。如梅县"耕耘小筑"女校、梅县县立女子高等小学校、广益女子学校、心光女子学校、桂里女校、松口女子学校，以及兴宁县懿徽女校、怀德女校，大埔县立女子小学等，均先后开办。由此，梅县女子入学者日众。而且各处男校，也纷纷招收女学生。此等男女平等入校求学的风气，不能不归功于叶璧华。

此事在梅县乡贤梁伯聪先生的《梅县风土二百咏》中有记述并予肯定："闺门不以羞涩夸，坐令蹉跎玩岁华，懿德更兼嘉善校，算来

---

① 何国华：《广东最早的女子学校》，《岭南文史》，1993 年第 1 期。

女学始萌芽。"自注："清末女校有二，一懿德女校，官立也，一嘉善女校，公立也。女学甫萌芽，嘉善开校时，尚不敢鸣鞭炮，恐招邀观众太多，女子初出闺门，在街路行走，社会人眈眈注视……"① 由此而知，叶璧华开办女子学校，也是开风气之光的。1915年2月，叶璧华在家病逝，终年75岁。她不仅是饮誉广东的女诗人，更是一位女教育家。在当时的恶劣环境下，叶璧华首当其冲开办了懿德女校，不仅开了广州女校之先河，也开了中国女性创办女校之先河，宣扬了男女平等接受教育的思想，她为家乡女子教育事业之贡献巨大，终以女教育家的身份刊载于史册。

1913年，懿德女校与崇实女校合并，成立梅县县立女子师范学校。之后，1933年和1936年分别更名为梅县县立女子中学和广东省立梅州女子师范学校。1949年后，这所女子师范学校与广东省立梅州师范学校合并组建为广东梅州师范学校。1970年，更名为梅县地区师范学校，1982年升格为嘉应师范专科学校，开始实施高等教育。2000年，它并入嘉应学院，成为综合性大学的一个重要组成部分。

今天的嘉应学院坚持"立足梅州、面向基层、服务广东、辐射全国、延伸海外"的办学宗旨，形成以本科教育为主体，兼有大专教育、留学生教育、成人教育等多层次、多类型的现代办学体系。学校本部现有16个二级学院、师范学院和医学院2个二级学院、4个教学部、24个研究所，开设40个本科专业，30多个专科专业，普通全日制在校生18000多人，成人教育在校生7600多人，还与中国港、澳、台地区以及国外多所大学建立了合作关系。目前学院正在实施《嘉应学院总体发展战略规划(2010—2020年)》和《嘉应学院"十二五"发展规划》，争取成为在全国有一定影响，在同类型院校中质量较高、特色鲜明的地方性、综合性大学。

---

① 梅视网：http://www.gdmztv.com/zhoubao/kejiafangyuan/2011-07-15/40194.html，2011年7月15日。

三、各地女学的兴起和女教育家的出现

在经正女学堂和懿德女校的影响下，各地掀起了创办女学的热潮。经正女学堂创办后几年，上海华人女校逐渐增多：1902 年开明绅士吴怀疚在上海西门生生里创办务本女塾；同年冬，蔡元培等在上海白克路登贤里创办爱国女学；1903 年，陈婉衍、童同雪等在上海大南门外复善街创办宗孟女学堂。1906 年这一年，民立女中学堂、三育女学堂、祝群女校等 8 所女子学校相继成立。此外还出现了上海女子蚕业学堂、上海速成女工师范传习所和上海女子中西医学院等女子职业学校。

与此同时，中国各地女学的兴起与西方男女平等思想的传入过程相伴随，呈现出由沿海向内陆推进的趋势。鸦片战争后，中国开放的商埠口岸日渐增多。开埠的趋向是由沿海到长江，由下游到上游，逐步进入内陆。沿海地区，如直隶、山东、江苏、浙江等是开放较早的商埠，最早受到西方文化的冲击，使得这些沿海城市成为女学创办的先锋。1902 年，严修创办了直隶最早的女子学校——严氏女学堂；1904 年，王伯安创办了山东省最早的女子学校——山东女学堂；同年沈凤楼等创办了江宁最早的女子学校——旅宁第一女学校；浙江省最早的女子学校——杭州女学堂也是在这一年创立的。此后，内陆各地最早的女子学校也相继诞生。1906 年，舒数基等创办了河南最早的女子学校——兰仪官立女子小学堂；次年，林传佳夫妇创办了黑龙江最早的女子学校——幼女学堂；1908 年，冯济川创办了山西最早的女子学校——山西女学堂等。至 1908 年全国各主要城镇均出现国人自办的女学堂。

1907 年之前，中国女学一直未得到法律的承认。这年 3 月，清政府颁布了中国第一个女学堂章程，才正式承认女学的合法性，也奠定了官办女学的法律基础。全国各地出现了兴办女学的高潮，私立、官公立女校，特别是女子师范学校不断增加，女子入学人数激增。至 1909 年，全国

女子小学堂有 308 所，共有女学生 14054 人。[①]

　　辛亥革命促成了教育思想和教育制度的变革。民国建立初期，教育部颁布了各种学校章程，称为"壬子癸丑学制"，规定初等小学可以男女同学，可设女子中学、女子师范和高等师范。政府大力提倡女子教育，在各省成立妇女教育会，推动各地女子教育的发展。1913 年，教育部颁布《实业学校规程》，规定各地根据本地情形，设立女子职业学校。至1919 年，全国的职业女校达 20 余所。[②]"五四"之后，随着大学开禁和中学男女共学的增多，越来越多的女性接受西方的个人主义和男女平等思想，冲破旧礼教的束缚，走进学校，学习新知。1922 年，教育部公布《新学制系统改革令》，真正建立男女平等的单轨教育体制，女性享受平等教育的机会增多，受教育人数激增。至 1922 年，初等小学和高等小学的女生人数分别为 368560 人和 35182 人，所占总数的比例均超过 6%。[③]

　　虽然中国的女子教育最初是由男子倡办，但随着清末民族危机的加深和女子教育的发展，越来越多的知识女性投入到教育救国的热潮中，她们或创办女学，或担任女校的教员，为中国女子教育事业的发展贡献自己的力量。1904 年以后，女性创办女学数量不断增多。仅 1906 年一年，《东方杂志》上就登载了直隶王漪然在家乡创设女学堂等数十名女性创办女学的事迹。至民国初年，更是出现女性创办女学的热潮。与此同时，女学生毕业后从事教育者亦越来越多。城乡小学、公私立或教会初、高中的女性教员数量激增，女性已成为女子教育的主力。

　　随着女性自办女学的出现和女子教育的不断发展，使得近代中国诞生了一批如叶璧华、杜清持、张竹君、康爱德、谢长达及女儿王季玉、

① 程谪凡：《中国现代女子教育史》，上海：中华书局，1936 年，第 79 页。
② 据《教育部公布全国女子职业学校一览表》（1919 年）。中国第二历史档案馆编：《中华民国史档案资料汇编》第 3 辑《教育》，南京：江苏古籍出版社，1991 年，第 439—440 页。
③ 此处引用数字不包含教会学校的学生数。俞庆棠：《三十五年来中国之女子教育》，转载庄俞等：《三十五年来之中国教育史》，第 190 页。

金雅妹、徐肃静、李翥仪、吕碧城、曾宝荪、秋瑾、唐群英、杨荫榆、李美筠、陈衡哲、吴贻芳等一批女教育家以及把自己的一生都贡献于教育事业的女子教育工作者，她们的名字都被载入了中国女子教育的史册，而她们对中国女子教育的功绩则不可磨灭。

叶璧华在 1898 年创办的懿德女校可谓是最早由中国女性创办的第一所女子学校。杜清持于 1902 年，在广州创办培英女学。次年，又创办了广东公益女子师范学校。张竹君有感于中国女学不振，积极兴办女子教育，不仅早在 1902 年创办了育贤女学堂，1905 年又在上海创办了女子中西医学院，还在爱国女校开设女工传习所，在公共租界胜业里办育贤女校，一生为兴办女学倾尽所有。康爱德从美国学成回国后，于 1904 年在南昌"创设女学塾，招收女生，不拘年齿。各科具备，均一律走读，月仅取纸笔费三百文，从者颇众，江西女学此为特色"。[①] 1904 年，吕碧城筹办北洋女子公学，两年后成立师范科，并出任北洋女子师范学校校长，积极投入女子教育。女教育家谢长达及女儿王季玉在 1906 年创办的振华女学校（今苏州十中前身）不仅注重"发展个性，培养能力"，提出了女子中等教育的必要性，开办了中学课程。[②] 金雅妹在 1907 年至 1912 年间，主办北洋女医学堂，培养女医护人员，为中国近代医学教育事业做出了突出贡献。曾国藩的孙女曾宝荪作为中国女性中的第一个理科学士，不仅创办了一所全新的中西合璧的女子学校——艺芳学校，还兼任湖南省立第二女子中学校长和第一女子师范学校校长，终其一生献身中国的教育事业。留学归国后的秋瑾，于 1906 年到吴兴县浔溪女校任教。在执教的同时，秋瑾还热衷于兴办新校，她曾和徐锡麟等在绍兴孙端镇创办了孙端小学、竞成女学和大通学堂，为振兴乡村教育树立了榜样。唐群英在争取女子参政运动失败后，致力于兴办女子教育，从

---

① 《警钟日报》，1904 年 12 月 19 日。
② 苏州第十中学：《造育英才 振兴中华》，《苏州教育学院学报》，1986 年第 3 期。

1921 年 9 月起，在北京、长沙、衡山等地创办和筹办了南洋女子政法大学、中央女学校、长沙女子法政学校、女子美术学校、自强女子职业学校、白果虹茶亭女校、衡山女校、长沙复陶女校、岳北女子实业学校等 10 所女子学校。[①] 在留学美国之前，杨荫榆就曾担任过国立北京女子高等师范学校的学监兼讲习科主任。回国后，于 1924 年 2 月受教育部委任，接继北京女子高等师范学校校长之职，同年该校改名为国立女子师范大学（即女师大），杨荫榆即成为中国历史上第一位女性大学校长。吴贻芳是中国近代教育史上一位杰出的女教育家和社会活动家，1928 年，她出任金陵女子大学校长，先后主校 23 年，将金女大经营得有声有色，蜚声海外，受到各国友好人士的肯定和称赞。

虽然近代中国女教育家创办的女子学校数量少，而且真正发展成为今天大学规模的几乎为零，除少数的几所或成为大学的附属学院，或转变成为男女共招的中学，其他的都由于各种原因而夭折。但这些女教育家们都提出了各自的教育思想和理念，为中国的近代女子教育事业贡献了自己的一份力量。

第三节　韩国民间创办的私立女子学校

基督教系女校的出现为韩国人自办女学提供了可资参考的模本。面对不断增多的教会女子学校，一些有识之士和有觉悟的妇女受到了极大的刺激，他们强烈呼吁要创办自己的女子学校。

一、新学制的确立

1894 年 12 月，为了打破封建传统，高宗国王颁布"洪范十四条"，次年 1 月颁布"教育立国诏书"，旨在制定近代教育改革方针。其主要内容如下：第一，将教育看做振兴国家的基本手段，重视教育的社会改

---

① 蒋薛、唐存正：《唐群英传》，长沙：湖南出版社，1995 年，第 173、175 页。

造功能；第二，废除以儒家经典为主的教育，普及实用教育，虽然阐明了儒家教育的无用论，但并未否定儒学本身；第三，教育课程上强调国史和国文，重视以近代理念为主的科目；第四，强调三大纲领（智育、德育、体育）。"教育立国诏书"的颁布成为韩国历史上新旧教育的分水岭，使确立了近代学制。同时，强调国文、国史教育，为后来的民族主义勃兴奠定了基础。1895 年 7 月，政府颁布"小学校令"，从法律上规定在小学教育阶段，要对男女实行义务教育。"小学校令"是韩国最早制定的近代初等教育法令。"小学校令"共分 4 章 29 条，第 1 章规定了小学校的目的、种类、经费；第 2 章是小学校的编制及男女儿童就学的相关规定；第 3 章规定学校设置及监督；第 4 章是关于职员的相关规定。其中第 2 章第 8 条规定，小学低年级科目为修养、读书、作文、习字、算术、体操等，根据情况，可以减少体操，增加本国地理、历史、图画、外国语的内容。第 9 条规定，小学高年级的科目为修养、读书、作文、习字、算术、本国地理、历史、外国地理、历史、理科、图画、体操，同时专门为女生增加裁缝课。1899 年，政府在女性团体——赞襄会的施压下，制定了《女校官制 13 条》，并做了成立女校的相应预算，但由于遭到保守派的强烈反对，《女校学制 13 条》并未正式公布，经费也落空。这说明虽然通过"小学校令"赋予女性接受公共教育的机会，但在成立官立女校方面只是停留在宣言阶段。不过，从"小学校令"可以看出，启蒙思想家们的主张终于反映到政府层面上，当时基督教系女校的教育也给政府一定的刺激。"小学校令"阐明了应不分男女实施义务教育，而事实上 1895 年并未成立官立女校。直到 1908 年政府成立第一所官立高等女校，女学生才有机会进入官立女校学习。1909 年，全国共有 59 所官立或甲级公立普通学校，在校女生只有 130 名，说明进入公办学校学习的女生很少，政府法令中也只是在"小学校令"提及女子教育，而对其他级别的学校教育均未提及女子教育问题。无论如何，学制的公布，推动了女子教育的起步，尤其是出现了许多私立学校。在韩国历史上，私立女校可以分为三种：一是基督教创办的女校，如梨花学堂等；二是贵族出资建立的女校，如淑明女校、进明女校等；三是民间人士出资兴办的女校，如同德女校等。其中还有女性创办的女校，如顺成女校、贞和女校等等。开化期很多女校是由传教士和本国女性开办。女性一开始呼吁政府建立女校，但遭到拒绝后转为自己创办女校。此时女子教育开始起步，但仍存在严重的男女不平等现象。一是女子学校学习年限比男校短一年，而且数量很少，二是所办女子学堂多限于初等教育，旨在培养"贞淑、顺良、端俭"的贤母良妻型女性，因此课程注重家政教育。当时创设女校作为新生事物，尽管受到保守势力的阻挠，但在有识之士和知识女性的推动下，成为一时风气。这时期创办的女校，大多数是民间募集资金或捐款集资自办。

二、妇女团体创办的女子学校

1. 第一次建立女校运动

18世纪后期，欧美各国女性为争取女子参政权，掀起了女性解放运动。与欧美各国女性解放运动不同，东方的女性解放运动带有双重性质，既有摆脱男性为主的社会传统和习惯的性质，还带有从资本主义列强的势力中维护国家主权的启蒙运动性质。在韩国，女性解放运动更多的表现出争取教育权利及挽救国家衰败的使命。近代启蒙期，朝鲜半岛出现了两次建立女校的运动[①]，第一次是女性团体"赞襄会"的活动及其建立的顺成女校。

1898年9月1日，女性团体"赞襄会"（又称为养成院、顺成会）在报纸上刊登"女权通文"的公告。"赞襄会"由传统文武官员居住地——北村的三百多名妇女组成，她们第一次勇敢地站出来发表了女权宣言。"赞襄会"会长是李养成堂，副会长是金养贤堂，另外还请"独立协会"的成员尹治浩和张智彦等人担任咨询顾问。"赞襄会"的成员来自社会

---

① 洪仁淑：《近代启蒙期女性谈论》，第153—163页。

各阶层，有贵族女性、普通女性，甚至还有妓女、妾身份的人。"赞襄会"的目标是要求建立官办女校。在"赞襄会"章程中强调女性也跟男人一样是一国的国民，应该受到同等教育，只有接受教育才能在经济上独立，摆脱男性的支配。此时正值柳吉俊、徐在弼等激进知识分子宣传女子近代教育的必要性。当时女子教育还未引起社会的广泛重视，在这种背景下出现"女权通文"，说明朝鲜半岛有不少进步女性。"赞襄会"的活动属于韩国女性最初的女权运动。她们强烈主张男女平等，并主张成立女校，教育女子。① 发表"女权通文"一个月后的 1898 年 10 月 11 日，一百多名"赞襄会"妇女们聚集在景福宫前集体递交上书，② 其目的在于督促政府建立官办女校。高宗国王很快答应，并要求她们制定女校规则，提交大臣会议。但是保守的大臣们以财政困难以及为时尚早为由否决了建立官办女校的议案，建立官办女校的努力以失败告终。于是 1899 年 3 月，赞襄会会长李养成堂出资在汉城建立顺成女校。校长由金养贤堂担任。这是韩国妇女自己创办的第一所女子学校。刚开学时女生人数为 50 人，大部分学生年龄在 7—13 岁之间。教育课程有千字文、童蒙选集、泰西新史及缝纫。③ 顺成女校的教育理念是"人才来自于学问，学问来自于教育，而我国却没有专门为女性建立的女校。女性应该跟男性一样接受教育，使我国成为文明国家"。顺成女校学生大都来自贫困家庭，无法按时缴纳学费。为了使女生毕业后能够独立生活，校长金养贤堂拿出自己全部财产购买当时先进的缝纫机，教学生缝纫技术。她临终前留下遗言说："作为一名女子，为了使我国女子像外国女子一样接受文明教育，日夜向天地神明祈祷，遗憾的是我生命短暂，我死了后不知谁能教育这些学生。"1901 年，由于经费陷入困境，学校被迫停办。1903 年 3 月 19 日，

① 洪仁淑：《近代启蒙期女性谈论》，第 165—173 页。
② http://newwoman.culturecontent.com/cp0423a/cp0423a0101.asp?pageNum=2&sub=1&depth=1&spageNum=1&ssub=1.
③ 《帝国新闻》，1899 年 2 月 28 日。

韩国女子教育先驱金养贤堂去世。顺成女校虽只维持了两年，但毕竟是韩国历史上韩国女性自主创办的第一所女子学校。它的创办不仅锻炼了第一批从事教育工作的女教师及管理人员，更重要的是开启了女子学校教育的新风，顺成女校创办后，各地闻风掀起创办女子学堂的热潮。

2. 第二次建立女校运动

1905 年，日本强迫韩国签订《己巳条约》，韩国外交权、军事权、司法权完全被掌握在日本人手里。民众为了救国，积极开展恢复国权运动。政府被迫听从日本政府指令，在公立学校实施日式教育，而国民顽强拒绝上公立学校。因此，在全国范围内出现以爱国运动为基础的创办私塾运动，该运动就是通过办教育，培养国民实力。教育救国运动迅速扩散到全国，在全国掀起兴办女校的热潮。创设女校在当时作为新生事物，尽管受到顽固势力的百般阻挠，但在妇女团体的推动下，创设女校一时成为风气。尤其是在 1905 年后，掀起了兴办女校的热潮。当时，出现了不少妇女会创办的女校，如进明妇女会创办进明女校、韩日妇女会创办普信女校（后更名为明信女校）、养贞女子教育会创办养贞女校等。其中，较有代表性的有 1906 年 5 月，秦学肯兄弟出资，由进明妇女会创办的养闺义塾。养闺义塾的教育宗旨是培养妇德顺哲和贤母良妻，并采用日本华族女校的规范和校规。此后，1906—1907 年，在汉城出现了诸多女校。如贵族女校（后更名为京信女校和信明女校）、汉城女学院等。各地也纷纷建立了女校。如仁川永化女校、釜山贞静义塾等。1908 年，政府颁布"女子教育令"。同年开设了汉城官立高等女校，其教育宗旨是重点培养贤母良妻。1905—1910 年间成立的女校达到 174 家。[①]受"赞襄会"的影响，当时成立的女校普遍采用赞襄会的办学模式，即"学校＋后援会"的形式。后援会的成员大部分来自亲日派高官的夫人和上层文武官

---

① 洪仁淑：《近代启蒙期女性谈论》，第 172—173 页。

员的夫人。从成员的构成也可以看出,女校教育深受日本教育模式的影响,教育内容也带有保守性。当时,最大的妇女组织——女子教育会的会长由亲日派大臣李趾永的夫人李玉卿担任。普信女校、汉城女学院等都聘请日本女性担任教师。与第一次建立女校运动相比,由于强调的并非是女性本身的教育,而是培养贤母良妻,因此可以说是一种退步,这主要与当时的时代背景密不可分。女子教育会发行了第一本女性教育杂志《女子指南》,创刊号上刊登了题为"女子教育必要性"的文章。女子教育内容涉及普通教育、实业教育、近代卫生教育,主要培养贤母良妻。

韩国妇女创办的女校可以分以下几种:一是受传统教育的妇女建立女校。二是在传统社会受歧视的妇女创办的女校。如西北地区的女性、妓女、妾、和丈夫去世的人女性等,这些女性希望通过教育改变自己的身份,提高社会地位。三是女性团体创办的女校。四是王室和在职高官夫人创办的女校。①

表 4.4 朝鲜半岛创办女校的女性及女性团体(1897—1915)②

	创办者	学校名	时间	地点	备注
1	金养贤堂	贞善女学校	1897	汉城	兼任校长,赞襄会副会长
2	赞襄会会员	顺成女学校	1898	汉城	
3	李养成堂	於义洞女学校	1899	汉城	赞襄会会长
4	平壤妇女们	平壤爱国女学校	1906	平壤	
5	女子教育会	养闺义塾	1906	汉城	
6	严贵妃	北壮洞女学校	1906	汉城	
7	李记勇	顿明义塾	1906		
8	金贞蕙	贞和女学校	1906	开城	兼任校长
9	全三德	崇德女学校	1906	宁边	
10	严贵妃	进明女学校	1906	汉城	

---

① 梨花女子大学韩国女性研究所:《韩国女性史中的女性人物类型研究》,首尔:梨花女子大学出版部,1994 年,第 72 页。
② 梨花女子大学韩国女性研究所:《韩国女性史中的女性人物类型研究》,第 72 页。

续表

	创办者	学校名	时间	地点	备注
11	严贵妃	普信女学馆	1906	汉城	后更名为日新女学校、淑明女学校
12	飞凤、小春、柳仙	东来女学校	1906	东来	东来妓女
13	女子教育会	女子普学院	1907	汉城	也称新学院
14	方爱林	※女学校	1907	端川	
15	尹高罗	养心女学校	1908	汉城	
16	金仁和	同德女子义塾	1908	汉城	兼任校长
17	申萧堂	光东私立义塾	1907		兼任校长
18	南部公洞金召史	公洞私立义塾	1908	汉城	
19	曹文淑	华阳学校	1908	水原	
20	郑致浩	春城女学校	1908	元山	元山妇女会
21	徐大蕙	养心女学校	1908		东洋爱国妇女会
22	沈相起夫人	茅山学校	1909	济川	
23	李协子	贞善女学校	1909	咸南利原	
24	金松哉	妇女讲习所	1909		
25	郑允姬	贞义女学校			
26	赵信圣	进明女学校		平壤	
27	薛山玉	唐皮洞女学校	1910	汉城	兼任教师
28	李钰卿	龙山女学校		汉城	李址容之妻，兼任校长
29	尹艾达、金顺庆	日新女学校	1910	汉城	组织平南顺川妇女会
30	张翠拽	松禾女学校	1910	松禾	
31	金惠卿、崔诚卿	普明女学校	1910		后更名为养贞女学校
32	韩圭贤	养闺学堂		大邱	兼任教师
33	李在熙	妇女讲习所	1910	汉城	
34	郑洛亨	养正女学校	1910	汉城	
35	大邱女子教育会	大邱妇女夜校	1910	大邱	
36	权承夏大夫人	普成女学校	1910	咸南利原	
37	郑春史	马山女学校	1910	马山	
38	金飞凤、金翠莲、张牡丹、洪凤兰	珍珠女子夜校	1913	珍珠	妓女

三、金贞蕙与贞和女子学校

金贞蕙（1868—1932），1868 年 10 月 12 日生于京畿道开岩门村，父亲梁在川在海州从事贸易，成为京畿道的首屈一指的富翁。按照当地早婚风俗，金贞蕙 11 岁时嫁给比他大 3 岁的金永锤。金永锤是当地富豪的儿子，但在结婚 3 年后，也就是金贞蕙 14 岁时因病去世。丈夫去世后金贞蕙无所事事，便经常组织当地妇女到处游山玩水。有一次到开城北郊游玩的时候，听到传教士说朝鲜女性喜欢迷信而且无知。这让当时既空虚又信迷信的金贞蕙受到了极大的刺激。金贞蕙回家后立刻开始信基督教，两年后接受洗礼。她看到传教士们不远万里来到朝鲜半岛从事教育、医疗事业，深受感动，下决心把自己的财产用于教育事业。一开始，她接管了原先由传教士开办的松桂学堂，从事女子教育，主要面向像她一样早年成为守寡的妇女传授《圣经》和英语，6 个月后将学校转让给美国传教士。1908 年 4 月，金贞蕙利用自己的住宅创办了学校，最初没有校名，只有 7 名学生。为了召收更多学生，金贞蕙挨家挨户访问，宣传女子教育的重要性。在她的努力下，5 个月后学生数增加到 100 人。她在自己家办学教育女孩的消息传到开城郡守耳朵里，郡守朴宇铉非常重视教育。他立刻到金贞蕙的学校考察，并答应提供校舍，还给学校起名叫贞和。1909 年，贞和女校重新开课，1910 年学生曾达到 130 人。由于当时朝鲜半岛很多学校都是基督教会办的，像金贞蕙这样女性自己出资创办学校实属罕见。当时，她的学校不仅在当地有名，在全国影响力也很大。因为校舍不够，她拿出自己的房子当校舍，平时学校管理费用也自己负担。郡守又给学校批了一块公用地，供学校使用。随着学校影响力的扩大，社会各界纷纷给予捐款。1910 年举行的一次全校大会吸引了社会各界参加。大家在雨中依然倾听老师和同学们的演讲，最后募得现款三百多元。由于贞和女校学生中有很多是丈夫去世的年轻女性，学校为了方便她们上课，在学校开设了幼儿园。1910 年 8 月，日本殖民当局实行愚民政策，打压民办教育，要求民间只能办面向适龄女生普通学校（初等教育）。为了方便这些女性上学，也为了帮助她们生活自立，金贞蕙开办了夜校和贞和技艺学院，采取一人一技的教育方法。金贞蕙组织学生制作手工艺品，出售后设立奖学金。1917 年，学校申请财团法人时自己拿出 15 万元巨款。学校还设一名校医，照顾学生健康。金贞蕙一心扑在教育上，生活非常简朴。但对那些生活贫困的学生经常减免学费。她的教育热情感化了地方上的很多社会人士和贞和毕业生。这些人自发组织学校后援组织——赞务会，支持学校教育。金贞蕙六十多岁时把自己全部财产拿出来建立新的校舍。1932 年 12 月 17 日，65 岁的金贞蕙去世。她把自己的一生和财产全部献给女子教育事业。她不仅是卓越的女子教育家，也是男女平等的践行者。

第五章 女教育家与女子
中等学校教育的形成

学校教育的发展历程是由初等教育逐步走向中等教育和高等教育，中、日、韩三国的女子学校教育亦是如此。在经过初创期之后的女子学校，开始进行自身的调整和完善，逐步升格为女子中等学校，同时还出现了许多直接创办的女子中等学校，其中不乏有女教育家参与或直接创办的女子学校，它们实施女子中等教育，以培养为社会所用的女性人才，对各自国家的女子中等教育的形成和发展发挥了重要作用。

第一节 日本女教育家创办的女子中等学校

1872 年《学制》的颁布，标志着日本建立了近代化的教育体制，同时也是近代日本女子教育体制的起步。此后日本女子学校教育开始了从初等、中等走向高等的发展历程。《学制》的实施，使日本建立了比较系统的女子初等教育制度。1891 年的《中学校令》将女子中等教育纳入到国家教育体系之中，承认了高等女子学校[①]的合法地位。这些法令和政策的实施为日本女教育家创办和完善女子学校提供了有利空间。她们顺应国家的政策和法规，提出自己的教育理念和办学模式，逐步升格原来的初等女子学校或是直接创办女子中等学校，提升整个日本社会女性的知识和教养。其中最具代表的就是致力于培养欧式"贤

---

① 高等女子学校：日本近代对实施女子中等教育的女子学校的统称。

母"①的矢岛楫子和鸠山春子，以及倡导良妻贤母主义教育的三轮田真佐子和下田歌子。

一、欧式教育的代表——矢岛楫子和鸠山春子

1. 矢岛楫子与女子学院

矢岛楫子（1833—1925），明治·大正时期的女教育家。1881 年，受洗后不久的矢岛楫子担任了樱井女子学校的校长。接着在 1890 年又出任女子学院第一任院长，直到 1914 年退职。在此期间，矢岛楫子于 1886 年还创办了日本妇女矫风会并担任会长。从此，矢岛楫子基于基督教主义的两项事业蒸蒸日上，陪伴她走过了一段不平凡的人生。

矢岛楫子的女子教育理念

1833 年 4 月，矢岛楫子出生于熊本县上益城郡木山町。楫子自幼跟着父母和兄长学习，汉学、和歌、裁缝、药学、编织和三味线等样样精通。矢岛楫子于 1872 年来到东京。1873 年开始就职于樱川小学校，开始了她的教育生涯。1878 年，矢岛楫子受聘于基督教学校——新荣女子学校。三年后，矢岛楫子成为另一所基督教学校——樱井女子学校的代理校长。并在 1890 年又成为两校合并后的女子学院的第一任院长。在这些基督教学校的任职中，矢岛楫子深受教会学校的影响，逐渐形成了她的教会女子教育理念。

矢岛楫子是基督教女子教育的恪守者。她所任职的这些教会女校，包括合并后的女子学院，都是彻底地实施基督教主义教育。矢岛楫子沿袭了教会女校的这些教育方针。首先是每天要做礼拜和祷告。其次在教

---

① 欧式"贤母"：指的是具备近代学问教养，堪当子女良师的欧式的女性，日本在明治初年把培养这种女性作为国家发展女子教育的指导理念。欧美各国在 18 世纪建设近代国家的过程中，形成了尊重母亲的观念，到了 19 世纪初期，"教育妈妈"成为欧美中产阶级的主流女性观，他们认为母亲在培养子女方面发挥着重要作用，所以要求女性接受教育，掌握学问和教养，以便更好地培养子女和为家庭服务。随着文明开化思潮的兴起，日本积极吸取了这一观念，并把它发展成为女子教育的指导理念，所以这个称呼是在欧美女性观的影响下形成的，故称之为欧式"贤母"，并把这种女子教育思想称为欧式"贤母论"。

学内容的设置上，女子学院的每个学科都设有《圣经》课。以高等科为例，当时的高等科由第一部和高等部两部分组成。第一部学制四年，每年的《圣经》课讲授的内容分别是创世纪、出埃及记、约书亚记、士师记、福音书和犹大书。矢岛楫子本人在女子学院担任的就是《圣经》课。

矢岛楫子虽然沿袭着完整的一套基督教的教育方式。但她对基督教的教育不是完全的唯唯诺诺。她还在其中注入日本传统式的教育。首先在聘请教师方面，她敢于打破基督教学校的惯例，聘请了一部分非基督教徒的日本人教师。女子学院成立后，她聘请了当时佛教界的权威者高津柏树（曾担任宇治地区黄檗宗的大方丈）先生担任女子学院的国语教师。还有荒井桐月和横井玉子（日本女子美术学校创始人）等人，并让横井玉子担任学院的学监。在课程设置上，女子学院也采取日文和英文相结合的形式。当时《六合杂志》（1889 年 12 月 25 日）曾发表文章论及基督教系学校的历史教育。它说道："在英、美国人担任校长的学校中，十之八九是不教授日本史的，它们只教授世界史以及他们本国的历史。即使设有日本历史，也只存在于预科生的教育中，并只有一两本读本。"①而早在樱井女子学校时期，矢岛楫子就开设了日本历史课程，并把它置于等同世界史的地位。学校的课程安排一般上午是英学的课程，下午便是日本学的课程。矢岛楫子自己的《圣经》课程也是夹杂着日文和汉文的内容进行的。女子学院的毕业生后来回忆矢岛楫子的《圣经》课时说道："先生的《圣经》讲义都是引用日本古典中的事例来说明，能激发学生的兴趣。现在我还记得，科林斯后书第五章第十六节的'视觉更新'是参考《鸠翁道话》②的故事来教授的。"③

矢岛楫子提倡自治教育。所谓自治教育就是一种自觉性的教育，靠

---

① 大滨彻也：《女子学院的历史》，第 217 页。
② 柴田鸠翁（1783—1839），日本江户后期石门心学者，号鸠翁。著有《鸠翁道话》。
③ 渋川久子：《近代日本女性史 1 教育》，第 94 页。

学生自己的自觉性去约束自己，而不是通过制定一系列的规章制度来约束学生。当时担任校长的矢岛楫子有一句口头禅——"你拿着《圣经》了，所以请你自己管理自己。"[1]而且当时的女子学院没有制定一条学生守则，学生外出是非常自由的。而且在女子学院的校则上还明确写道："上课以外的时间归学生自己支配。允许随意外出去做运动或购买物品。决不采取束缚主义。"[2]

矢岛楫子的教育方式使她成为日本人教师和学生的挡箭牌。女子学院是一所教会女校，外国教师为防止统制混乱，严格推行基督教的教育方针。日本人教师和学生也有人无法忍受她们的教育方针。特别是外国教师对女学生们的严格强制，逼迫她们学习英语，使有些学生陷入一种迷茫的境地。矢岛楫子则认为，应该尊重学生，按照她们的个性循序渐进施与教育，而不能强迫。学生们回忆到："外国教师有十人之多，那也是英语，这也是英语，连生活方式都西洋化了，睡的是床铺，吃的是西餐，在这样的学校里，先生（指矢岛楫子）却坚持教导我们日本的传统，不让我们忘记日本之魂。"[3]

女子学院的办学方针及特色

女子学院正式诞生于1890年，是由新荣女学校和樱井女学校两所基督教系学校合并而成的。当时的《风俗画报》对它作了全面的介绍：[4]

> 女子学院是由新荣女学校和樱井女学校合并而成的。办学的目的是，培养德智兼备、足以建立善良家庭的女子。并且，传授普通学校教员认定资格所需的知识。所以，女子学院基于基督教主义，让学生们学习并掌握家庭管理和教育儿童等方法。

可以看出，女子学院的办学目的中明确提出了"基于基督教主义"，

---

[1] 田村光：《女子学院八十年史》，第128页。
[2] 大滨彻也：《女子学院的历史》，第292页。
[3] 圆地门子：《人物日本女性史》（第11卷），东京：集英社，第174页。
[4] 大滨彻也：《女子学院的历史》，第290页。

实施女子教育是为了让"学生掌握家庭管理和教育儿童的方法"，培养"足以建立善良家庭的女子"，明显包含了欧式的"教育妈妈"的观念，要求女学生掌握家庭生活所需的知识技能，其最终目的还是培养"德智兼备"的"贤母"，这也是女子学院实施女子普通高等教育的最终目标。此后，女子学院的学科改革都是围绕这一目标和方针进行的。女子学院成立后把两校的学科和课程进行了统一安排。各学科的课程和程度如下。

表5.1 女子学院各学科的课程表[①]

学科	课程设置
高等科	国语、汉文、和歌、英文日译、历史、文学、心理学、天文学、基督教正处论、几何学、化学、和洋料理、教育学、体操、修身等
本科	修身、读书、作文（以上为日语讲授）、会话、作文、地理、译读、文典、万国史、修辞学等（以上为英语讲授）、数学、习字、家事、经济、礼法、图画、裁缝等
高等小学科	修身、读书、作文（以上为日语讲授）、读书、会话、作文（以上为英语讲授）数学、习字、地理、历史、理科、图画、裁缝、音乐等

从课程表中我们可以看到，不论是高等科（相当于专门学校程度），还是本科和高等小学科[②]，都兼有自然科学和家政方面的科目。如历史、文学、天文学、地理、数学等科目传授的都是自然科学方面的知识，旨在让女学生掌握近代的科学知识，而同时也开设了家事、裁缝、修身等科目，体现出培养家庭主妇的倾向。在此基础上，女子学院提出了旨在培养"贤母"的女子高等普通教育的目标。比如，高等科的课程设置主要以实施女子高等普通教育为基准，里面的课程不完全是英文科，也穿

① 大滨彻也：《女子学院的历史》，第291页。
② 这里的高等科为学制两年，相当于初中的教育程度；本科学制四年，实际上等同于小学高年级的程度，但在课程设置上比小学高年级更充实，本科的原意为学校的主体课程，在这里说明了女子学院实际上还是以小学高年级的教学为主，但专门设置本科表明女子学院朝着中学发展的办学目标；小学高等科学制四年，相当于小学高年级的教育程度。

插了日语和汉文等课程。此外，还有教育学等科目，是教员认定资格所规定的科目。而且从 1897 年开始，女子学院设置按摩课程和生理卫生课程，传授生理知识。这种性别启蒙教育，在当时女学校都偏重于德育的时代，是难能可贵的。

女子学院的这种办学方针，调动了学生们强烈的求知欲，出现了很多优秀的毕业生。1891 年，《女学杂志》的女学校毕业生数统计表明，当时 15 所基督教系女学校的毕业生总数为 288 名，其中女子学院（含新荣女学校）就有 83 名，约占 1/3。[①] 这些数字表明女子学院在实现女子高等普通教育这一目标的指引下，取得了很大的成果，并远远超过其他基督教系的女学校。

女子学院还开设了幼儿保育科和女护士培训所，这些科目的设置使女子学院走在了其他私立女学校的前面，也构成了它的特色教育。

女子学院成立前，樱井女子学校在樱井智嘉时期就已经设置了幼儿园，但没有制定具体的课程，只是统称"幼儿园保育法"。1884 年，女子学院为这个"幼儿园保育法"制定了具体的保姆培养课程，并以学科的形式加以确定，取名为"幼儿保育科"，成为最早的基督教系保育机构。1888 年 6 月，樱井女子学校提交的《私立樱井女学校改正申请书》中纳入了幼儿保育科，规定它的教学内容是"练习幼儿保育法以及儿童教育法"，以培养保姆为目的。这个保育科从 1887 年开始就有毕业生，据《女学杂志》不完全统计，至 1898 年共送出 50 名学生。[②] 可是为了更好地充实中等和高等的普通教育，女子学院在 1897 年废止了幼儿园。

女护士培训所也是女子学院的特色教育。1886 年，矢岛楫子从美国聘请拉伊顿（Laeton）女士，在樱井女子学校开设女护士培训所，招收了第一批学生，学制一年。当时日本的女护士还相当缺乏，培训机关只

①　《女学杂志》第 263、265、267、274、277、279、285 号，1891 年。
②　大滨彻也：《女子学院的历史》，第 236—237 页。

有 1884 年创办的共立东京医院女护士教育所（学制两年）。可以看出，樱井女学校在女护士培训所的设立方面也是走在前列的。樱井女子学校的女护士培训所也称为基督教女护士培训所。课程主要有生理、解剖和英语等，使用的都是英文原书。那时的女护士培训所遵循"要谋求国家的富强，首先必须造就健全的国民。要谋求国民的健全，就必须培养有坚定信仰的女护士"[①]的宗旨，以培养有见识、学历和敬业精神的优秀女护士为目标。当时很多人认为护士就是"娼妓"，女护士的社会地位极其恶劣，可是女子学院的女护士们坚持自己的信仰，通过自身的努力逐渐让社会认识到女护士存在的必要性。

作为护士先驱者之一的大关智嘉毕业后成为帝国大学医院外科护士长，1891 年回到女子学院后，前往新潟县高田女学校赴任，并成为当地知命堂医院的护士长。1896 年，她担任东京女护士协会设立的东京女护士培训所的指导教师，1900 年成为东京女护士协会会长。1909 年，她又成立了大关女护士协会等。具有基督教精神的女护士作为病人的朋友，逐渐得到社会很高的认可，扩展了护士事业。

幼儿教育和女护士培训所的设置为女性进入社会后准备了工作岗位。可以说，在这个方面，女子学院作为女子高等普通教育的向导，为日本的女性带来了莫大的光明。女子学院的毕业生不仅作为保姆和护士活跃于社会，更在新潟县等各地，成为女子教育的开拓者。

1920 年，女子学院的高等科被纳入东京女子大学，此后女子学院一直以贯彻六年制的中等教育（初中三年、高中三年）为主，持续至今。1992 年，女子学院新建了校舍，1999 年，女子学院在日本筑地明石町落成"女子学院发祥之地"纪念碑，以纪念创立 130 周年。

---

① 大滨彻也：《女子学院的历史》，第 251 页。

女子学院与日本基督教妇女矫风会

日本基督教妇女矫风会是一个以矫正社会弊端和禁酒禁烟为目标的妇女团体。它创立于1893年，其前身是矢岛楫子在1886年创立的东京妇女矫风会。女子学院初代院长矢岛楫子不仅担任了日本基督教妇女矫风会的会长，而且把日本基督教妇女矫风会的总部设在女子学院内，让女子学院的学生参与日本基督教妇女矫风会的各项活动，使女子学院与日本基督教妇女矫风会成为不可分割的一体，可以说女子学院是日本基督教妇女矫风会的摇篮。[①]

1886年12月，矢岛楫子集合了侄女汤浅初子、海老名宫子以及潮田千势子、佐佐城丰寿、浅井作子等约五十余名女性（其中有女子学院的毕业生），成立了东京妇女矫风会。1893年，该会成为全国性的组织，更名为日本基督教妇女矫风会，矢岛楫子被推选为会长。

日本基督教妇女矫风会以"矫正社会弊端及不良风气、修养道德、禁酒禁烟、提升妇女地位"[②]为目的，遵循世界妇女基督教徒禁酒同盟的规则，联合日本全国各妇女矫风会及制酒会进行活动。早期矫风会内部设立了禁酒、教育、政权、卫生、慈善和风俗六个部门，积极致力于女性福利事业。

矫风会成立后，最早开展的运动是在1890年，向即将召开的国会提出的两大请愿活动。一个是确立一夫一妻制，另一个是取缔海外的卖淫妇。[③]1889年，日本矫风会由汤浅初子执笔，向元老院递交了《一夫一妻的建白书》。建白书中不仅要求确立真正的一夫一妻制，而且指出，一直以来通奸都只是处罚妻子，这是不对的，应该丈夫和妻子都一视同仁，并提出接触艺妓和娼妓也要以通奸论处。在这份建白书递交的同时，

① 德富苏峰监修、久布白落实编：《矢岛楫子传》，东京：不二屋书房，1935年，第250页。
② 日本基督教妇人矫风会编：《日本基督教妇人矫风会百年史》，东京：家庭出版社，1986年，第38页。
③ 德富苏峰监修，久布白落实编：《矢岛楫子传》，第200页。

神户、大阪、京都、札幌、函馆、高知、千叶和冈山等地的妇女会也提交了同样主旨的意见书。以此为契机，1893 年 10 月，矫风会创办了机关报《妇女矫风杂志》，后于 1895 年更名为《妇女新报》。

1915 年，矫风会会员布川静渊在《妇女公论》上发表了一篇题为"玷污日本妇女的面子"的文章，专门论及海外卖淫妇问题。而后《妇女公论》在文章后添加了意见，并把它印成小册子在全国散发。此外，矫风会特别成立了"海外卖淫妇防止会"，着手防止日本妇女到海外卖淫，并派遣了林歌子等三名会员前往俄罗斯、中国的哈尔滨和韩国的釜山等地进行实地调查。同时，也派遣布川静渊到卖淫妇的主要出生地——九州天草和岛原等地进行调查。在矫风会会员们的努力下，1910 年日本废娼运动达到高潮。1921 年，日本政府颁布了废除娼妓制度的法令，日本矫风会的废娼运动终于获得了胜利。[①]

此外，矫风会还在妇女参政运动等方面倾注了力量。1921 年 7 月矫风会设立了以"为确立妇女解放、教育、经济、职业、政治上的机会均等，以正当、稳健的方法来争取妇女参政权"[②]为宗旨的日本妇女参政权协会（后更名为日本基督教妇女参政权协会）。1923 年，日本妇女参政权获得期成同盟会成立，日本矫风会会员久布白落实等四人被选为同盟会委员。遗憾的是，此后矫风会并没有直接参与争取妇女参政的运动。但该会还是日本最早与世界妇女参政权协会联系的妇女组织。

日本基督教妇女矫风会作为日本最早的女性团体之一，自创立后，积极致力于妇女的福利事业，为女性的基本人权的获得而奋斗。在她们坚持不懈的努力下，1956 年终于获得了设立禁止卖淫法的胜利，从而奠定了矫风会在日本的地位。[③]现今的日本基督教妇女矫风会仍以"实现

---

① 今波初：《矢岛楫子》，东京：大空社，1999 年，第 70 页。
② 日本基督教妇人矫风会编：《日本基督教妇人矫风会百年史》，第 518 页。
③ 间野绚子：《白色的丝带》，东京：日本基督教团出版局，1998 年，第 174 页。

和平、维护人权和禁烟禁酒"为宗旨，活跃在日本社会的舞台上，为女性以及未成年人谋取正当权益而继续发挥着重要的作用。

矫风会的活动使社会的矫风和觉醒成为了女子学院的教育课题。有了这种社会意识的女子学院，它的教育就不会局限在学校中进行，而是认识到要为社会培养有用的妇女。正因为如此，学生们对自己学到的知识如何活用于社会的使命感加强了，许多学生都把成为"社会的人才"定作是自己的人生目标。可以说，在日本妇女矫风会最高领导者矢岛楫子管理下的女子学院的学生们，或多或少都能意识到自己是处在"社会矫风"的这面旗帜之下，从而形成一股强烈的"社会正义感"。正是这种在女子学院养成的"社会正义感"，让女子学院的毕业生感到自豪和骄傲，并成为今后支撑她们生活的重心。

女子学院院长矢岛楫子更是矫风活动的先锋。她自担任矫风会会长后，不顾老弱，奔走于日本全国各地进行演讲宣传，并在各地成立支部。此外，还去了四次海外，参加妇女矫风会世界大会。"妇女矫风会的工作，完全就是靠两手不停地把遗漏的稻穗拾起来，收进神的仓库的。"不知疲倦的矢岛楫子把矫风活动视为她的信仰生活。她经常说："如果连爱国妇女都不了解我们的活动，那就是作为基督教妇女矫风会会长的我的失职，因为在神的面前，一切公私都是分明的。"[1] 可以看出，矢岛楫子不论是作为基督教妇女矫风会的会长，还是基督学校女子学院的院长，都可以说称得上是教会理念的忠实代表。

2. 鸠山春子与共立女子学园

鸠山春子（1861—1938），日本明治·大正·昭和时期女教育家。共立女子学园的初代校长和共立女子职业学校的第六代校长。春子自幼受过良好的家庭和学校教育，在求学和家庭的生活中，深受欧美自由民

---

① 德富苏峰监修，久布白落实编：《矢岛楫子传》，第 306 页。

主思想的影响和熏陶，逐渐形成了她的欧式家庭观和贤母论，并在实际的女子教育中贯彻着她的这一理念，成为欧式女子教育的典型代表。

鸠山春子的欧式女子教育思想

1861 年，鸠山春子作为信州松本藩士多贺家最小的孩子诞生了。这是一个有着传统武家氛围的家族，作为家族中心人物的父亲多贺努是一位"熟知汉学、直言直行"，"刚气果敢的古代武士型人物"[1]。他要求春子"努力学习英语和汉学"，认为"英语和汉学是培养个人实力的最关键所在"。[2]1874 年春子跟随父亲来到东京，入读东京女学校。东京女学校是当时文部省直辖的唯一一所女学校，也是文明开化的标志。学校的很多学科都是使用英语来讲授的。1877 年 3 月，文部省把女学校的学生转入东京女子师范学校，编成特别英学科。次年 11 月，春子毕业，并成为东京女学校创立以来最早的也是最后的毕业生。这时候，一边接受学识深厚的父亲的监督指导，一边热心钻研学问的春子已经成长为一个"爱读福泽谕吉的《文明论》"的开明知识女性。

春子从特别英学科毕业后，就读于东京女子师范学校的本科。1881 年 7 月，春子从东京女子师范学校毕业，留校任职。但只有短短 4 个月时间。同年 11 月，春子离职。离职后的春子与鸠山和夫举行婚礼。鸠山和夫是美作国真岛藩的藩士之子，从开成学校毕业后就留学美国，先后在哥伦比亚大学和耶鲁大学攻读了五年的法律学，是一个进步的青年学者。结婚时的鸠山和夫正担任东京大学的讲师兼做律师。1885 年，鸠山和夫进入外务省工作，此后一直活跃在政治界、法律界和教育界。

鸠山和夫和春子组建的家庭在当时是非常新式的。他们在结婚时举办了"日本最早的结婚宴会"[3]，邀请了双方的旧师、同事和朋友。而且，

---

① 鸠山春子：《我的自序传》，东京：共立女子学园，1953 年，第 19 页。
② 鸠山春子：《自叙传：传记·鸠山春子》，东京：大空社，1990 年，第 54 页。
③ 涉川久子：《近代日本女性史 1·教育》，第 154 页。

在丈夫的支持下，春子经常随丈夫一起外出访友、郊游，这在当时忌讳
"媳妇"外出的风气中，是非常少见的。当春子对裁缝没有信心，想利
用闲暇时间多练习裁缝时，和夫反而建议妻子阅读詹姆斯·穆勒（James
Mill）[①]的经济学著作，不想让家事束缚妻子。和夫目睹了美国家庭中夫
妇的对等和友爱的关系，希望自己的家庭也能如此。有这样一位开明的
丈夫，春子在家里没有感到丝毫的压抑，对家庭很满足。在这种理想的
家庭生活中，春子逐渐形成了她的欧式"贤母论"。

　　她首先对自己父母的家庭模式进行了批判："我的双亲之间是一种
彻头彻尾的宾客关系，母亲见到父亲就如见到了君主，唯唯诺诺，一味
地顺着父亲的情绪，父亲也是把母亲视为地位低下的家仆，我对此感到
很奇怪，而且觉得很没有道理"[②]。春子虽然觉得自己的母亲很可怜，
但却认为不值得尊敬，还是父亲伟大。不过春子发现，当父亲离开家时，
母亲却"处理着家中的一切事情，很好地履行着一个主妇的责任"[③]。
春子认为像母亲那样，妻子也是有能力的，所以"在家庭内，丈夫应该
要给妻子相当的权利。如果万事皆由自己计划，不给妻子自由和权力，
这不是一种自然状态，而且还会让妻子缺乏责任感"[④]。

　　春子提出了自己的家庭观点。她指出："以前的女子为了获取男子
的爱慕，牺牲自己的智慧和意志，以保持平凡、温柔、美丽以及对男性
的依赖为最佳的女性形象。而在现代，这种类型的女子不仅落后于时代，
还可能带来腐蚀社会的危险。如果女子不兼备智慧、感情和意志，也就
不具备作为今后完美的良妻的资格。"[⑤]而且作为良妻特别重要的一点

---

① 　詹姆斯·穆勒（1773—1836）是 19 世纪英国著名的功利主义经济学家、功利主义伦理学
家和功利主义教育思想家。著作有《政治经济学原理》（1821 年）等。
② 　鸠山春子：《自叙传：传记·鸠山春子》，第 29 页。
③ 　鸠山春子：《自叙传：传记·鸠山春子》，第 80 页。
④ 　鸠山春子：《自叙传：传记·鸠山春子》，第 83 页。
⑤ 　鸠山春子：《自叙传：传记·鸠山春子》，第 178—179 页。

是"要熟知丈夫的性情"。"只会一味地顺应丈夫,精于厨房事务以及积攒财产,未必是成为良妻的条件。"① 春子还认为,在子女的教育上,"父亲和母亲应该是同心的",特别是直接接触孩子的母亲,更应该要详知孩子的性情,不要加以过多的勉强,"应该循序渐进,诱导孩子朝着他喜好的方向发展"。②

春子的这种家庭观中含有很明显的偏重"贤母"的倾向。春子本身也是按照这个标准来治理家庭的。她一面大力支持丈夫的政治活动,一面精心教育两个儿子。她的大儿子鸠山一郎后来做了日本内阁总理大臣,二儿子鸠山秀夫则成为东京大学教授。春子也因此被称为"欧式良妻贤母的忠诚实践者和典型代表"。③

在这个基础上,鸠山春子进一步提出了"诚实、勤勉、贞操、家庭、义务"——"五个德"的女子教育理念,成为后来共立女子学园的建学精神。

鸠山春子认为,诚实是连接社会的一座桥梁,是人生中一切关系的至尊点。这是任何国民都必须具备的,也包括女性。如果没有诚实的话,社会就不可能健全,也无法存在。④ 而勤勉则是人的生存之道。因此,女性要"趁现在能劳动的时候赶快劳动,诚心敬神,让勤勉真正地教育我们,从而塑造我们的人格"。且"喜欢勤勉,能获得幸福人生,使家庭滋生活跃的气氛,甚至能让女性获得自立"。⑤ 春子还认为,女性在注意平时的言语行动,培养优雅的品格和教养的同时,更要注重节操。有谚语道:"男人支配现在,女人支配将来"。还曰:"男性创造了法律,

---

① 鸠山春子:《自叙传:传记·鸠山春子》,第 101 页。

② 鸠山春子:《自叙传:传记·鸠山春子》,第 111—115 页。

③ 桥本宪三:《高群逸枝全集》(第 5 卷),东京:理论社,1966 年,第 547 页。

④ 鸠山春子:《自叙传:传记·鸠山春子》,第 3 页。

⑤ 共立女子学园百年史编纂委员会编:《共立女子学园百年史》,第 330 页。

女性创造了道德"。①虽然这不是绝对的。但是要改善将来国民的思想，在犹如白纸般纯洁的幼儿时代，开始给人格着色的还是母亲和家庭，她们是最初的老师和学校。所以为了国民的将来，女性的最大使命是创造模范家庭。所以在春子看来，"诚实、勤勉、贞操"这些品德则都是为家庭服务的。而且女性为家庭服务是女性的义务所在。将来为人母的女性必须充分理解自己的义务，具有完善自己和他人的人格以及增进家庭和社会的安宁幸福的觉悟，并乐于实现它。

以上的诚实、勤勉、节操、家庭和义务就是鸠山春子提出的"五个德"的教育理念，我们从左边的图形②可以看出她的教育思想还是以家庭为主，它是把母亲的"贤"与子女的"才"结合在一起，通过塑造"绝好的母亲"来培养将来的国民，是一种典型的欧式"贤母论"。日本在明治初期的女子教育方针就是这种欧式"贤母论"，通过培养欧式贤母，让女子以国民之母的身份统合于近代国家的旗帜之下，从而为民族独立和近代化国家建设服务。

鸠山春子时期的共立女子学园

共立女子学园的前身是共立女子职业学校，它的创立就如其名字"共立"，不是一个人创立的，而是由三十多个人共同创办的。鸠山春子是主要创办者之一，也是该校第六任校长。在该校的发展史上，鸠山春子不仅贡献突出，而且她提出的女子教育理念还构成了共立女子职业学校的建学精神。在她任职期间，共立女子职业学校走出困境，步入全面发展和充实的时期，扮演了承上启下的重要衔接角色。

共立女子职业学校正式创立于1886年。它的设立旨意书上一共有

① 共立女子学园百年史编纂委员会编：《共立女子学园百年史》，第331页。
② 共立女子学园百年史编纂委员会编：《共立女子学园百年史》，第335页。

29 名发起人,后又增加至 34 名。这年 4 月,发起者们制定了《共立女子职业学校设立的主旨》,并向东京府知事递交了"私立学校设置申请书"表明学校的宗旨是"传授适合女子的各种职业知识,让更多的妇女获得就业的技能"[①]。按照设置的主旨,共立女子职业学校制定了最初的学校规则,设置甲科和乙科两大学科。甲科招收寻常小学的毕业生或是具有同等学力的女子,科目有裁缝、编织、刺绣、人造花、绘画等,学制三年;乙科招收年龄在 15 岁以上具有一般阅读能力的女子,科目是裁缝、编织、刺绣、人造花、纸工、和洗涤等,学制半年或一年。乙科还设置了食物调理、儿童养育和病人看护等选修课程。

共立女子职业学校在设立之初的教育方针为诚实和勤勉,在学校创立二十五周年之际,被定为校训。后来,鸠山春子担任共立女子职业学校校长时,将这一方针扩展至诚实、勤勉、节操、家庭和义务。二战后,共立女子职业学校升格为共立女子学园时,确定校训为"诚实、勤勉和友爱"。

鸠山春子是共立女子学园的初代校长和共立女子职业学校的第六任校长,任职期间为大正十一年至昭和十三年(1922—1938)。鸠山春子担任校长后不久就遇到了严峻的考验。1923 年 9 月 1 日,关东大地震发生。共立女子职业学校遭到了毁灭性的破坏,是东京受害最严重的学校之一。学校的教学楼和宿舍被全部烧毁。9 月 26 日,鸠山春子主持召开商议会,决定筹集款项重建校园,1924 年 3 月,共立女子职业学校的新校舍竣工。

校园重建的同时,共立女子职业学校进行了学校组织的改革,设置了专门学部,开始向专门学校升格。日本政府早在 1903 年就颁布了专门学校令,但只是规定了专门学校的设置条件和入学资格,并没有其他严格要求,1918 年,日本政府又颁布了《大学令》,对于专门学校的

---

① 高濑庄太郎:《共立女子学园七十年史》,东京:共立女子学园,1956 年,第 83 页。

升格制定了更多的限制，并施行了大规模设立专门学校的五年（1919—1924）计划。1924 年，刚从地震中恢复起来的共立女子职业学校决定设置专门学部，并于次年获得了文部省的认可。

专门学部虽然设立了，但其外形还只是职业学校的一个学部，并没有成为一个独立的专门学校。当时，专门学部的学生不仅来自国内的各府县，还有中国和东南亚的一些留学生，在这种状况下，专门学部独立成为专门学校的时机逐渐成熟。1928 年 9 月，共立女子专门学校获得了文部大臣的设置许可，10 月 1 日，共立专门女子学校正式成立。

共立女子专门学校的校则规定："本校的目的是教授适合女子的专门的学问技艺，以养成良妻贤母的妇德，培养中等学校教员。"[①] 专门学校设置了本科、别科、家庭科、专修科和研究科，其中本科和别科的学制为三年，家庭科为两年，专修科和研究科为一年，招收生员近三千人。专门学校各学科的课程设置主要以修身、教育、国语、家务、裁缝、编织、刺绣等为主，家庭科另外设置了生理卫生和法制经济两课程。

随着学校规模的不断扩大和充实，1935 年 9 月，财团法人共立女子学园正式成立，设立目的为"教授适合女子的技艺以及必要的学科知识"[②]。并在补充规则中，指出财团法人共立女子学园是共立女子职业学校、共立女子专门学校和共立高等女学校三校的统称。这里出现的共立高等女学校当时还没有正式成立，但已经做出决定，在新的教学楼落成之后就建立新的共立高等女学校。

1936 年，新教学楼正式落成后，共立高等女学校成立。它的设立目的为对女子施以必需的高等普通教育，以磨炼诚实勤勉的美德，学制五年，学生定员为 1000 名。同年 4 月，正式开始上课。至此，共立女子学园内拥有两所中等学校——高等女学校、女子职业学校和一所高等学

---

① 高濑庄太郎：《共立女子学园七十年史》，第 236 页。
② 共立女子学园百年史编纂委员会编：《共立女子学园百年史》，第 396 页。

校——专门学校。这样一来，寻常小学的毕业生中想学习裁缝手艺的就可以进入女子职业学校本科第一部学习，想接受五年制高等普通教育的就可以进入高等女学校学习，并在毕业后又可以进入更高一级的专门学校学习。高等女学校的毕业生则可以直接进入专门学校学习。财团法人共立女子学园的学则规定，学生定员为专门学校1930名、职业学校950名和高等女学校1000名，共计3880名（专门学校研究科的生员除外）。在这个基础上，共立女子学园终于名副其实地实现了三所学校的统合，成为女子教育的一座"牙城"。①

1938年7月，78岁高龄的鸠山春子逝世。在她担任校长的16年间，共立女子职业学校走过了一段从废墟上崛起到大发展的路程，它由最初的一所职业学校发展成为一所包含女子职业学校、女子专门学校和高等女学校三所学校的大学园。在此基础上，共立女子学园顺利地走出了战争的阴影，在二战后迅速成为一所新制的女子大学园，它的特色教育——家庭和家政教育也开始了新的发展。

共立女子学园与家政教育

家政教育是共立女子学园的特色教育。从最初的共立女子职业学校设立开始，它的学科设置基本都是围绕家庭和家政方面展开的。特别是1912年家庭科的设置，为以后的家政教育奠定了基础。此后，家庭科又经历了不断地充实和完善，虽然在战争期间出现了短暂的停止，但很快在它的基础上成立了家政学部，发展成为今天的规模。而共立女子学园家政教育的发展离不开鸠山春子的功劳。她从担任家庭科的第一代主任起，便在这个领域里留下了足迹。

1912年1月，共立女子职业学校获得设置家庭科的许可，4月正式上课，开始家政教育的实践。家庭科的设立目的是教授高等女学校毕业

---

① 共立女子学园百年史编纂委员会编：《共立女子学园百年史》，第402页。

生中即将走入家庭的女子所需的技艺和学科知识，所以它在课程设置上除重视裁缝外，还教授烹饪、洗涤和染色等有关家务的一切知识和技能，并设置编织、刺绣和插花等选修课程，同时还教授学生修身和处世之道，以及家庭教育的相关常识，为成为一位贤母打下坚实的基础。

家庭科的培养目标是造就将来日本妇女界的中坚人物，以及能够起到改善家庭作用的近代女性。所以它在挑选教师方面非常严格，要求他们必须有见识、有才干。鸠山春子成为首选对象。春子是共立女子职业学校的发起者之一，先担任学校的英语教员，后又成为学园的商议员，社会活动能力极强。同时，春子还协助丈夫鸠山和夫的政治事业，培养出一对优秀儿子：政治家鸠山一郎和学者鸠山秀夫，是当时日本妇女的成功典范。在众人所望之下，1912 年 4 月，鸠山春子担任了家庭科主任。

鸠山春子就任家庭科主任后，承担起修身和家庭教育等课程，开始实施她的家政教育理念。她对家庭科提出了要求："女性应该掌握作为主妇、母亲以及一般社会人的一切常识。我们设立这个家庭科就是为了让女性获得必要的知识才能，以完善家庭这个社会的组成部分。家庭科主要是对高等女学校毕业生进行家政教育，从各个方面培养她们，以便更有利地进入家庭。家庭科的学制为两年，恰好毕业时为适合结婚的年龄。当然如果为了将来能独立，还可以进入专修科再学习一年，就可以获得中等学校教员的免试资格。专修科的入学时期可以参照自己的婚期来定，一般最好应修完家庭科的课程。还有即使结婚后数年也可以随时入学。"[①]

在这里，鸠山春子明确了家庭科的任务，指出了它的必要性，还从女性的立场出发考虑到婚嫁年龄，同时为家庭主妇提供了继续学习的机会和条件。虽然共立女子职业学校在昭和时代曾设立了新娘学校，但是

---

① 共立女子学园百年史编纂委员会编：《共立女子学园百年史》，第 193 页。

1912 年设立的这个家庭科可以说是共立女子职业学校家政教育的先驱。

家庭科自创立后，经过不断地发展和完善，其规模逐渐扩大，学生的数量不断增加，素质也在提高。她们的一些作品有的作为贡品献给皇室，有的则在慈善义卖会上出售，她们还与三越百货（日本最大的百货公司）签定合同，委托三越进行销售。[①]共立女子职业学校在创立二十五周年的纪念会上，举办了大型学生作品展览会，家庭科学生的作品也陈列其中。这次展览会分成了裁缝、图画、人造花和编织四个作品陈列室，展出了学校各科学生的多种优秀作品，来宾们给予了很高的评价。但是随着日本军国主义体制的建立以及二战的爆发，共立女子学园也开始向战时教育转换。1944 年，共立女子学园对学则进行全部修改，一直以来的本科、别科、家庭科、专修科和研究科全部被废止，取而代之的是学制三年的育儿、保健和被服三个学科，并顺应了国民学校之精神，设置了道义、体练和修炼三个科目，反映了军国主义体制下的教育实态。在这种教育体制下，共立女子学园的家庭科也走向了命运的终端。

二战结束后，随着新学制的实施，共立女子学园又开始了新的起步。1948 年 7 月，共立女子学园递交了设立新制共立女子大学的申请，决定"按照新教育制度废止共立女子专门学校而设立新的女子大学，开设家政学部，深化家政方面的研究，以培养女子成为社会的有用之材"[②]。次年 3 月，共立女子学园获得许可，开始由旧制大学向新制大学的转换。共立女子大学的学科由两部分构成：家政学部和别科。家政学部学制四年，分为被服学科和生活学科。别科则完全沿袭了传统的家庭科，学制为两年。

随着现代科学技术的进步以及生活环境的变化，家政与社会生活的联系亦越来越紧密，共立女子大学的家政学部及时抓住了这个发展趋势，对自己的学科进行不断的完善和提高。1980 年 4 月，家政学部成立了大

① 共立女子学园百年史编纂委员会编：《共立女子学园百年史》，第 205 页。
② 共立女子学园百年史编纂委员会编：《共立女子学园百年史》，第 615 页。

学院家政学研究科，设置了食物学和被服学两个硕士专业。与此同时，短期大学的家政科也设置三个新的课程体系：家政综合课程、被服综合课程和食物科学综合课程，从而把课程设置与高度产业化社会以及女性的就业联系起来。至1986年为止，共立女子大学的家政学部共送出了7661名毕业生，短期大学的家政科也送出了3561名毕业生，两者加起来的数量已超过了万名。[①] 数量之多，这在当时的日本算是凤毛麟角。可以说，鸠山春子的家政教育理念和共立女子学园的家政教育在日本的教育史上也应占有一席之地。

二、良妻贤母教育的实施者——三轮田真佐子和下田歌子

1. 三轮田真佐子与三轮田女子学校

三轮田真佐子（1843—1927），日本明治·大正时期的女教育家，也是日本私立女子学校——三轮田学园的创始人。她出生于京都一私塾家庭，从小喜欢钻研学问，有时还代替父亲讲授汉学。1902年，三轮田真佐子在东京神田创办三轮田女子学校，直到1927年逝世，把毕生的精力都献给了日本的女子教育事业。

三轮田真佐子的"女子本分教育"思想

三轮田真佐子成长的年代正是日本儒学全盛的江户时代后期，儒家思想深入人心。三轮田真佐子的父亲是一名儒者，真佐子从小得以接触汉学。她在回忆录写道："因为出生于儒学世家，所以从幼小时就必须读书。我清楚地记得，幼年时我最亲密的伙伴就是书本，经书是必读的。我的娱乐方式就是阅读源平盛衰记和平家物语。也许是生于儒教家庭的缘故，总觉得读书是自己固有的责任。"[②] 真佐子9岁即能作汉诗，并熟读四书五经。

三轮田真佐子非常好学，深得父母喜爱，但父母常因她是女孩而感

---

① 共立女子学园百年史编纂委员会编：《共立女子学园百年史》，第1434页。
② 三轮田真佐子：《三轮田真佐子》，东京：日本图书中心，2005年，第18页。

到些许遗憾。因此，真佐子愈加发奋学习，坚信"即使是女子，也可以成为天下一流的学者"，所以"在当时学问几乎为男子专有的情况下，我还是努力进入知识的殿堂，像他们一样参加演说、批评文章和修改诗歌，磨练学问之道"。①

三轮田真佐子从明治 20 年代中期开始，撰写了大量有关女子教育的论著，享有"华丽的文笔作家"的美称。② 其代表作有四部：《女子的本分》（1894 年）、《女子处世论》（1896 年）、《女子教育要言》（1897年）和《女训入门》（1902 年）。这些著作抨击了西洋文化影响下的女性生存观及女子教育观，阐明了自己的人生观、女性观和女子教育理念，由此提出了"女子本分"教育论，强调女子教育之根本——德育的重要性，是良妻贤母主义教育观的一个流派。

在《女子的本分》中，三轮田真佐子提出她的女性论观点。她说道："上天不是在男子之上造就女子，也不是在男子之下造就女子。男女的存在在于调和彼此，阴阳相倚。"③ 并指出，人的天分不因身份高低而有差别，是完全平等的。男女之间也是如此，在天分上面，没有任何一方优越于另一方。在这里，三轮田真佐子斥责男尊女卑，强调女性也有责任和义务为实现天职而努力，这即是"女子的本分"。

真佐子认为，女性要获得人生幸福，必须接受教育，孜孜好学，通过实践真理来达到真正幸福。在这里，她把学问视为女子实现"本分"和人生价值的重要工具，从而提出了女子教育的必要性。

1897 年，三轮田真佐子发表了著作《女子教育要言》，概括了三轮田真佐子的女子教育理念，它以"女子教育之根本"为基点，主要论述了女子"德育"教育的重要性。在真佐子看来，女子教育的根本就是培

---

① 三轮田芳子编：《梅花赋——三轮田真佐子传》，东京：三轮田真佐子先生五十年祭纪念出版会，1977 年，第 34 页。
② 三轮田真佐子：《三轮田真佐子》，第 126 页。
③ 三轮田真佐子：《三轮田真佐子》，第 88 页。

养女性良知良能的天性，而把它嵌入人为的教育框架中是不正确的。"女子教育应是培养女性自然的一切能力。而当今社会，有的人认为，教育是人为的，它能改变人的天性，可按施教者的意愿造就人才。可如果违背天地之道，再怎么巧夺天工也是徒劳。譬如桃树，无论你如何栽培，如何祈祷，这棵树也不会开出梅花。"① 她进一步指出，有较高学问的女性有时会遭到周围人敬而远之的对待，这是学问表面化的结果，也是这些女性缺乏高深道德造成的。因此，女子的德育是教育的首要环节。

真佐子在《女子的本分》中谈到，德育和智育同等重要，如要二者择一，毫无疑问应优先进行德育。"上古时代，如有文字，亦只为象形文字，而无如现今般便利流畅的文字。（中略）故，迄今为止的女子教育，非读书而成，唯根基于吾岛国纯朴高尚之国风，老者宜对少者循循善诱，以心传心，而形成良妻贤母之德。"② 在她看来，德育自远古就存在，早于识字等智育。

真佐子认为，女子学校如果一味以西洋方式为标准，就会偏离它的主体性，应实行真正符合教育本体的德化教育。"女子的德育目的就是培养和启发天赋女德。道德是人性不可或缺的特质，是宇宙万物之灵。女子无论容貌如何娇美，如果欠缺'女德'，就不能称为真正的女子。"③ 她还指出，德育不能忽视国家的现实基础和时代的变化趋势，否则教育也就失去了意义。

真佐子强调，实施德育，必须培养健康的学风和校风。"所谓学风，即以实现女德为目的，对进步女子授以实学技能，对后进女子予以感化熏染。"④ 学风渗透到学校日常的教学管理中就形成了校风。"所谓校

---

① 三轮田真佐子：《女子教育要言》，东京：国土社，1897 年，第 4 页。
② 三轮田真佐子：《女子教育要言》，第 21 页。
③ 三轮田真佐子：《女子教育要言》，第 17 页。
④ 三轮田真佐子：《女子教育要言》，第 40—41 页。

风,即指学校具有的独特风貌,其目的就是同化进入校门的每一个人。"[1]
教师应以身作则。所以真佐子强烈主张,致力于教育的人须清楚地认识
到学风和校风的重要性,而且在日常生活中,严于律己,才能起到模范
作用。

真佐子还提出了实施女子高等教育的必要性。她认为,之所以要
对女性实施高等教育,目的是为了与实现男女平衡。真佐子的"平衡"
观指的是女性接受高等教育后,可以更好地理解和配合男性。她觉得,
如能正确理解夫妇责任,就可构筑健全和谐的家庭。而家的集合体则
是国家。

但真佐子认为,女子高等教育具有自身的特性:"所修科目,应适
合女子天性。而且接受高等教育的女子更要为实现女子的天职而努力。"[2]
所以女子高等教育的学科应该是音乐、美术和文学,或是医学、理学等
新的专门学科。

三轮田女子学校的办学方针

真佐子的办学之路开始于私塾。1879 年,丈夫去世后,真佐子带着
孩子来到松山,决定开办私塾以维持生计。1880 年,真佐子把私塾迁至
今松山市凑町四丁目三番地,正式命名为"明伦学舍"。明伦学舍实行
男女共学,以教授儒学、国学为主。1887 年,真佐子关闭了明伦学舍,
带着儿子来到了东京,开始实践她的女子教育理想。

三轮田真佐子母子来到东京后,最初住在神田区东松下町。在那里,
真佐子购买了一栋木结构的两层楼房,作为校舍开办私塾,设立男子部
和女子部,取名为"翠松学舍"。1887 年 6 月 2 日,真佐子向东京府知
事提交了《私立学校设立申请书》。三轮田学园的百年源流就在此诞生了。

1894 年,真佐子关闭了创办三年的翠松学舍,只保留女子部,迁居

---

① 三轮田真佐子:《女子教育要言》,第 54 页。
② 三轮田真佐子:《女子教育要言》,第 134—135 页。

于神田区锦町。1900 年，真佐子开始着手筹建女子专门学校。她变卖了在神田小川町和锦町的住宅，筹集共约五万日元作为建校资金。新校舍选在东京市麴町区四番町十四番地（现千代田区九段北三丁目四番六），占地约 2720 平方米。1902 年 3 月 11 日，真佐子向东京府知事千家尊福递交了《私立学校设置认可申请书》，4 天后即得到政府批文许可。1902 年 9 月 4 日，私立三轮田女子学校迎来了开校典礼。新落成的一栋两层西洋建筑成为最初的校舍，有教室 10 间。当时女子学校的招收人数规定从一年级到四年级各 20 名。

在真佐子"女子本分教育"论的指导下，三轮田女子学校的办学方针以实施德育教育为中心，旨在通过"德育、智育、体育和美育"，以培养新型的良妻贤母。关于这点，真佐子在建校前写的《三轮田女学校设立宗旨》做了阐述：

> 我本才疏学浅，已然从教数十年载，曾开办过几所私塾，把一些女子聚在膝下进行教养，积累了一些感悟。要培养具有完美人格的女性，首先必须以身作则，在感化她们的同时，树立一种良好的学风。如今我建立三轮田女学校，旨在通过校风感化，培养出至真至善的良妻贤母。[①]

1902 年，三轮田女子学校在教育内容上规定了 13 门科目：修身、国语、外国语（英语）、历史、地理、数学、理科、家事、裁缝、习字、图画、音乐和体操。另外，还设有选修科目汉文。这些科目不仅符合女子学校的办学方针，还与高等女学校令第十二条中所规定的科目是一致的，从这一点可以说，三轮田女子学校虽说是一般女学校，但它却是按照高等女学校的基准来设置教学内容的，这就为它后来成为高等女学校奠定了基础。当时每周的授课时数如下表：

---

① 三轮田真佐子：《三轮田真佐子》，第 135 页。

表 5.2 三轮田女子学校的课程及每周授课时数[1]

课程	第一学年	第二学年	第三学年	第四学年	第五学年
修身	1	1	2	2	2
国语	4	4	3	3	3
外国语	3	3	3	3	3
历史	2	2	1	1	1
地理	2	2	1	1	
数学	2	2	2		2
理科	2	2	2	1	
家事				2	4
裁缝	5	5	5	5	5
习字	2	2	2	1	1
图画	1	1	1	2	2
音乐	2	2	2	2	2
体操	2	2	2	2	2
汉文			2	2	2

从授课时数表中可以看到，裁缝的授课时数最多，其次是国语，这与当时政府规定的重视道德教育基准相吻合。此外，修身课程在高年级所占比重较大，这是真佐子的良妻贤母教育观在教学上的集中反映。

1903 年 1 月，三轮田真佐子向当时的文部大臣菊池大麓递交了《私立高等女学校设置请愿书》，对于变更的理由，真佐子作了这样的陈述：

> 要培养良妻贤母的素养，须具备必要之设备及适当之教材。对于获得走出校门的资格，是有益的。在此，恳请文部大臣批准，改立为高等女学校，设备、教材等都将更新，但仍以培养女德涵养为目标。[2]

从这里可以看出，三轮田女子学校的办学方针依然是以培养良妻贤母为目标。三轮田女子学校获准成为高等女子学校后，在教学科目上又作了相应的调整，由原来的 13 门增加到 14 门，原来的习字科目被附置

---

① 三轮田真佐子：《三轮田真佐子》，第 138 页。
② 三轮田真佐子：《三轮田真佐子》，第 141 页。

入国语中，然后又新添了教育和学艺两科目，并取消了选修科目汉文。1903 年 4 月 25 日，三轮田女子学校获准升格为三轮田高等女子学校。这一天被定为开校纪念日。

1903 年，日本全国的高等女子学校总共 91 所，其中私立 8 所。[1] 东京的私立高等女子学校只有日本女子大学附属高等女子学校、东京高等女子学校，再就是三轮田高等女子学校三所。由此可知，能获准成为高等女子学校决非易事，从这个侧面我们可以看出当时三轮田高等女子学校的实力。

三轮田高等女学校自成立以来，学生人数年年递增。1906 年 7 月，三轮田高等女学校决定扩大校园，新购了校园西侧的旗本房屋。1907 年新增音乐教室和修身教室，次年 4 月，又增加了烹饪教室。1910 年年末，又扩建学生宿舍，新添了网球场、旋转塔和滚动圆木等娱乐运动设施。1913 年三轮田高等女子学校扩建了校长室、职员室、事务室、礼堂兼体育教室等共 31 间。1914 年，学校为庆祝大正天皇的登基大典，修整了原来的运动场。次年，新增了裁缝室、修身礼堂、图书阅览室和礼法室。1925 年，三轮田高等女子学校的学员增至 1000 名。学校又改建了室外体操场，新建了一个室内运动场，并改建了烹饪教室。

至此，这一时期的校园扩建基本告一段落。但是在第二次世界大战结即将束的 1945 年 4 月，学校的校舍因为空袭被全部焚毁。1947 年，三轮田高等女子学校建立了新校舍，同时根据新学制改组成为了三轮田学园中学部，次年，又成立了三轮田学园高中部。1951 年，根据私立学校法的规定，正式成立了学校法人三轮田学园，并逐渐开始了新校园的扩建工作。从此，三轮田学园就正式成为了一所拥有中学和高中部的中等教育机构了，延续至今。

---

[1]　三轮田真佐子：《三轮田真佐子》，第 141 页。

三轮田真佐子的社会教育活动与宝冠章的获得

三轮田真佐子不仅创办了女子学校，出版了许多女子教育的论著，还积极地参加各种社会教育活动，执教于多所学校，并参与一些社会组织，特别是妇女组织，进行广泛的社会活动。真佐子丰富的教育实践经历，进一步提高了她作为女性教育者的声誉。

1893年2月，真佐子接受东京音乐学校（今东京艺术大学）的邀请，担任该校的文学讲义。同年9月开始，真佐子还在东京府高等女学校（今都立白鸥高校的前身）担任汉文、作文等课程。

1900年，真佐子协助西泽之助为日本女学校的开设作出了贡献。女学校成立之初，由于西泽之助身体欠佳，真佐子担当起管理女学校的重任，成为当时10名教员的学监，并承担修身和汉文等课程。此外，真佐子还协助成濑仁藏，参与策划日本女子大学的创办，并在该校教授汉文课程。

1910年9月，真佐子开始担任东京女子高等师范学校（今御茶水女子大学）讲师，承担修身和家事等课程。另外，真佐子还曾被通信省设立的电话接线员教育机关所聘用，开办讲座，但讲座的内容没有留下记录。

三轮田真佐子除从事学校教育之外，还积极参加各类与教育相关的活动，如日本弘道会的道德教育运动以及"言文一致"运动等。

1890年10月，日本天皇发布了《教育敕语》，明确指出了重视道德教育的方针。日本弘道会是积极贯彻这一方针的代表团体。其创立者是西村茂树，这个组织在全国范围内拥有约一百三十个支部、会员超过一万人。真佐子担任了日本弘道会的妇女部评议员，积极推进道德教育运动。[①]

从1900年开始，日本出现了盛极一时的"言文一致"运动。这种对口语和书面语进行合而为一的尝试，在当时书信采用口语、文章皆用

---

① 三轮田芳子编：《梅花赋——三轮田真佐子传》，第133页。

古文体的时代，无疑是一个迫切的问题。正冈规子、尾崎红叶、岛村抱月等一批文学家成立了两个"言文一致"组织。当时的真佐子名列其中，并积极推动这一文化活动。

1900 年 11 月，真佐子更与鸠山春子、山胁房子等人成立了日本独有的"少女衣服改良会"。她主张个头稍矮的日本女性仍应以和装为宜，但是顺应时代的需要，穿着合身的洋服也是一种聪明之举，所以日本没有理由排斥洋服。[①] 从真佐子在这场运动中的主张来看，她在固守日本传统习俗的同时，也有勇于接纳新事物的包容性一面。

1912 年 3 月，天皇授以三轮田真佐子宝冠章荣誉，这是女子教育者中获得该称号的第一人，同时三轮田真佐子还被叙为勋六等。福岛四郎在《妇女新闻》上记载了这一事件，赞誉三轮田真佐子为"日本女子教育界和妇女界的碧玉"[②]。4 月 25 日，学园举行了盛大祝贺活动，东京市麹町区区长仁杉英、学务委员长石塚正治等各界人士都给真佐子发来了贺词。其中东京女子高等师范学校校长中川谦二郎的贺词如下：

> 三轮田真佐子先生致力于女子教育事业四十余载如一日，因此功绩今日获赐宝冠章称号及叙为勋六等，实乃不仅先生之光荣，亦为女子教育可贺。特谨表祝贺。
>
> 明治四十五年三月二十七日　东京女子高等师范学校校长从四位勋三等
>
> 中川谦二郎[③]

1919 年 4 月 25 日，在三轮田高等女子学校开校纪念日上，迎来了真佐子的寿辰。这天，337 名校友会成员聚集于修身礼堂，举行盛大的庆祝活动。在这次活动上，全体师生一致通过了铸造三轮田真佐子寿像

---

① 三轮田真佐子：《女子的本分》，第 126—129 页。
② 三轮田真佐子：《三轮田真佐子》，第 149—151 页。
③ 三轮田真佐子：《三轮田真佐子》，第 151 页。

的提案。1921 年 10 月，寿像成功完成，11 月举行了揭幕仪式。寿像的铭文如下：

我校之祖　从教多年　女学有成　惟德惟贤

皇恩旌赏　勋业浩荡　铸像镌铭　百世长传

大正十年十月　门人及志愿者建之[①]

寿像的完成，不仅代表了高等女子学校学生们对三轮田真佐子先生的感恩和肯定，更是三轮田真佐子数十年从事女子教育事业的一个总结和归纳。1945 年，处于战争时期的日本要求国民上缴金属作为战略物资，三轮田真佐子的寿像也被献出。虽然寿像已被军国主义的战争机器熔毁，但三轮田真佐子在日本女子教育界的功绩是不可磨灭的。

2. 下田歌子与实践女子学校

下田歌子（1853—1936），日本明治·大正·昭和时期著名女教育家。今实践女子大学的创始人。她才华横溢，一生著作甚丰，被誉为"梅坛双叶"之一。曾担任皇室女官，倾心于贵族女子的教育实践活动，并游历欧洲，对西洋女子教育进行详细考察，是近代日本女子教育的先觉先行者，堪称日本女子教育界的泰斗。[②]

下田歌子的良妻贤母主义教育思想

下田歌子，幼名平尾鉐，1853 年出生于今岐阜县惠那郡岩村町。平尾家世代学者，歌子自幼便随父亲平尾鍒藏学习汉文、和歌徘句以及国学。从四书五经到《水浒传》《太平记》等，她无所不通。1872 年 10 月，歌子成为皇室女官。入宫不久的歌子因作和歌《春之月》受到皇后赏识，遂被赐名为"歌子"。[③]歌子在宫中生活了 7 年，直到 1879 年因完婚而退职。宫廷生活让歌子学会了许多知识，也结识诸多达官贵人。1882 年，

① 三轮田真佐子：《三轮田真佐子》，第 179 页。
② 藤村善吉编：《下田歌子先生传》，东京：故下田校长先生传记编纂所，1943 年，序第 1 页。
③ 藤村善吉编：《下田歌子先生传》，第 124 页。

丈夫去世后，歌子在伊藤博文和土方久元等人的协助下，在私宅开办私塾，这便是桃夭女塾的起源。开设桃夭女塾是下田歌子从事女子教育的最初实践活动。华族女学校设立后，歌子因与皇室渊源，关闭了桃夭女塾，执教于该校。之后她又到海外游学，不断丰富自己的教育体验，形成了自己的一套女子教育理念。在这个基础上，她开设了实践女子学校和其他几所极具特色的工艺学校，为近代日本的女子教育写下了浓墨重彩的一笔。

下田歌子一生著作颇丰，涵盖了修身、女训、家政以及文学、历史各个方面，其中关于女子教育的最多。歌子的女子教育思想集中表现为良妻贤母主义，但是她的良妻贤母主义不同于之前的保守的、传统的良妻贤母主义，而是与日本国家转型的大趋势相结合，上升到了国家主义的高度，成为这一时期的良妻贤母主义的集大成者。

下田歌子在她的著作《妇人常识的养成》中写道，"国家是人类进行各方面社会生活的根本，如果离开国家，人类就无法生存。国家有责任对国民进行教育，以便让每个人都能获得幸福生活。"而国民教育在女子教育上则是要培养出"完美妇女"。[1]

在歌子看来，所谓"完美妇女"，即"作为国民的完美的妇女"，它包括以下四点：一是具有爱国心，"热爱这个国家的历史、风土以及它的组织模式等"；二是具有作为国民的德行，"懂得君臣有别、上下和睦、长幼有序以及国民间的相互礼让"；三是具备服务国家的必要的知识技能，"能适应时势以及生活的变化"；四是具有作为国民的体格，"必须是健康且活泼的"。歌子说道："如果作为国民的完美的妇女存在的话，那么这个国家就可以获得理想的发展。"她把妇女作为国民来对待的这个观点中似乎也把人本主义、男女平等等现代理念融入在良妻

---

[1] 以下有关良妻贤母论的内容，均参考下田歌子：《妇人常识的养成》，东京：实业之日本社，1910年，第125—133页。

贤母主义中，但是她所主张的培养目的，归根结底还是为了国家，即她的女子教育思想是建立在国家主义的基础之上，而且还与皇室中心主义结合在一起。

下田歌子虽重视女子教育的必要性，但在很大程度上，她的呼吁只局限在女性的普通中等教育范畴，对女子的高等教育则持消极态度，"我相信设置女子高等教育机关是有必要，但我还是希望多数女学校能保持在高等女学校的教育程度"①。歌子引用所谓的"生理学"依据，从头脑和体格等差异来说明女性即使接受高等教育也无法达到与男性相同的程度，正说明她本人的观念并没有走出传统的男尊女卑的樊篱。歌子设立的实践女子学校一直贯彻的就是中等教育理念。到了1933年，下田歌子的实践女子学园才设置了专门学校的课程，是考虑到女性日后的生存需要而开设的。

实践女子学校的教育理念和内容

1895年，歌子从欧洲考察归国后，立志从事日本女子教育普及工作。实践女子学校是下田歌子的良妻贤母主义教育理念的集中体现和实践场所，也是她的帝国妇人协会事业的一项重要内容。

经过3年筹备，下田歌子于1898年成立了帝国妇人协会，并自任会长。该协会是社会中下层妇女团体，成员面向全国，以提高新时代日本妇女教养为目的。下田歌子确信"摇篮之手可以推动世界的车轮"②，她认为，女性是社会的重要基点，国家发展的基础也应回归于大众女性的教育。因此，下田歌子在女子教育事业倾注了很大力量。1899年5月7日，实践女子学校和女子工艺学校作为帝国妇人协会的最初事业正式建立。开学当天的学生总数为40名（两校合计），第二年增至70余名，

---

① 以下有关女子高等教育的观点，均参考下田歌子：《妇人常识的养成》，第133—139页。
② 藤村善吉编：《下田歌子先生传》，第344页。

到了 1902 年，两校人数达到 250 名。[1]1908 年，女子工艺学校并入实践女子学校，同时增设了高等专科部家政科和技艺科以及附属幼稚园，这就是今天的日本实践女子学园的最初形态。

实践女子学校奉行的是下田歌子的良妻贤母主义的教育理念。其校则明确写道："本校教授女性社会所需实学知识，以启发我邦固有女德，实践先进学问，培养良妻贤母"。[2]

在这种教育理念下，实践女子学校设置了相应的教育内容。学校设立本科、别科和专修科三类，本科和别科学制五年，专修科二年，招收高等小学第二学年以上的学生，要求品行端正、身体强健。各学科的课程设置有修身、读书、地理、历史、算术、理科、家政、裁缝、图画、习字、外国语、音乐和体操等。其中修身、读书和家政是重点课程，每个学年都有。修身课程主要讲解的是女德要旨，读书课程主要是国文的阅读与写作。家政主要是一些家事和技艺的训练，每个学年的具体内容不一样。

1911 年，实践女子学校成立财团法人时，根据《高等女学校令》的要求，对学则进行了一次修订。新学则规定："本校传授女子必要的学问技艺以培养我邦固有之女德，从而培养适应现今社会的妇女。"[3]新学则省去了原学则中"良妻贤母"提法，而改称"适应现今社会的妇女"，但其中的"培养我邦固有之女德"还是明确地表达了良妻贤母概念。而且"良妻贤母"字样也没有完全消失，而是转移到了有关寄宿生的规定条款中："设立寄宿舍，施以家庭式训练，培养良妻贤母之品性"。

但具体来说，这一时期的良妻贤母概念也发生了某种变化。歌子在1910 年出版的《妇人常识的养成》中出现了主妇、妻、母、女和国民的字体，

---

① 涉川久子：《近代日本女性史 1・教育》，第 139 页。
② 实践女子学园八十年史编纂委员会编：《实践女子学园八十年史》，东京：实践女子学园，1981 年，第 74 页。
③ 实践女子学园八十年史编纂委员会编：《实践女子学园八十年史》，第 136 页。

而且她认为妇女的国民意识应该高于个人意识。例如，她在《育儿和家庭教育》演讲中说道："教育小孩时要添加"我"的理念，要把他培养成具有第二个"我"的意识的人"。[1] 这里的"我"指的就是个人认识，是放于第二的位置，而歌子所认为的第一个位置就是国家。可以看出，实践女子学校的良妻贤母的教育理念已经和国家主义结合在一起了。

实践女子学校在创办二十五周年时又进行了一次学则修改，增加了"实践伦理"理念，进一步充实下田歌子的良妻贤母教育观。实践女子学校甚至直接把"实践伦理"设置为课程。下表 5.3 为 1922 年制定的"实践伦理课程表"。

表 5.3　实践伦理课程表（1922 年）[2]

第一学年	立志、人生的意义、个人·社会的一员·国民、身体和精神、健全的身体、坚实的志向、德智的修养、一般意义上的"德"、妇德、妇人与虚荣、妇人与境遇、家庭、家庭·亲族、妇人和社会及国家、职业、义勇奉公、人格的造就
第二学年	社会生活、国民生活、国体及国民性、国体的由来、敬神、忠道的真谛、爱国的真谛、国体和立宪政体、义务和权利、国联的发展、教育敕语、外国文明的同化、外来思想的消化、牺牲献身、无我、人和宇宙、大我的造就

从课程内容可以看出，实践女子学校的"实践伦理"是以家族国家的伦理观为支柱的"德目主义"，其内容十分广泛，网罗了道德、国体的各个方面，并把个人（女性）、社会和国家三者有机结合起起来，实施着一种与国家主义紧密相联的教育模式。这也是对当时日本政府大力鼓吹国民道德的积极响应。

1910 年，实践女子学校依据《高等女学校令及同施行规则》条例，把学校整编为高等女学部、实科高等女学部和高等技艺部三部。高等女

---

① 实践女子学园八十年史编纂委员会编：《实践女子学园八十年史》，第 148—149 页。
② 实践女子学园八十年史编纂委员会编：《实践女子学园八十年史》，第 167 页。

学部包括本科、家政专攻科和技艺专攻科。其中家政专攻科和技艺专攻科招收本科毕业生，为本科之后更高一级的学科。另外，实科高等女学部学制四年，主修家政课程；高等技艺部学制两年，主修技术方面的课程。1921 年 3 月，家政专攻科的"家事科"和技艺专攻科的"裁缝科"获得了直接培养中等学校教员的资格。

实践女子学校经过前一阶段的整编，进入新的发展阶段。先设置了专门学部，然后对学则进行全面修订，向专门学校进军。1933 年 4 月，实践女子专门学校正式成立。以此为契机，实践女子学校明示"实践女子专门学校校训"，旨在成为"巍然屹立于帝都西北的一大优秀女子学园"[①]。

实践女子学校升格为实践女子专门学校以来，发展之势迅猛，但在二战时遭到破坏。二战后，实践女子专门学校根据新学制，进入了学园复兴期，开始向实践女子大学的进军。经过一段时期的整备，1948 年实践女子专门学校递交了设立实践女子大学申请，并于次年 2 月获得许可。这样，实践女学校从最初的女子中等教育终于实现了女子的高等教育，正式成立了实践女子大学，开始了它的更高飞跃。1950 年增设女子短期大学，设置家政科。1966 年，实践女子大学设立大学院（研究生院），招收日本文学、西方文学和营养学硕士，1989 年和 1992 年开始招收服装学和美术史硕士。2004 年，实践女子大学获得授予营养学博士的资格，再一次实现了它的腾飞，从而扎实地奠定了其百年基业。

实践女子学校与清末留日女学生

19 世纪末 20 世纪初，一大批中国女性走出国门漂洋过海来到日本，学习新思想、新知识，积极参加各种社会活动，在自身得到提高的同时，更倾力于中国女性的解放和教育事业。当时，下田歌子创办的实践女子

---

① 实践女子学园八十年史编纂委员会编纂：《实践女子学园八十年史》，第 255 页。

学校是这批留日女学生的重要聚集地之一。

为吸引中国女子留日，下田歌子曾作了大量工作。在《大陆》第1号（1902）上曾有下田歌子的一段讲话："余于七、八年前，即思贵国女子，来此游学，以求辅入文明，余亦知贵国之人，无肯信者，然常翼或有一、二人先尝试，以观有效无效，不亦可乎？"[①]表达了她期望中国女子赴日留学的愿望，1901年中国浙江的钱丰保入读，成为实践女子学校的第一位中国女子留学生。1902年，实践女子学校专门招收了5名完全不懂日语的中国女学生，让她们以特别学生的身份入学，编成"清国女子速成班"，配置专任教师。

1904年11月，湖南派出20名女留学生赴日，全部就读于实践女子学校。为此，下田歌子决定设置中国留学生部的分校。次年7月，中国留学生部的分校在赤坂区桧町落成，中国留学生全部搬迁至此。1905年，奉天农工商务局总办熊希龄赴日视察教育，与实践女子学校校长下田歌子约定每年选送15名学生来校留学。根据这一协议，1907年，奉天女子师范学堂的23名学生到校。同年，又有10名江西籍学生入读。

实践女子学校对留学生的教育宗旨是：不仅要教给女性以知识，更重要的是培养其健全身心及独立、实践之精神面貌。下田歌子在对留学生的"修身讲话"中，强调中日两国的道德的根本——"忠孝"，指出"妇德在于孝贞"，要求留学生注重妇德的修养。她指出："大凡一国之女学优越，其男学也必优越。何也？是谓母之教也。一国之女性身体强健，其男性身体必强健。何也？是谓母之种也。"[②]她鄙视中国传统的缠足等陋俗，提出进行"智德体"教育。

在这些教育理念的指导下，实践女子学校最初制定了《清国女子速成科规定》，设立本科和特别科，学制分别为两年和一年，特别科以师

---

① 实藤惠秀：《中国人留学日本史》，北京：生活·读书·新知三联书店，1983年，第37页。
② 实践女子学园八十年史编纂委员会编纂：《实践女子学园八十年史》，第101页。

范速成科和工艺速成科为主。速成科的学习内容仅处于中等教育水准。因为初期留日女学生的学识水平处于较低层次，不少女子出国前没有进过学校，一般名门闺秀也仅仅读过几本女戒、女训之类蒙书，外语固不用说，中文亦识字不多，所以一般只能进入速成班。

为了提高留学生教育质量，1907 年，日本教育界召开"中国留日学生教育协议会"，做出了"速成科停止，普通科和师范科必修三年以上"的决定。[①] 实践女子学校根据协会议的精神，于 1908 年 4 月制定了《外国留学生规程》。《规程》规定："为清国留学生特设三年制的中等科和师范科，二年制的工艺科"。中等科、师范科和工艺科的课程设置也比以前更充分。

表 5.4 《外国留学生规程》的课程设置[②]

学科	课 程 设 置
中等科	修身、日语、算术、几何、地理、历史、理科、图画、唱歌、体操、手艺、英语、家政，共 13 门课程，每周 31 学时
师范科	修身、日语、教育、心理、理科、地理、历史、算术、几何、图画、体操、唱歌、手艺、英语、家政，共 15 门课程，每周 32 或 34 学时（按学年不等）
工艺科	修身、日语、教育、理科、算术、术科、体操、唱歌、家政，共 9 门课程，每周 36 或 37 学时（按学年不等）

除学习外，下田歌子针对中国女子终日坐食于家的特性，要求中国女学生每天早晨五点起床，自己动手打扫房间、走廊、厕所。此外，还规定："禁止着奢侈衣服及首饰，必须穿校服。"这种生活对今天的女学生来说，不足为奇，但在一个世纪之前，对于一位四体不勤、在家有丫环伺候的

---

① 实践女子学园八十年史编纂委员会编纂：《实践女子学园八十年史》，第 112 页。
② 实践女子学园八十年史编纂委员会编纂：《实践女子学园八十年史》，第 113—115 页。

富家小姐来说，并非易事。但是，大多数女留学生并不畏惧困难，她们学习刻苦，过着俭朴的生活。

留日女学生虽然知识基础较差，但经过刻苦努力地学习，仍涌现出一批皎皎者。1905 年的《女子世界》第 3 期记载了驻日本东京调查员的一段话："据最近调查，中国女子在东京者百人许，而其中最著名者共30 人，长于英文者有吴弱男女士及陈颉芬女士一流；长于汉文者，有秋瑾女士、林宗素女士一流；长于数学、几何、代数学者有陈光璇女士、黄振坤女士一流；长于音乐者有潘英女士一流。"①

19 世纪末 20 世纪初，日本的中国留学生踊跃参加革命活动，这股浪潮也波及到了留日女学生中。为了唤醒广大中国妇女阶层，以实践女子学校的留日女学生为首，留日女学生成立了共爱会、中国留日女学生会、女子复权会等女性团体，宣传她们的女子教育主张，以期促进近代中国女性的觉醒和奋起。1903 年 4 月，实践女子学校的留日女学生胡彬夏等人在东京成立"共爱会"，是为中国留日女学生创办的第一个女性团体。该会规定"以拯救二万万之女子，复其固有之特权，使之各具国家之思想，以得自尽女公民之天职为宗旨"②。

留日女学生尤其重视报刊的宣传作用。秋瑾曾说："具左右舆论之势力，担监督国民之责任者，非报纸而何？"③她们把妇女报刊看作是传播民主革命思想，批判封建主义，宣传男女平等，启发妇女觉悟，倡导妇女教育，指导妇女解放运动的"神灯"。实践女学校的留日女学生们创办的报刊，其内容大多把妇女解放与民族民主革命结合起来，鼓励妇女在争取民族解放、民主共和的同时，争取妇女自身的解放。有的刊物发行量达到上万册，影响十分深远。

---

① 日本东京调查员：《外国特别调查》，《女子世界》第 3 期，1902 年。
② 《共爱会章程》，《江苏》第 2 期，1903 年。
③ 秋瑾：《中国女报发刊辞》，《秋瑾集》，上海：上海古籍出版社，1979 年，第 12 页。

表 5.5 实践女学校的留日女学生所创办刊物一览表[①]

名称	时间	地点	创办人	刊号	备注
白话	1904 年	东京	秋瑾	月刊	宣传男女平等、提倡女子教育。共发行六期。
中国女报	1907 年	上海	秋瑾、陈伯平	月刊	"女界之总机关"
留日女学会杂志	1911 年	东京	唐群英	季刊	提倡女学、尊重女权。只发行了一期。
女子白话旬报·女子白话报	1912 年	北京	唐群英、沈南雅		重视国际政治和教育、实业问题，培养女性的国民意识。
亚东丛报	1912 年	北京	唐群英		
女权日报	1913 年	湖南	唐群英、张汉英	日刊	
妇女杂志	1915 年	上海	王蕴章、朱胡彬夏	月刊	

　　从 1901 年第一名留学生入学开始，实践女子学校的中国留学生人数逐年递增。学校对于留学生的教育方针也从最初的速成教育发展为普通科和师范科教育，这使得 1909—1910 年间，实践女子学校对于中国女留学生的教育工作处于顶峰时期。

　　但从 1910 年之后，实践女子学校的留学生人数逐渐减少。当时中国国内局势发生了剧变，1911 年爆发辛亥革命，清王朝垮台，大批中国留学生相继回国。1912 年 3 月，成城学校的留学生部停止。之后不久，

---

① 上表参照下列著作制成：刘巨才：《中国近代妇女报刊小史》，转载中国社会科学院新闻研究所：《新闻研究资料》第 35 集，1986 年，第 150—153 页；乔素玲：《教育与女性教育》，天津：天津古籍出版社，2005 年，第 210—213 页。

中国爆发了停止"二十一条"的大规模抗日运动，在日中国留学生急剧减少。实践女子学校在 1915 年只送出 3 名中国毕业生，到 1920 年只有 1 名毕业生。

关于这一时期的实践女子学校中国留学生的统计数目，在《下田歌子先生传》的年表中记载如下："至 1914 年，学校不断收容来自清国各省的若干名留学生，送出了 200 余名毕业生。"[①] 这个数据可能包含了中途退学的学生。《日本留学中国人名调》中确定的人数只不过 50 名，而现存的《清国留学生毕业证书登记册》上可以确定的毕业人数是 92 名[②]。这 92 名学生中，没有包括河原操子所教的蒙古出身的干保贞和何惠贞等以及从留学生部转至技艺专攻科和工艺部专科学习的学生。如果加上这些数据，就是 119 名。不管怎样，实践女子学校是当时接收中国女留学生的中心，特别是在 1907 年，实践女子学校的中国留学生人数达 47 名，远远超出其他七所女学校的中国留学生数量。[③] 这点在整个中国留学史上是不可忽视的。

第二节 中国女教育家创办或管理的各式女子学堂

经正女学堂等一批国人自办女学的出现，突破了中国传统女子教育的窠臼，掀开了中国女子教育发展的崭新的一页。随着自办女学的增加，大批女性知识分子投身于中国的女子教育，她们参与或直接创办了各式女子学堂，实施各具特色的女子教育，并顺应社会时代的发展趋势，逐步发展为女子中等学校，为近代中国的女子中等教育增添绚丽的色彩。其中最具代表性的是吕碧城创办的北洋女子公学和曾宝荪创办的艺芳女

---

① 藤村善吉编：《下田歌子先生传》，第 759 页。
② 实践女子学园八十年史编纂委员会编纂：《实践女子学园八十年史》，第 119 页。
③ 实践女子学园八十年史编纂委员会编纂：《实践女子学园八十年史》，第 120 页。

校，前者依托政府支持，成为京津一带最早的公办女子师范学校，实施以培养女性教员为目标的女子中等教育；后者是一所中西合璧的典型女子中学，从设立之初就立足于初中和高中六年制教育。

一、吕碧城与北洋女子公学

1. 吕碧城其人

吕碧城是近代中国倡兴女学的先驱者之一，她创办了京津一带最早的女子公学——北洋女子公学，1906 年增添师范科，成为北方第一所正规女子师范学校。她不仅亲身参与教育实践活动，还提出了自己的女学思想，主张破除封建束缚，培养女性的独立人格和德智体全面发展，对宣传兴办新式女子教育的益处不遗余力，在中国女子教育史上具有重要的地位。

吕碧城（1883—1943），原名名兰清，字遁夫，号明因、宝莲居士，安徽旌德县人。其父亲吕凤岐曾任国史馆协修和山西学政等职，母亲能诗文。书香之家的熏陶，使吕碧城聪颖而早慧："自幼即有才藻名，工诗文，善丹青，能治印，并娴音律，词尤著名于世，每有词作问世，远近争相传诵。"①

1903 年春，20 岁的吕碧城到天津探访女学，结识英敛之。英敛之慕其文采，聘请她为《大公报》见习编辑。从此，吕碧城就走上了独立自主的人生之路。吕碧城主笔《大公报》期间，提倡女权和女学，连续撰写了《论提倡女学之宗旨》《敬告中国女同胞》《兴女权贵有坚忍之志》《教育为立国之本》《兴女学议》等弘扬妇女解放与宣传女子教育的文章，引起了社会各界人士的强烈反响。她在文章中流露的爱国激情和追求妇女个性解放的独特思想，使中国文坛、女界以至整个社交界一时间出现"绛帷独拥人争羡，到处咸推吕碧城"②的景观。

---

① 李保民：《吕碧城词笺注》，上海：上海古籍出版社，2001 年，第 566 页。
② 《内廷秘史谬珊如女士素筠诗二首》第一首："飞将词坛冠众英，天生宿慧启文明。绛帷独拥人争羡，到处咸推吕碧城。"旌德吕碧城、吴江费树蔚《吕碧城集》卷二《诗·题辞》，上海：中华书局，1929 年，第 6 页。

　　吕碧城不仅在各种报刊上发表有关女子解放和女子教育的论述，她的教育实践活动也与之同步，一直都在积极筹办女子学堂。她在英敛之、严复、严范孙、傅增湘等津门名流的支持和帮助下，获得天津道尹唐绍仪等官吏的拨款赞助，于1904年9月创办北洋女子公学，初任总教习。两年后，北洋女子公学增设师范科，改名北洋女子师范学堂，是近代中国创设最早的女子师范学堂之一，年仅23岁的吕碧城出任监督（即校长），为我国女性任此高级职务的第一人。

　　吕碧城从1904—1911年主持这所当时女子的最高学府8年，其女子教育理论研究与实践活动并行展开。在办学实践之中，她把"破夫纲、倡女权、兴女学"与"教育救国"结合起来，把中国的传统学问与西方的自然科学知识结合起来，使北洋女子公学成为中国现代女性文明的发源地之一。她推崇师范教育，主张培养女教习，实现女性在经济上的独立和保障，提升在家庭和社会中的地位，同时培养合格的女性教员，解决当时社会因缺乏师范之才而兴女学困难的问题。

　　吕碧城的志向不仅仅停留于教育，1912年袁世凯在北京出任民国临时大总统，吕碧城担任大总统的公府机要秘书，雄心勃勃，欲一展抱负，后因袁世凯欲称帝，吕碧城毅然辞官，移居上海。1918年，吕碧城前往美国哥伦比亚大学，攻读文学与美术，兼为上海《时报》特约记者，4年后学成归国，1926年，吕碧城再度只身出国，漫游欧美达7年之久。她将自己的见闻写成《欧美漫游录》（又名《鸿雪因缘》），先后连载于北京《顺天时报》和上海《半月》杂志。

　　作为《大公报》的第一位女编辑，吕碧城的诗词创作，有着极高的天赋和才华，是辛亥革命前后著名的文学团体——南社的重要成员，被社长柳亚子等人称为南社派女诗人的代表。她的诗词造诣深厚，尤擅填词，著有《吕碧城集》《信芳集》《晓珠词》《雪绘词》和《香光小录》等，流传于世。

吕碧城终身未婚，自 1926 年开始致力于戒杀护生运动。1929 年，她接受国际保护动物会的邀请，代表中国出席国际保护动物会在维也纳召开的会议，大力提倡素食，后逐渐开始对宗教发生兴趣。吕碧城信佛后，守五戒，不再食肉，大力宣传动物保护。1930 年，吕碧城在瑞士日内瓦正式皈依佛教，法名曼智，其佛教修行实践，以净土念佛为主。1939 年，第二世界大战爆发，吕碧城由瑞士返回中国香港，先是住在中国香港山光道自购的一所房子中，后寄寓宝莲禅院，1943 年 1 月 24 日在中国香港九龙辞世，享年 61 岁。

2. 吕碧城的女子教育理念与北洋女子公学的创办

吕碧城是女子教育的提倡者和组织者，早在《大公报》做见习编辑时，她就发表了许多有关女学方面的文章，阐述自己的女子教育理念，表达她要求兴女学的进步思想。

首先，吕碧城积极宣扬兴女学的必要性和重要性。她在其文章《论提倡女学之宗旨》中集中阐述了女子应该接受教育是打破封建束缚、保国保种和争取女权的有效途径。但是她并没有像维新人士将女子教育的最终目标局限于贤妻良母，而是认为，如果女子仅为贤妻良母，承担相夫教子之义务，"则矣之过甚矣。殊不知女子亦国家之一分子，及当今国民义务，担国家之责任……盖中国者，非尽男子之中国，亦女子之中国也"[①]。在这里，吕碧城将女子提到国民的地位，认为女子与男子同为国家的一分子，所以发展女子教育应把女子当作国民来看待。她还从个人—家庭—国家的角度阐述女学之重要，"合完全之人以成完全之家，合完全之家以成完全之国"，也才能"合力以争于列强，合力以保全我四百兆之种族，合力以保全我二万里之疆土"[②]。由此可见，吕碧城将女学与立国相结合，认为兴办女学，让女子与男子享有同等受教育的权

---

① 朱有瓛：《中国近代学制史料》（二）（下册），第 758 页。
② 吕碧城：《兴女学议》，天津《大公报》，1906 年 2 月 18—27 日。

利，可以充分发挥妇女尚未开发的潜能，从而使国家摆脱目前的落后状态，走上富强之路。

在论证了兴女学的必要性和重要性之后，吕碧城提出女子教育应培养女子自立、自主的人格，从把女子当作国民来教育，转向培养女子独立性的人格教育。她认为，中国"女子不幸而生于支那，憔悴于压制之下，呻吟于桎梏之中，久无复生人趣"。而要改变如此境遇，"终须我女子痛陈旧习，各自维新，人人有独立之思想，人人有自主之魄力，然后可以众志成城"，① 振兴女权，以实现与男子在政治、社会、家庭上的平等权利。吕碧城看到绝大部分中国妇女不仅失去独立的人格，而且仍处于不开化的麻木境地，所以她在文章中大声疾呼："唯愿此后各唤醒酣梦，振刷精神，讲求学问，开通心智，以复自主之权利，完天赋之原理而后已……凡我同志其慎重以图之，勿畏难而退败，则幸甚。"② 表达了她希望通过兴女学使女子获得自主、自立人格的愿望。

在具体的女子教育方针上，吕碧城提出培养女子德智体全面发展。她主张德育为立身之本，指出："德育者，为学界中可进不可退之要点，而又为近世学界中之最难进化最易堕落者。"③ 而"欲养成道德之国民，则必自培养女子私德始；培养女子私德，必授以实业，使得自养始"④，从而将德育与生存能力结合在一起。她认为修身、文学、哲学、历史、传记、音乐和诗歌等皆属于道德学科，通过这些科目的学习和熏陶，可以实现涵养德性之目的。针对智育的重要性，吕碧城首先严厉批判了"女子有智识于妇德有损""女子之脑劣于男子"等谬论，然后借用美国的女子教育成功范例和我国留美女学生的具体事例，指出"人之知识当以受教育与否为断"，"智识为万事之源"，要求女子接受知识教育，强

---

① 吕碧城：《兴女权贵有坚忍之志》，天津：《大公报》，1904 年 6 月 13 日。
② 吕碧城：《论提倡女学之宗旨》，《东方杂志》第 1 卷第 5 期，1904 年。
③④ 吕碧城：《兴女学议》，天津《大公报》，1906 年 2 月 18—27 日。

调"女子自立之道，以实业为基，实业之学，以普通教育为始"。[①] 从而将智育的核心目标定位于掌握科学基础知识和技能训练并重。吕碧城还认为体育是智育的基础，认为"国家者，个人之集合体也，若体育不讲，其害于国家，害于种族"，特别是中国"女子经数千年缠足穿耳之陋习，肢体戕贼，血气颓废，相传身体素劣"，而"女子为国民之母，对国家有传种改良之义务"，更应"注重于体育以为智育之基础"。[②] 吕碧城还具体提出女学生应练习体操以矫正平时伏案读书、垂头刺绣等不雅之姿，加强身体锻炼，注意卫生以防止传染病的发生。这些观点在当时虽颇受争议，但无疑是女子体育教育的一个突破。

为了实践自己的女子教育理念，吕碧城计划筹办女子学校。适逢袁世凯出任直隶总督，推行"新政"，筹办女学，吕碧城经严复、英敛之举荐，参与擘画。1904 年 10 月 23 日，北洋女子公学正式成立，傅增湘为学堂监督，吕碧城出任总教习，校址设在天津河北三马路。这是一所典型的官绅合办公立女子学堂，开我国公立女子学堂创建之先河。

北洋女子公学招收的学生"大半都是贵族"，在教学方面设置了蒙学、普通、专门 3 个学科，开设了算术、历史、国文、美术等 13 门课程，选用商务印书馆或者文明书局出版的国民读本和高等国史教科书，以及自编讲义和其他各种古籍经典。两年后添设师范科，更名北洋女子师范学堂，吕碧城升任监督（校长）。关于这个师范科的添加融入了吕碧城的女学思想。在她看来，由于女性的特性决定了女子教育应由女性来承担实际的管理和教学工作，"就事体验，女校而用女师最为适宜，且女子者，人类天然之师保也，其慈爱勤劳无微不至，与儿童之性质最能翕合，其训练诱导乃固有之习惯，使任教育颇得其宜"[③]。但是当时中国社会的现状是知识女性贫乏，能胜任教育事业的女性更是甚少。所以吕碧城

---

①②③　吕碧城：《兴女学议》，天津：《大公报》，1906 年 2 月 18—27 日。

将培养女性教员纳入到北洋女子公学的办学目标之中，由此学校侧重于师范教育，成为一所女子师范学堂，区别于一般女子学校的初级教育，实施的是教育程度更高的女子中等教育。

吕碧城执掌女子学校总教习一事，在社会上曾轰动一时。后来曾担任总统府秘书的沈祖宪，将吕碧城称为"北洋女学界的哥伦布"，赞赏其"功绩名誉，百口皆碑"。[①]

身为校长的吕碧城不仅总揽教学事务，亲自教授国文等课程，还拥有自己的一套办学理念。在学校创办过程中，吕碧城非常注意师资力量的发展，不断增加教师的数量，扩充教师的来源，其中不仅聘请有男性教员和外国教习，还选拔本校高材生留下任教。据1909年天津学界的调查，曾在学堂任教习的有：国文教习刘子和，代数教习沈正增，女教习吕昆秀、许端珪、索兰卿、张韫玉、朱丽明（本堂毕业生）等，外国女教习珏德林（英国）、贝安纳（德国）、白琅文（美国）、槐瑞德（英国）、丰冈梅（日本）等。[②]师资队伍的健全，保证了该校教育质量的稳定和提高，这不能不说是吕碧城高瞻远瞩之处。

在吕碧城和教员们的努力下，女校虽然"经费至少"，但办学效果甚佳。"教员学科亦均合宜，学生成绩颇良，进步甚速。"一时声名远播，被誉为"天津女学界之发达当以斯堂为袖然举首矣"[③]。周边地区不时有慕名者前来听课。周恩来的夫人邓颖超就曾经在这里亲聆吕碧城授课。各地女子学校的校长也前来参观考察。山东第一公立女学堂校长萧国英女士在调查完女学的实际状况之后，曾赞誉道："初九日，偕友霞往看公立女学校，先由舍监某君导观，适生徒预备期考，未授新课，上堂则温课而已。晤其教授吕碧城、吕惠如二君，见其生徒所绘本国画，颇可观。

---

① 刘纳编：《吕碧城评传·作品选》，北京：北京文史出版社，1998年，第37页。
② 《记天津学界总调查》，《顺天时报》，1909年11月21日。
③ 李又宁、张玉法：《近代中国女权运动史料》，第1079页。

国文亦佳……其生徒亦循循规矩。二吕故负时望，名下固无虚也。"① 可见，在为数不多的新式女子学校中，吕碧城创办的天津公立女学堂确实成为了典范，具有一定的示范作用。

北洋女子公学自创立起致力于培养知识女性。1909 年 7 月，学校送出了第一届师范科学生 10 名。对于师范教育，吕碧城曾充满期望地指出：女生们毕业之后，如果"皆出而任教育之事，则十年之后，教育真普及矣"②。1911 年 7 月，北洋女子公学并入河北师范大学前身学校——北洋女师范学堂，成为河北师范大学的一支文化血脉。

二、曾宝荪与中西合璧的女校——艺芳女校

1. 曾宝荪的成长历程

曾宝荪是近代中国著名女教育家，曾留学英国伦敦大学、牛津大学和剑桥大学，是中国近代第一位留学英国的女性，也是第一位获得理科学士称号的女性。1917 年她从英国回国后，立志"教育救国"，长期从事女子教育，在长沙创办女子中学——艺芳女校，实施初中和高中六年制教育。她终生未嫁，将毕业精力奉献给了中国的女子教育事业。

曾宝荪（1893—1978），字平芳，别号浩如，清朝重臣曾国藩的曾孙女，湖南省湘乡县荷塘乡（今属双峰县）人，1893 年生于北京，从小聪慧，酷爱读书识字。曾宝荪的成长离不开家人对她的培养。其祖母思想比较开放，父亲曾广钧是维新人士，思想开明，所以曾宝荪在幼年时不曾缠足和订亲，也没有学女红和烹饪，而是学习诗书，甚至他们还聘请外籍教师，教授曾宝荪英文和日文，引导她读严复翻译的《天演论》和《群书》等书籍。而且在曾宝荪 14 岁那年，还让她远离家乡赴上海求学。

1907 年，曾宝荪进入教会开办的上海晏摩氏学校，次年转入上海务

---

① 李又宁、张玉法：《近代中国女权运动史料》，第 1131 页。
② 吕碧城：《兴女学议》，天津《大公报》，1906 年 2 月 18—27 日。

本女校，不久又考入浙江公立杭州师范学校。这时候的曾宝荪已成长为一名有志向的青年，她目睹西方列强对中国的欺凌，立志要"教育救国"，认为中国落后挨打的根源在于科学技术的落后，而要学习外国先进的科技和文化，其途径首推教育。这也是曾宝荪选择师范学校的原因。曾宝荪在师范学校学习了一年半，收获颇丰。这期间，她不仅在学业上有所进步，还结交了很多朋友，常参加辩论会。校长汪荣泉女士经常与学生同吃住，亲任修身课教师，其认真办学的敬业精神给曾宝荪留下了深刻的印象，对她日后的求学和办学生涯产生了重要影响。从师范学校毕业后，曾宝荪于1909年考入英国圣公会创办的一所教会学校——冯氏高等女学校。校长巴路义女士非常欣赏曾宝荪的学识和人品，视其为最得意的门生。在巴女士以及叔父曾季融的影响下，她接受洗礼皈依基督教。巴路义女士也是曾宝荪后来从事女子教育事业的有力支持者。

1912年，巴路义女士返回英国度假时，曾宝荪随同前往留学，成为中国近代第一位留英女生。来到英国后，曾宝荪首先进入瓦津私塾礼堂学校（女子中学性质），专心学英文，后又转入黑山高级女子中学学习英文，并选修生物学和化学。她相信科学救国，决定攻读理科课程，不久考入伦敦大学西田书院，选择生物、化学和数学作为自己深造的科目。曾宝荪在伦敦大学西田书院求学期间，没有一点"贵族"后裔的骄矜和惰性，异常发愤，学业成绩更是出类拔萃，令教授和同学们刮目相看。她曾作过一次题为"科学对人生贡献"的演讲，博得当时伦敦大学西田书院校长瑟琳氏的赞赏。1916年，曾宝荪完成学业，获得伦敦大学理科学士学位，是当时中国获此荣誉的第一位女性。从伦敦大学毕业后，曾宝荪又进入牛津大学和剑桥大学深造，打算攻读完硕士课程。但是曾宝荪一直都没有放弃"教育救国"这一志向，所以不久，曾宝荪转入伦敦的一所师范学校学习了一年，进修了教育学和心理学。在此期间，曾宝荪开始与巴路义女士募集资金，筹划回国创办女学事宜。曾宝荪的"教育救国"志向得到伦敦大学西田书院校长和各界人士的赞赏和认同，他们积极捐款资助曾宝荪回国创办女子学校。1917 年 10 月，曾宝荪带着满腹西学和浓烈的思乡之情，满怀着教育救国的希望和报效国家的壮志，从伦敦启航离开英国，回到了她魂牵梦萦的祖国。从此，为了实现自己立志教育事业的志向，曾宝荪付出了毕生的精力。

2. 曾宝荪的女子教育理念与艺芳女校的创办

回国后的曾宝荪不顾旅途劳累，很快投入到创办女子学校的工作中。她看到当时中国人自办的女子学校绝大多数是小学教育，对女子进行初级启蒙教育，只有公办的师范类女子学校实施的是稍高于小学程度的中等教育，但这些学校的办学目标过于明确，都是培养教员，并非严格意义上的女子中等教育机构。针对国内极度缺乏的女子中等教育，曾宝荪决定创办一所中等教育程度的女子学校，实施她的女子教育理念。

曾宝荪饱读儒家经书，又深受基督教精神影响，所以她的教育思想是将儒家的孔孟之道与基督教精神相结合的产物，主要特点有以下三点：一是注重人格培养，尊重学生个性发展；二是培养学生自治能力，实行民主式管理模式；三是培养学生爱国精神，积极参加救国运动。

曾宝荪尊重学生的个性发展，认为有教无类，就如木材在木匠手中，大的可作栋梁，小的可作几案，学生亦是如此。所以她对学生不分愚智，不歧视差生，一视同仁。对于功课不好的学生，曾宝荪亲自为之补习，不收分文补习费。她执教三十多年，从不开除学生，不记过，不当堂训斥学生，有什么问题私下谈话解决。她还注重学生的人格培养，在女子学校倡行荣誉制，规定凡是学生的寝室门、房门和衣柜均不上锁，别人的东西绝不擅用，爱护校园的一草一木。她在学校的图书馆内置签名簿一本，规定借书者自觉登记，按时归还，管理员仅负责整理打扫之责。在学业上也是如此，规定考试一律不用监考。

曾宝荪在女子学校采取民主式管理模式，认为这是学生们自己的学校，应由学生参与学校管理，培养学生的自治能力。女校设立了学友会，由全体学生和教职员组成，会长则由学生担任。学校的一切大事均由学友会决定，不但校长和教员不能干涉，就连校董事会也无权干涉。学校所有账目公开，任何学生都可以查账。学校还让学生自己开展各种课外活动，如学生们自己举办全校的体育游艺活动，编辑出版《艺芳》半月刊。此外她们还积极参加社会实践，创办民众学校，免费教授临近儿童；设立工人夜校，免费给在校工人授课；经营小卖部等，从而养成独立服务于社会，自己动手的自治能力。

曾宝荪从事女子教育事业，创办女子学校的目的就是为了实现"教育救国"，所以培养学生的爱国精神是女子学校的宗旨。五四运动后，在全国抵制日货的浪潮中，曾宝荪组织学校师生成立了提倡抵制日货的爱国十人团。每个团设一名团长，负责监督师生不准使用日货，一经发现不仅当众销毁，还要受到严厉批评，任何师生都不例外。女校的这个爱国十人团一直严格执行抵制日货的规定，保持了30年，直到日本投降后才宣布解散。

1918年，在亲友和社会人士的资助下，曾宝荪与恩师巴路义女士、堂弟曾约农在长沙创办私立女子中学。为纪念其祖母郭筠的"艺芳馆"，将校名定为"艺芳"，由曾宝荪担任校长，曾约农担任校董和教务主任。9月12日，艺芳女校正式开学。校舍最初租用西园龙翰林家一栋旧式房子，后迁入曾文正公祠正殿后的浩园（现长沙市实验中学）。

艺芳女子学校实行初中、高中六年中学一贯制教育，设有英文、算学专修生及大学预科两科。首次招英、算专修科5人，大学预科生4名，后一度改称大学部。曾宝荪兼英语和生物教员，巴路义女士作英文教员，曾约农任兼英、算及理化教师，又另请了一些国文、体育、音乐和手工教员。学校推行小班教育，每次招收班次不多，而且规定每班人数不超过30人。当时一般私立学校的惯例是招收班次多和招生人数多方为合算，但为了保证人才培养质量，女校严格控制班次和人数，可见艺芳女校优越于其他女校的的办学层次和办学水平。整个学校充满了关爱和精诚。作为校长的曾宝荪，与全体学生都住宿于校内，每日三餐师生们同在一个食堂，亲如家庭父母子女。学生如患有小疾病则由学校免费医治，重病则由学校通知家长协商医治。校长还经常亲自给学生送药和送水果，关心和爱护她们，得到了学生们的尊敬和爱戴。

艺芳女校是一所全新的女子学校，既不同于外国人的教会女校，也不同于中国人办的女子学校，而是将中西最好的东西兼容并蓄。但是，由于国内局势动荡，艺芳女校自 1918 年创办起，到 1949 年新中国前夕，历时 32 年，遭遇三度停办和三度复学。1927 年上半年，为了便于湖南农民协会开展农运工作，艺芳女校将校园借给农民协会使用，停办数月。接着，5 月又成为国民党军队的驻扎营地。1928 年，在学生肖孝徽等人的敦促下，学校开始复校。1930 年，国内军阀混战，8 月，校舍又被军队占据，再度被迫停办。1931 年，原来的学生左景馨、徐少英等人从英国留学归来，决计恢复艺芳女校，后经曾宝荪、曾约农和校董事会成员多方奔走，学校再次复校。1937 年全面抗日战争爆发，长沙遭日军占领，艺芳女校第三次停办。日寇投降后，1946 年 5 月，曾宝荪与曾约农在许多艺芳老校友的帮助下，于同年秋第三次复校。虽然历经艰苦，几次曲折，艺芳女校终于成为一所颇负盛名、拥有初中和高中、实行女子中等教育的女子学校。

1935 年，湖南省举行第二届中学毕业会考，全省不合格的学校达 30 余所。而艺芳女校的毕业班学生不仅全部合格，有半数获得优秀，成绩在 80 分以上。[①] 此后的每年会考，艺芳女校的学生均未出现不及格，而且绝大部分毕业生都考取了大学。据《曾宝荪回忆录》记载，从 1918

---

① 刘新初、许遂龙：《终生未嫁的知名女教育家曾宝荪》，《文史博览》，2002 年第 6 期，第 53 页。

年至 1949 年，艺芳女校在办学 32 年中，共设立 26 个初中班，19 个高中班，培养了 1000 名中学毕业生，取得了可喜的成绩。[①] 艺芳女校的毕业生中不乏有佼佼者，如曾昭橘在毕业后先是考入中央大学外文系，后留学英国伦敦大学、德国柏林大学，新中国成立后任南京博物院院长，全国政协委员；曾宪楷先后获得国立湖南大学文科学士和燕京大学硕士，是一名历史学家，新中国成立后任中国人民大学教授和清史研究所所长；还有张惠雅，湖南医科大学教授；徐少英，台湾大学教授；袁恬莹，湖南医科大学教授等。其余在欧美从事实业的艺芳女校学生，更是数不胜数。[②] 艺芳女校的这些骄人成绩在当时男尊女卑、妇女地位低下的社会现实中产生的影响力是不可轻视的，而且对国家、对妇女解放均具有深远的意义。

1949 年，湖南和平解放后，艺芳女校改为长沙市第十四中学。曾宝荪和曾约农先生离开长沙去了中国香港，1950 年冬，曾宝荪姊弟又去了中国台湾。曾宝荪去台后，未再直接从事教育工作，除了加入"中华妇女祈祷会"传教布道外，也参加了一些政治活动。1950 年，曾宝荪被蒋介石任命为"中华民国妇女工作委员会委员"。1951 年，她以台湾当局首席代表的身份出席联合国妇女地位委员会，会后赴英国伦敦大学讲学。1978 年 7 月 27 日在台北逝世。

曾宝荪一生未婚，以从事女子教育为终身职业，将自己的爱心献给了每一个学生和教育事业。曾宝荪曾对亲友说："我如果结婚，顶多能教养十个之女，从事教育事业，我可以有几千个孩子。"[③] 她不仅是艺芳女校的校长，还先后担任过湖南省立第一女子师范学校（即稻田女师，后改名第二女子中学）校长、湖南省立第二女子中学校长、湖南省高等鉴定考试委员会委员等职。她常常被邀请演讲，有一次在 12 个省市演讲，

---

① 曾宝荪、曾纪芬：《曾宝荪回忆录》，长沙：岳麓书社，1986 年，第 82 页。
②③ 刘新初、许遂龙：《终生未嫁的知名女教育家曾宝荪》，《文史博览》，第 53 页。

时间长达半年，并曾四次出席国际会议，包括在日本和中国召开的太平洋国际学会。由于她对教育事业的贡献，受到人民的尊敬。1991 年，湖南家乡的人们在曾宝荪的老家富厚堂附近新盖一所学校，取名为"宝农中学"，以纪念曾宝荪与其堂弟曾约农几十年来对教育事业的贡献。

第三节 韩国女教育家与女子中等学校的建立

一、"高等女子学校令"与女子中等教育体制的确立

1899 年，朝鲜王朝高宗国王认识到国家教育发展缓慢，颁布诏书要求促进中等教育。诏书颁布前后，政府公布了"医学校官制""医学校规则""商工学校官制""矿务学校官制"。1899 年 4 月 4 日颁布"中学校官制"，1900 年 9 月 3 日公布"中学校规则"。1899 年成立汉城中学校，1906 年 8 月改为官立汉城高等学校，学制为四年。但由于此时小学教育尚未普及，无法实施正常的中学教育。"中学校官制"规定了教育目的、授课年限及教师的安排等内容。教育目的在于为那些"今后立志从事实业的人"开展中学教育，从而强调实业教育。中学设置普通科（4 年）和高等科（3 年），但事实上当时无法实现。中学职员包括校长 1 人，教师 7 人，秘书 1 人。"中学校规则"中明文规定中学教育课程及运营，其中并未提及女子中等教育。

直到 1908 年 4 月，政府看到民间纷纷建立女校，慑于国内舆论压力，不得不考虑建立官办女学校，于是颁布了敕令第 22 号"高等女子学校令"，规定建立官办女校，开展女子中等教育。

"高等女子学校令"的内容包括：[①]

第 1 条：高等女校主要传授女生必须掌握的高等普通教育及技艺。

第 2 条：高等女学校分为官立、公立、私立。

---

① 旧韩国官报，1908 年 4 月 4 日。

第 3 条：设立或废除公立及私立高等女校，须取得学部大臣认可。

第 4 条：高等女校开设预科和技艺专修科。

第 5 条：高等女校的学制为 3 年，但根据各地情况，可以延长 1 年。预科及技艺专修科的学制为 2 年。

第 6 条：高等女校普通科入学年龄为 12 岁以上，普通学校毕业者或同等学历者。年龄为 10 岁以上、普通科 2 年级水平以上者可以入预科。技艺科入学年龄为 15 岁以上、普通学校 2 年级以上水平者。

第 7 条：高等女校教材使用学部编撰的教材或学部大臣认可的教材。

第 8 条：高等女校收学费。

第 9 条：不符合本规定的学校不能称作高等女校。

第 10 条：高等女校开设附属幼儿园。

第 11 条：本命令相关实施细则由学部大臣决定。

"高等女子学校令"在办学宗旨、入学年龄、课程设置、修业年限、培养目标等方面做了详细的规定和要求，标志着女子学校教育在学制上取得了合法地位。从此，女学教育成为教育制度的重要组成部分，这在韩国教育史上具有划时代的历史意义。高等女校是向女性传授知识的高等普通教育（相当于中等教育），学校分为官立、公立、私立三种。高等女校课程分为预科和技艺科、本科。本科入学年龄规定为 12 岁以上，必须毕业于普通科（初等教育）；技艺科规定年龄 15 岁上。教学宗旨是向女生传授普通知识，为家庭教育所用；外语可以从英语、法语、德语、汉语中任选一门。同年，公布"学部令"第 10 号，决定建立第一所公立女子中学——汉城高等女学校。另外，作为相应措施，下令在现有的官立和公立普通学校开设女子班。1908 年，在地方的 4 所公立普通学校设置了女生班。截至 1909 年，全国共有 7 所官立普通学校，在校女生达到 423 人。[①] 1911 年，政府制定"女子高等普通学校规则"，其中第 1 条规定，"女子学校的教育目的在于培养贞淑勤俭的女性"，科目的编制与高等普通学校有很大的不同。如女子高等普通学校的学制只有三年，比普通学校短一年；在教学科目上，没有外语课程，授课时间最长的是裁缝、手艺课，占全部课时的 32%；虽然有数学课，但难度不如高等普通学校，只教中级水平的算术，地理、历史课时很少。

二、严贵妃创办三所女子学校

1. 严贵妃及其办学

纯献皇贵妃严氏（1854—1911）是高宗李熙的后宫，皇太子李垠的生母，韩国女子教育的先驱。1854 年阴历六月六日出生于汉城，父亲是赠赞政严镇三。8 岁时入景福宫为宫女，后成为明成皇后闵妃的侍卫尚宫。后来得到高宗的宠爱，引起明成皇后的嫉妒，不得不出宫避难。1895 年 8 月 20 日，明成皇后被日本人暗杀，严妃重新回到宫里。1897 年 9 月，44 岁的严妃生了英亲王李垠。1903 年 12 月，被封为皇贵妃，入住庆善宫。严贵妃性格宽厚豁达，对下人也非常仁慈。1907 年，日本人以留学名义，强行把年仅 11 岁的皇太子李垠带到日本，1910 年宣布日韩合并后强迫皇太子李垠跟日本皇族梨本宫方子结婚。严贵妃与儿子离别后再也没有相见，1911 年 6 月 25 日在德寿宫去世，享年 58 岁。[②]

严贵妃在亡国的悲痛中感到为了恢复国权，需要启蒙女性。她看到基督教传教士们开办学校致力于女子教育，深刻意识到教育女性的必要性，因此下决心建立女校。严氏出资创办了三所学校，1905 年 10 月 1 日，建立养正义塾；1906 年 4 月 21 日，建立进明女校，任命梨花学堂出身的新女性余袂礼黄管理学校；同年 5 月 22 日，在龙洞宫开设明新女学校，

---

①　金京勋：《韩国开化期女子教育研究》，首尔：中央大学教育学院硕士论文，1983 年，第 49 页。
②　韩国女性开发院：《韩国历史中的女性人物》，首尔：韩国女性开发院，1998 年，第 183 页。

任命李贞淑为校长。^①建校初期，严贵妃在财力、物力上给予了很大的支持。当时社会上称上述三所学校为贵族学校。设立之初，严贵妃决定进明女校采取西式教学方式，明新女校采取日式贵族教育方式，而养正义塾采取朝鲜传统教育方式。为了经营学校，严贵妃组织贵族妇女会，共有十名成员。三所学校所需经费都由宫廷负担。学校还为学生准备了宿舍，采取寄宿制，学生周六回家，周一返校。严贵妃让宫女也到明新女校去上课，接受教育。一开始，学生都是汉城出身的贵族女性及名门闺秀，教育课程相当于现在的初中程度。主要科目有国语、日语、作文、算术、理科、家政、缝纫、手艺、音乐、习字、体操等。教师基本上是日本女性。

2. 淑明女校与校长李贞淑

提起严贵妃创设的三所学校，不能不提另一韩国女子教育的先驱——李贞淑。李贞淑（1858—1935），1858 年 5 月 3 日生于京畿道良州郡孝村，父亲是李海锡。6 岁时父亲去世，在继母跟前长大。16 岁时与名门之子赵宁夏结婚。赵宁夏学识渊博，人品出众，在军部和外交界工作过。结婚后，按照国典，李贞淑获得贞夫人称号。1875 年，获得女性最高荣誉的贞敬夫人称号。当时，她的人品和贤惠远近闻名。1884 年发生甲申政变，时任宰相的赵宁夏遇害，李贞淑当时仅 27 岁时。李贞淑悲痛之余认识到妇女启蒙和女子教育的重要性。严贵妃在 1906 年 5 月开设明新女学校时，任命李贞淑为贵族妇女会会长及明新女校校长。李贞淑感到在男尊女卑思想根深蒂固的社会里，必须对女子进行近代启蒙教育。李贞淑经常邀请从国外留学回来的女性到妇女会讲演。1908 年，明新女校更名为明新高等女学校，1909 年，更名为淑明高等女学校。1911 年，又更名为淑明女子高等普通学校，1912 年，成立了淑明学院，是专门经营学校的财团法人。当时明新女校的学监、日本人渊泽能惠对

---

① 崔恩喜：《韩国开发女性列传》，首尔：正音社，1985 年，第 119 页。

明新女校的贡献很大。渊泽能惠是一位超越国家和民族的教育家，她年轻时留学美国，信仰基督教。渊泽把建校时升的校旗一直珍藏了 36 年，该校旗已经成为淑明女子大学（1948 年升级为大学）的第一号校宝。淑明女校虽然出资人阶层不同，但办学目的在于培养贤母良妻。

1924 年，李贞淑获得朝鲜总督府颁发的教育功勋奖，1927 年，获得《东亚日报社》颁发的民间教育功勋奖。1931 年，在淑明女校的毕业仪式上李贞淑指出："在学校四年学到了作为女子的道理和知识、技能，作为优秀的人走向社会。但是仅仅靠这四年是不够的，需要今后在持家及教育子女的过程中提高修养，为社会、学校做出应有的贡献。"在纪念淑明建校 25 周年刊物上李贞淑进一步指出，贤母良妻型教育理念的内涵，即纯洁、同情、清洁、整顿、宽恕等。为培养勤劳、贞淑的品质，通过自学、认真、自治等提高技能，通过锻炼增强体质，追求身心健康。1935 年 5 月 4 日，李贞淑临终前学校发给她 1 万韩元的退休金，她跟孙子商量后，把这笔钱作为学生奖学金捐给学校。[①] 1939 年，淑明高等普通学校升格为淑明女子专门学校，校长由小田祥子出任。1948 年 5 月，在美军政统治时期，被升格为大学。1955 年，经韩国政府批准，成为女子综合性大学，任淑才任第一任大学总长。目前淑明女子大学已经发展成韩国第二大女子综合性大学。淑明女大还受韩国国防部委托，培养和选拔女子军官。[②] 淑明女大一直被外界认为是培养贤母良妻的大学。但自从 1994 年李京淑校长上任后，对外宣布第二次建校，把教育目标定为培养女性领导力量的学校。

三、女教育家创办的女子中等学校

1. 裴祥明与祥明女子高等技艺学院

1906 年 5 月 17 日，裴祥明出生在平安南道江西郡水山面，父亲叫

---

① 崔恩喜：《超越女性摆脱羁绊》，首尔：文义斋，2003 年，第 113 页。

② http://www.sookmuung.ac.kr/.

裴红埸，母亲叫崔德券。裴祥明毕业于东德女子学校，擅长写字和唱歌，学习成绩优秀。曾任三仙学校教师，1925 年结婚。丈夫方观策毕业于普城专门学校（高丽大学前身）商科专业，担任汉城图书株式会社社长。后来，丈夫公司破产，裴祥明独自一人到东京留学。1937 年 5 月，裴祥明从东京高等技艺学校技艺科毕业回国。她回国发表的第一件作品就是制作了"春香和李秀才"的布艺玩偶，并在世界玩偶博览会上获奖。1937 年 8 月 17 日的《每日新报》特意报道此事。她有时在报刊上介绍玩偶制作方法，有时举办讲习会。裴祥明打算开设一所女子学校，但遭到丈夫反对，不得已向母亲求援。经母亲资助，1937 年 11 月 1 日，在汉城种路区开办了祥明女子高等技艺学院，裴祥明担任校长。学院设有本科、专攻科、研究科，学制为 6 个月到 1 年。为了方便妇女学习，还开设手艺科，学生可以选择按次数上课。祥明学校的学制类似日本花嫁（新娘）学校。建校后学生逐渐增加，最初的校舍已容不下那么多学生，裴祥明东凑西借在社直洞租了新的校舍。学生一下子增加到 100 人。经日本殖民当局同意，祥明女子高等技艺学院升格为祥明实践女子学校。裴祥明主持制定了学校的教训：第一，成为诚实的女性；第二，成为纯洁的女性；第三，成为刚健的女性；第四，成为讲信义的女性。裴祥明认为教学生学问之前首先要教育学生如何做人及做女人，而且特别注意培养学生爱国爱同胞。日本殖民当局要求成立财团法人。1945 年 7 月 15 日，拿到财团法人祥明学院的许可，并根据总督府的命令，将校名改成祥明女子商业学校。

2. 李淑锺与诚信女子中高等学校

李淑锺生于 1904 年 11 月 5 日，父亲李范圭是世宗大王第五王子光平大君的后裔，母亲叫尹昌求。她是五个姊妹中最小的。父亲曾经参加反日运动入狱七年。李淑锺毕业于日本东京女子美术专门学校，后进入东京帝国大学文学部旁听美术课。从日本回来后又到中国，在北京大学学了两年美术，1929 年回国后成为京城女子商业学校美术教师。她为了给那些从地方到首尔来学习的女生提供宿舍，说服父亲租了大瓦房，里面有一百多间，做女生宿舍，命名金华寮。为了丰富女生的课外生活，邀请女教育家举办讲座或放映电影，有时还举办小型聚会，开设图书室。李淑锺在自己建立学校之前很长时间已经投身于教育事业，曾经在淑明女子学校学习，四年级时，每天一下课就到车美理士创办的槿花实业女校教书，而且不领工资，坚持了一年。她还担任东德女学校的美术老师，又负责管理京城女校的宿舍。后来，李淑锺从东德女校辞职后去了中央保育学校。她看到中央保育学校经营困难，就主动要求不领工资。

　　1936 年 4 月，李淑锺接管诚信女子中高等学校（前身是泰和女子学校）。该校是美国北监理会经营的女子学校，由于日本殖民当局不断干涉，学校经营困难。教会希望有人能接手学校。当时，有几位女性报名，但校方看中李淑锺。当时，学校没有校舍，只有六十多名学生和三位老师。而且，日本殖民当局要求更改校名，因此李淑锺接手后取名"诚信女子中高等学校"。诚信校名来自于中国礼记中的"身致其诚信"，她认为诚信是成功的动力。1938 年 4 月 28 日，她获得天主教李宗林和权德奎的帮助，得以无偿使用京云洞天主教纪念馆建筑。李淑锺当时才 32 岁，既是校长，又是教师。她辞掉在其他学校担任的教学职务，每天下课后带着学生做卫生。学生数量逐渐增加，很多学生是已过入学年龄的女性。有的学生已经结婚，由于在家受到留学回来的丈夫歧视，立志要摆脱无知状态。后经过学习，夫妻关系和好。李淑锺看到这种情形更感到自己选择的道路非常正确。1939 年 4 月，经朝鲜总督府许可，成立了"诚信家政女学校"。为了扩建学校，李淑锺四处寻找校址，后来发现了顿岩洞的石头山。经她四处筹款，最终经人资助，1942 年 5 月 20 日购得石头山，并经过五年努力，建了三层楼房作为校舍。总督府要求 1945 年 3 月之前必须建立财团法人，在家人的帮助下，终于获得财团法人资格。

解放后，诚信女学校取得了更大的发展。

四、鱼允迪与官立汉城高等女学校

甲午改革以来，日本已经开始干涉朝鲜内政。甲午改革就是在日本公使指示下进行的，因此韩国近代化从初期开始就走上日本化的道路，在学制方面也模仿日本。政府顺从日本，但国民顽强拒绝公立学校，不少基于爱国热情的私塾应运而生。1905年，朝鲜被迫与日本签订了《己巳条约》，民族觉醒升华为教育救国热潮，女校开始增加。此时，以妇女会为中心开展了女子教育运动。当时，较为活跃的组织有韩日妇女会和宝新女校、珍明妇女会和杨规议塾、女子教育会和宝学院、杨定女子教育会和杨定女校等。女子教育会还发行了第一部女性教育杂志《女子指南》。创刊号上刊登了题为"女子教育的必要性"的文章。政府看到民间纷纷建立女校，1908年4月，颁布了敕令第22号"高等女学校令"，指出"高等女学校以教授女子所须要的高等普通教育和技艺为目的"，并以"学部令"第10号的形式公布建立第一所公立女子学校——汉城高等女学校。该校是现在的京畿女子中高等学校的前身。建校宗旨是为女性创造接受高等普通教育和技术的机会。在其24条校则当中提到了学校设置的科目及内容。学校设本科、预科、技艺科。还开设了附属幼儿园。本科主要学习修养、国语、汉文、日语、历史、地理、算术、理科、图画、家政手艺、音乐、体操。预科主要科目为修养、国语、日语、算术、理科、图画、音乐及体操。技艺主要科目为修养、国语、算术、缝纫、刺绣、编织、纺丝、烹饪、工艺花。

汉城高等女学校的校长是鱼允迪。其教育理念可以概括为以下三点：一是强调女性教育的传统美德——贤母良妻思想；二是从校服设计上追求创新，摆脱保守观念；三是强调体育，认为体育可以增强体质。可以看出，汉城高等女校的教育目标是培养"妇德涵养""率先垂范""贤母良妻"。建校初期学生人数只有几十名，到一周年校庆时增加到130人。

鱼允迪为了鼓励更多的女生到学校上课，建校初期无偿给学生提供学习用品、教科书，有时甚至免收学费。当时，不仅是汉城高等女校采取寄宿＋无偿教育制度，其他女校如梨花学堂、贞信女校、培花女学堂等由女传教士建立的女校也采取寄宿＋无偿教育。另外，从学校校服的设计中也可以看出其创新思想。当时社会上女性不得擅自出门，而且出门时必须带斗篷遮住脸，脚必须用长裙挡住。鱼允迪认为这种装束严重束缚了女性的活动，因此给学生发放统一校服。校服是传统韩服的改良版，便于活动，而且用黑色伞来代替斗篷。汉城高等女学校还重视体育课，经常组织学生练长跑、跳板、排球、体操。[①]

---

① 金蕙卿：《韩国女性教育思想研究》，首尔：韩国学术信息株式会社，2002年，第93—99页。

第六章　女教育家创办的
女子实业或职业学校及其发展

随着女子学校教育的逐渐普及，中、日、韩三国开始出现女子职业学校。这些学校的办学目标是塑造职业女性，培养女子独立人格和谋生本领，更加强调女子技能的训练，超出了贤妻良母的教育范围，对于提高妇女的自立能力，更好地适应社会劳动力市场的需求具有重要意义。顺应这种发展趋势，女教育家们投入到创办各种女子实业或职业学校的热潮中，开办了女子医学校、保育学校和各种女工传习所等，积极推进各自国家的女子职业教育的发展，使各国女性真正实现经济独立。

第一节　实施实学女子教育的日本女教育家

明治 30 年代以后，虽然良妻贤母主义教育观还占主流，但随着女子初等教育的普及和女子中等教育的不断发展，女子的实学教育以及要求女子接受更高教育的理念逐渐普及开来。在这一时期，出现了吉冈弥生、津田梅子等一批以追求实学、讲求专门学问的女教育家。她们创办了自己的女子学校，传授女性专门的学问知识，为社会培养了一大批具有实学技能的职业女性。在这些女子学校的推动下，文部省于 1903 年出台了专门学校令，并于 1910 年起开始设置实科高等女子学校，把明治中后期的实学教育推向了高潮，女子高等教育的发展由此迈出了坚实的第一步。

一、吉冈弥生与东京女医学校

1. 吉冈弥生的成长历程

吉冈弥生（1871—1959），明治·大正·昭和时期的女教育家和著名女医生。今东京女子医科大学的创始人。出生于医生世家的她，刻苦顽强，成为近代日本第 27 个女医生。弥生主张女性独立自主，提倡实学教育，培养女性的职业能力。她坚信医生是最适合女性从事的职业之一，更把自己的一生都奉献给日本医学和女医生的培育事业，享有"日本女医之元祖"的美誉。

吉冈弥生，本姓鹫山，1871 年 4 月生于日本静冈县小笠郡土方村（今大东町）。鹫山家世代从医。不可否认，弥生选择医生的道路是受到了家业的影响。1889 年 4 月，18 岁的弥生随兄长来到东京，就读于济生学舍。弥生在济生学舍度过了艰苦的三年半时光。只有小学学历的她，几乎对物理、化学、生理、病理、药学和解剖学一无所知。但是她坚持每天早上五点起来，赶到学校听课，认真学习讲义。除了学习上的困难，当时还有来自异性的歧视，让弥生觉得"女子必须与男子在不同的学校、不同的安排下学习"，这也是后来弥生创设女医学校的动力之一。[①] 尽管在学舍的学习和生活很艰苦，但弥生还是克服了这些困难。1892 年，年仅 21 岁的弥生通过考试，获得医生开业资格，正式成为日本第 27 位女医生。

1895 年，弥生与至诚学院院长吉冈荒太结婚。婚后两人同心协力开始了他们的事业。最初的事业就是对至诚学院的扩充。弥生也把自己创办的私立医院迁至学院对面，并更名为"东京至诚医院"。不久，因为荒太患上了严重的糖尿病，他们只好关闭至诚学院。从此，一家的生活来源就全部依赖于至诚医院的经营了。

---

① 吉冈弥生：《吉冈弥生传》，东京：日本图书中心，1998 年，第 147 页。

1900 年，济生学舍因为种种原因决定不再招收女学生，只保留现有在读女学生。这样一来，女性学医的渠道就更加狭窄了。弥生听到这个消息后，决心承担起培养女医的使命。1900 年 12 月，弥生创立了东京女医学校，也就是今东京女子医科大学的前身。

1900 年 12 月 5 日，东京女医学校正式开学。这一天该校仅有 4 名学生，但弥生夫妇还是坚持开课，吉冈荒太教授物理和化学，弥生则教授生理和解剖。从今日东京女子医科大学的盛况很难想象初创时的艰难。次年 3 月，济生学舍把在校的女学生全部送往其他学校，其中有一部分学生流入东京女医学校。4 月，东京女医学校的学生达到 20 人，已初具规模。

东京女医学校顽强地生存了下来。从此，学校不断进行扩展，提升自己的教育内容和教学管理质量，1912 年升格为专门学校后，学校更是突飞猛进地发展，学生人数激增，学科的设置也渐趋完善，奠定了今日东京女子医科大学的坚实基础，当然，这一切都离不开吉冈弥生的实学教育理念和东京女医学校一直以来的教育方针。

2. 弥生的实学教育理念与东京女医学校的教育方针

吉冈弥生作为一名职业妇女和女子教育工作者，有着自己独具特色的实学职业理论。弥生的女子教育观和职业理念支撑和伴随着她整个女子教育历程，使她的教育业绩绽放光彩。

弥生的实学教育理念

吉冈弥生提出了对女性实施高等教育的必要性和紧迫性。[1] 弥生认为：“女性实现真正自立，首先是要在经济上做到自立，因此，女性必须接受高等教育，获得自立的前提条件”。她首先阐述了当时日本女子教育的现状，指出在 1939 年，日本的专门学校共 118 所，实业专门学校 61 所，高等师范 4 所和高等学校 32 所，但是其中专门招收女子的学

---

① 以下关于女子高等教育观点均引自《关系昭和日本命运的女子高等教育问题》，吉冈博光监修：《吉冈弥生选集》（第 4 卷），东京：杢杢舍，2000 年，第 214—216 页。

校却不足十所。可见女子高等教育的不足。

吉冈弥生的女子教育观具体表现为女子高等职业教育观。她认为，女子受教育的目的就是要掌握学问，获得自立能力，如果不能实现这一目的，女子教育也就失去了它的存在意义。而当下很多高等女学校却只是单纯地把女性培养成准妻子，并没有教授给她们应该掌握的实学知识，与"高等"甚不相符。她推崇男女平等的教育，让女子掌握实际学问，得到专门的职业训练，从而获得贡献于社会和国家的能力。

她指出："现今社会向妇女提出了具备科学知识的要求，同时随着社会生产力的提高，对妇女的实学技术教育要求也逐渐提升。而我们现今的女子教育却忽视了这种实学技术教育，这是日本长期以来女子教育的缺陷。"弥生坚持女性与职业相连，并认为女性应该参与一切社会部门，充分发挥自我才能。她还认为，对女性进行实学职业的训练，可以使国民的家庭生活更科学化、秩序化。而且通过这种实学职业的训练也可以提高妇女的社会地位，而不是只在纸面上空谈"男女同权"。尤其是对于女性本身，应该清楚地认识到，接受切实科学的实学训练，比参加所谓的"同情妇女"运动，更能有效地提升妇女的社会地位。

但弥生在强调女性的实学和职业的同时，并没有割裂妇女与家庭的纽带关系。她认为，职业女性不能与家庭相分割。即使是还未成家的年轻职业女性，也应该认识到经营家庭和从事职业是女性的双重任务。所以从事职业活动的妇女也不能忽视作为家庭主妇的教育。而且不论妇女是从事职业还是做家庭主妇，其地位是平等的。

东京女医学校的教育特色与发展

作为适合女性的智力型职业，弥生自己选择了医生这条道路，并全身心地投入到培养女医的教育实践中去。

1900年，吉冈弥生在创办东京女医学校时，发表了她的"设立主旨"。在主旨中，弥生指出了当时日本的西洋化教育虽已普及，但在专门教育，特别是医学教育上还十分不足，因而设立这所女子医学校，并确定女子医学校的宗旨是"培养独立自主和具有高品格的女医生"。

在弥生的"独立自主"实学职业理念下，女子医学校从各个方面对学生进行严格训练。新生一入学，就要接受生理卫生方面的指导和锻练，并必须具备作为一名医生应有的健康生活习惯。专业课程的学习对学生来说，更是一种超强度的训炼。医学本身就是实践课程，不能光靠理论，必须自己亲自动手，进行锻炼才能掌握。女子医学校的学生进入实验室进行实际解剖和手术操作，同时还随同老师一起在学校附属医院实习，进行实地诊察。

1901 年，女医学校从东京的饭田町迁至市之谷，1903 年又在牛込河田町购买了原陆军兽医学校的校址，把学校搬迁至此，这就是现今东京女子医科大学所在地。当时的女医学校拥有的医学设备仅有"头盖骨标本一个，显微镜一个，试管十几支"，但是学生的学习积极性很高。[①]没有解剖实习的标本，学生们就在学校的周围抓青蛙进行解剖，还收集起路边猫、狗的尸体骸骨来进行解剖分析。

在女医学校，不仅学生们学习认真，教师们也都热心教导。特别是弥生，更是把自己作为实验品。弥生 31 岁生产儿子博人时，她让学生们进行现场观摩。当时有 8 位学生观看了整个过程。女医学校的第一位毕业生竹内茂代感叹道："我观看了近两个小时的生产过程……虽说是为了让学生学习，但是先生亲自上实验台，非常人所能及，这样的观摩对我来说是不可多得的经验。"[②]

1904 年，医生开业资格考试制度进行改革，规定以后非医学专门学校的毕业生不能参加考试获取医生资格。这对弥生的女医学校来说是一次重创。女医学校必须接受向专门学校升格的考验。"连医界前辈兼恩

① 吉冈弥生：《吉冈弥生传》，第 261 页。
② 竹内茂代：《吉冈弥生先生和我》，转引自涉川久子：《近代日本女性史 1·教育》，第 212 页。

师长谷川泰先生创办的济生学舍都升格失败，没有资历、背景和财产的我，创立的这所贫弱女医学校会有升格的希望吗？"弥生感叹道。而且当时社会上流传着女医亡国论以及职业妇女排斥论等等，这些对于女医学校的升格都是极大的不利条件。

但是"为了学校的学生，我必须实现升格"[1]，弥生下定了决心。女医学校对先前的至诚医院进行了扩建和整修，作为学校的附属医院，并完备附属医院的各科诊察所、病房。又在1912年3月，获得了财团法人的设立许可，4月13日，女医学校接到了设置东京女子医学专门学校的许可通知书。女医学校正式升格为学制四年的"东京女子医学专门学校"。拥有90名新生和56名二年级学生的日本唯一的女子医学专门学校由此诞生。

弥生这样回忆当时的情景："在我的一生中，最让我感到高兴的就是两件事，一件是我获得了医生开业许可，另一件就是女医学校获得了升格为专门学校的认可。医生开业资格的获得，实现了一个农村姑娘成为医生的梦想，那只是个人的喜悦，而设立专门学校的认可，却是关系到日本女医的前途，不仅学生本人喜悦，亲朋好友喜悦，其他与之相关的社会各界人士都为之高兴。正因为如此，作为校长的我，更加深刻地认识到自己肩上的社会责任。"[2]

第一次世界大战后，女子医专的新入学生超过了100名（申请人数是该数字的3倍）。这期间，学校也得到不断地扩充。1916年，医生开业资格考试制度到了最后期限时，女子医学专门学校送出了升格为专门学校后的第一批毕业生。当时参加考试的46名学生有27人顺利通过，成绩骄人。这时的学校进入了高度发展时期。1920年3月，女子医专顺利通过考核，获得了医生开业免试的许可资格。从此，女子医专的毕业

---

[1]　神崎清：《吉冈弥生传》，东京：大空社，1989年，第255页。
[2]　神崎清：《吉冈弥生传》，第261—262页。

生不需参加国家考试即能直接成为医生。"女子医专的权威得到了国家的认可，女子医专的社会地位也因此而稳定了。"[1]

学校的经营开始进入了平稳发展期。入学申请者成倍地增加，每年学校都会给社会培养出 100 名左右的女医生。弥生过人的能力也得到了世人很高的评价。1939 年，弥生应邀前往欧美各国考察医学教育，以此为契机，弥生把东京至诚医院转让给了义弟吉冈正明，开始从临床诊疗上引退。这不仅是由于社交活动增多的原因，而是弥生认为自己年岁已高，避免造成手术失误，从"医生的良心"来考虑应该及时引退。

女医学校从最初的 4 名学生开始发展，历经艰辛，终于确立了女医培养总部的地位。1952 年，女医学校成为新制的东京女子医科大学一直延续至今。1959 年，为日本培养了 7000 余名女医的"一代女杰"吉冈弥生结束了她 88 岁的生涯。

1958 年，新制东京女子医科大学开设了医学的硕士课程，1975 年开设护士短期大学，并于 1977 年改称为附属护士学校。1992 年，女子医科大学相继开设附属东洋医学研究所和附属青山医院。2002 年，又设立护士硕士课程，并于 2004 年获得该学科的博士授予资格。2005 年和 2008 年，女子医科大学分别成立国际综合医学科学协会（IREIIMS）和先端生命科学中心，成为引领医学前沿的先锋。

东京女子医科大学作为现今日本唯一的女子医科大学，它发展历程在日本医学史乃至日本女子教育史上都有着划时代的意义。它的诞生开创了日本培养女医生的新纪元。东京女子医科大学的前身——东京女医学校自创办以来，几经波折，但在创始人吉冈弥生顽强的意志和不断创新的教育理念下，终于迎来了大发展的新曙光，为社会输送了大批有用人才，实现了它的社会价值。

---

[1] 神崎清：《吉冈弥生传》，第 278 页。

3. 女医生的诞生及影响

日本女医生的记载可以追溯到日本的上古时代，但真正现代意义上的女医生是在德川幕府时代。当时的日本受到西方兰学的影响，出现了新型女医的萌芽。但是日本医学史上第一名女医生的诞生却是在明治维新后的 1884 年。

荻野吟子在 1884 年敲开了参加国家医生开业资格考试的大门，并顺利地通过了考试，成为日本医学史上第一名女医生。[①] 荻野吟子作为日本近代女医的先驱者，开创了女性成为女医的道路。但是当时医学校的大门对女性却仍然是关闭的。这时，日本的第三位女医生高桥瑞子充当了开启医学校之门的先锋。1884 年 12 月，她来到东京本乡的济生学舍门口，站了三天三夜，终于感动了校长长谷川泰先生，获得了入学资格。从此，医学校的大门向女性打开，为更多有志于成为医生的女子开辟了道路，从而把女医的发展推向了一个新的阶段。

但是当时女子学习医学的现状还是不容乐观。日本官立的医学校只招收男生。而私立医学校，当时东京只有两所——济生学舍和成医会讲习所（慈惠医学校的前身）。成医会讲习所只招收个别女子，所以当时能招收女子的医学校只有济生学舍一所。但之后，济生学舍因为种种原因而关闭了。这就意味着如果没有医学校招收女子的话，女医将频临灭绝。

在这个关键时刻，吉冈弥生挑起了这份培养女医的重担。1900 年，吉冈弥生创办的东京女医学校正式开学，成为近代日本最早的女子医学校。之后，学校不断扩充，学校的学科设置得到不断整备和完善，1952 年顺利成为东京女子医科大学，成为日本唯一的女子医科大学，延续至今。据统计，东京女医学校从诞生起到女子医科大学成立，送出了 4420

---

① 《女医诞生五十年》，吉冈博光监修：《吉冈弥生选集》（第 1 卷），第 102 页。

名女医生。[①] 这个数目在今天来看也许不算什么，但是在女医的培养和发展过程中，却有着极其重要的价值和意义。

吉冈弥生挑起了培养女医的重任，创办了当时唯一的女医学校，同时还进行了广泛的社会活动。1930 年，东京女医学校成立东京女医学会。东京女医学会是面向日本全体女性医生的机关。它的机关杂志是《东京女医学会杂志》。这个学会的宗旨是女医齐心协力，紧跟医学发展的最前沿。日本女医会会员从设立时的十几人发展至现在的 1750 人，拥有儿童支援委员会和长寿社会福利委员会两个组织，规模日益扩大。

日本女医自 1884 年诞生以来，虽然培养女医的学校非常之少，但它还是不断地向前发展，女医的数量如下图所示，也在逐年增加。

表 6.1 日本女医数量统计（1885—1935 年）[②]

时间	人数
明治十八年（1885）	1 人
明治二十三年（1890）	7 人
明治二十八年（1895）	35 人
明治三十三年（1900）	50 人
明治三十八年（1905）	80 人
明治四十三年（1910）	120 人
大正四年（1915）	306 人
大正九年（1920）	486 人
大正十四年（1925）	1032 人
昭和五年（1930）	2807 人
昭和十年（1935）	3200 人

女医的数量在不断增加，那么她们的社会就业动向又是如何呢？以东京女医学校为例，我们来看一下女医的职业选择去向。东京女医学校每年大概要送出 130 名毕业生，其中大约有 40 名学生会继续留在本校进行研究工作，还有 50 名左右的学生会成为大学或红十字会的研究生，

---

① 《这十年间》，吉冈博光监修：《吉冈弥生选集》（第 5 卷），第 146 页。
② 《女医诞生五十年》，第 106—107 页。

剩下的 40 名学生则进入医院就职。进入医院就职的学生有一部分是到地方医院，而有一些则是回到家乡自己开办诊所。1935 年左右，东京女子医专的毕业生人数已经达到了 3000 余人，就职于全国各地。她们经常会邀请弥生到她们的就职地举行演讲活动，扩大女医的影响。那时，东京女医学校还把毕业生派往海外，从事合作医疗活动。最早派遣女医是在 1916 年。那一年，缅甸和日本、中国共同开发橡胶栽培事业，东京女医学校选出了 2 名女医和 2 名护士，前往缅甸。16 年后的 1932 年，2 名女医才回到日本，而另外 2 名护士还继续留在缅甸从事医疗活动。1916 年和 1923 年，女医学校还分别向缅甸和泰国的和平医院送出了毕业生。到 1935 年派往国外的女医数量分布如下：中国 67 名、欧美 8 名、缅甸和暹罗国各 1 名。[①]她们都为当地的医疗事业做出了自己的一份贡献。

1935 年，相关国际组织对世界各国拥有的女医数量进行了统计，其中美国 8000 名；英国 5000 名；日本居于第三位，3000 人，她们基本都是东京女子医专的毕业生。这 3000 人中有三分之一是独自开办诊所，她们的诊所分布日本全国各地。此外，还有一些人在医学领域里继续从事研究活动。从送出第一名毕业生起经历了将近三十年的发展后，弥生看到数据的变化，终于自豪地说道："现在我们国家拥有四十多名女性医学博士，三千多名女医生，可以名列世界第三位了。"[②]

日本女医的产生和发展，有着极其重要的社会意义。它的出现，打破了男医主宰医学的传统局面，是医学史上的一次大变革，而且女医在妇产科的出现，受到女性的极大欢迎。女医发展的重要意义首先在于医生成为女性的一份高尚职业，为女性进入社会实现独立自主创造了有利条件和成功模式。

日本女医的大量出现离不开东京女医学校的精心培养，更离不开吉

① 《女医诞生五十年》，第 108 页。
② 《女医诞生五十年》，第 110—111 页。

冈弥生本人的终生奉献。吉冈弥生一生致力于女医培养事业，她的功劳也得到了社会的极大认可。弥生曾获得皇室颁发的叙勋六等、五等绶带瑞宝章和四等绶带宝冠章，死后还被追赐二等绶带瑞宝章，享有极高的社会荣誉。[1] 1998 年，美国举办了"医学领域杰出贡献的女性"展览会，对世界各国数十名女性医疗工作者进行了表彰，其中包括居里夫人等名人，吉冈弥生也被选中，她的照片和事迹一同出现在展示台上，受到后人的瞻仰。[2]

二、津田梅子与女子英学塾

1. 津田梅子的留学生涯和办学经历

津田梅子（1864—1929），日本明治·大正·昭和时期的女教育家。今津田塾大学的创始人。她深受西方教育的影响，尤其主张实施个性教育，对女子进行专门技能的训练，施以真正意义上的女子高等教育，并由此创办了女子英学塾（今津田塾大学的前身），开创了近代日本女子高等教育的先河，在日本教育史和日本女性史上具有里程碑式的意义。[3]

津田梅子的教育理念与其留学经历关系重大。她在 8 岁时就赴美留学，是日本最初 5 名女留学生中年龄最小的一名。而且在美国一待就是 10 年，她的学生时代都是在美国度过的，所受的教育是典型的西方教育，这对她日后的教育理念产生了深刻的影响。

1872 年，津田梅子进入华盛顿的卡勒吉恩顿（Collegiate）小学学习。小学时代的梅子学习刻苦，成绩优良。这一时期发生在梅子身上最重要的、也是影响了她的一生的事情：1873 年受了基督教洗礼。之后，基督信仰成为梅子生活的精神支柱。后来正是大量海外的基督教友人，强有力地支持着梅子的教育事业。梅子在美国愉快地度过了她长达 10 年的

---

① 圆地文子编：《人物日本的女性史》（第 12 卷），第 256 页。
② 吉冈弥生：《爱和至诚的生活》，东京：日本 NTT 出版，2005 年，第 265 页。
③ 吉川利一：《津田梅子传》，东京：津田塾同窗会，1956 年，第 353 页。

留学生活。

1882 年秋，津田梅子回到横滨。那年 18 岁。归国后的梅子很不适应日本的生活。不大会说日语的她感觉自己像是个外国人，而且她对日本社会中男女地位的差别很是吃惊，觉得必须为改变女性的社会地位做点什么。也就从那时起，梅子有了创办"以高等教育为目的的女子学校"和"贫穷的人也能读的女子学校"的想法。

在伊藤博文的推荐下，1885 年 9 月，梅子就职于华族女学校。但在四年后的 1889 年 7 月，梅子踏上了第二次求学的征程。在普林斯顿大学，梅子作为选修科学生攻读生物学。1892 年，梅子返回日本，继续在华族女学校任教。1898 年开始，梅子兼任女子高等师范学校的教授。同年 6 月，梅子作为日本妇女代表出席在美国举办的世界妇女联合大会。大会之后，梅子应邀前往英国考察。美国和英国女性的活动状况，以及和海伦等世界杰出女性的交流，使梅子最初的志向及帮助地位低下的日本女性改变现状的决心越发坚定。

1899 年 2 月，日本政府颁布《高等女学校令》，规定各府县必须设立至少一所公立高等女学校。同年 8 月，《私立学校令》出台，允许私立学校的存在。这些法令的颁布，使高等女学校的数目飞速增加，同时也把发展女子高等教育推上了日程。当时的女子高等教育机构只有以培养教员为目的的女子高等师范学校，一般性的女子高等教育的学校还没有。在这种背景下，梅子决心创办女子英学塾。

1900 年 7 月，梅子辞去了华族女学校和女子高等师范学校的教授职务，开始着手创办女子英学塾。9 月 14 日，女子英学塾在麴町区一番町十五番地的校舍举行了开学典礼。学校成立后一直发展顺利。由于一番町的校舍太过狭小，1902 年秋，搬入麴町区五番町校舍，女子英学塾终于初具规模。

搬入五番町后，女子英学塾开始进入它的稳步发展期。女子英学塾由最初的 10 名学生，经过三年的发展，增加到 50 多名学生。1903 年，在五番町的新校址，迎来了女子英学塾的第一届毕业典礼。毕业生共 8 名。在典礼上为她们举行了隆重的毕业证书颁发仪式。伯爵大隈重信、大山舍松等来宾出席了典礼并致辞。大隈重信发表了题为"关于受过教育的现代女性的觉悟"的演说。他对津田梅子独特的教学方式大加赞赏，认为这种针对学生的个性教育是有益的，对女子英学塾的成绩表示了肯定。[①]

2. 津田梅子的教育理念与女子英学塾的办学方针

津田梅子在女子英学塾的教育过程中，提出了她的专门技能教育理念，主张针对女性特点实施英语等专门技能的训练，培养学生的自信心和独立性以及对学问的独立研究精神，注重针对学生的个性因材施教，不仅为近代日本培养了大批优秀的英语教员，还拓宽了女性的就业领域，引领了一批新职业女性的诞生。

津田梅子的专门技能训练理念

津田梅子的女子专门技能教育理念强调掌握英语的重要性，围绕英语专业学科，对学生进行的专门训练，旨在培养女学生作为英语教师的技能。所以可称之为专门技能训练理念。

（1）英语、西方文学的专修

女子英学塾教授专门的学科——英语和西方文学，让学生们通过文本阅读深刻理解欧美思想。津田梅子认为，培养能适应日本新生活的女子的最佳办法就是，让她们了解西欧最好的思想，而英语是开启这扇大门的金钥匙。

在津田梅子看来，外语是提升日本女性素养、塑造独立人格的最好途径。掌握到熟练的英语，她们就获得了理解西方现代思想的一块瑰宝——可以扩展视野，了解欧美知识女性的生活方式和观念，通过自身

---

① 龟田帛子：《津田梅子：一位名师的轨迹》，东京：双文社，2005 年，第 212 页。

的不断内省，从而达到积极进取的目的。

（2）英语教员的培养

女子英学塾的教学科目主要是英语和西方文学，而教授这些科目的主要目的是培养女性素养。在这个意义上，女子英学塾的教育可以说是一般教养式的教育。与此同时，梅子又在此之上添加了职业教育，致力于培养中等学校的英语教员。那时日本的女子教育界，不管是女子高等师范学校还是专门的女子学校，没有一所学校是专门培养中学英语教员的。梅子注意到了这一点。但当时的社会舆论一般都不认同知识女性到社会上去工作。认定工作是男性的责任和权利，女子封闭于家庭，抚养子女就足矣。甚至还认为在外面工作是女性的耻辱。梅子认为通过输送毕业生到中等教育界，不仅可以打破这种谬论，还可以普及英语教育，提升日本文化的质量。

（3）独立研究精神的培养

津田梅子要求入塾的学生要具备认真、热心的研究态度，时刻保持旺盛的求知欲。她认为，学习的目的不仅仅是获取知识，还必须锻炼求知的精神力和意志力。这里她所指的精神力，是理性，即逻辑推理的能力；是判断力，即客观评价事物的能力；是意志力，即拥有独立评价道德价值并实现自我价值的能力。在日常的训练中，梅子总是鼓励让学生自主、自发地去行动，遇到难解的事情时，则让她们自己去证明自己的实力，养成独立自主的判断能力。

（4）个性教育的实施

津田梅子认为，真正的教育应是按具体学生的个性来实施的，所以她限定每个班级只能是二三十人，她的口头禅是："学生少才能照顾周全"。她在《会报》创刊号上说：[①]"我们没有招收很多学员，因为我

① 津田梅子：*Introductory*，《会报》创刊号，东京：女子英学塾同窗会，1905 年 6 月。

们相信，真正的教育应是与个性相连且是满足个性所需的，而当我们数量少时，才能很好地实现这一目标。"

学生人数少会影响到塾的经营，这一点梅子很清楚，但这并不能改变她的教育主张。英学塾成为专门学校的 1904 年，全校人数仅为 65 人，到梅子生病的 1919 年，人数只有 180 人，15 年的时间人数只增加了 125 人，平均每年的增加人数不足 10 人。而且，女子英学塾创立后 17 年间的毕业人数只有 236 人。[1] 从这些数字来看，赋予梅子"教育事业中之贵族主义者"的称号是当之无愧的。[2]

女子英学塾的办学方针和特色教育

女子英学塾自创立起，一直贯彻津田梅子的专门技能训练理念，以英语专业教育为主实施女子高等教育，并通过家庭式的个性教育，培养学识渊博、品性高尚、独立自主的女性，从而形成了具有自己特色的教育方针。

1900 年，女子英学塾创立初的规则中，就明确提出了学塾的设立目的和办学方针：①本塾对有志于专修西方文学或成为英语教员的女性，进行必备学科的教授为目的；②本塾以家庭式熏陶为宗旨，塾长及教师与学生一同居住，日夜进行温情感化，力求培养才识渊博、品性高尚且身体健全的女性。[3] 根据学生的特殊情况允许走读。

按照既定的教育目的和方针，女子英学塾进行了充分的学科设置和课程安排。在女子英学塾的创立规则中，我们可以看到它的学科课程情况：

---

①② 吉川利一：《津田梅子传》，第 362 页。
③ 津田塾大学创立 90 周年纪念事业出版委员会编：《津田梅子与塾的九十年》，东京：津田塾大学，1990 年，第 31 页。

表 6.2 女子英学塾学科及课程表 ①

学年	第一学年			第二学年			第三学年		
	一学期	二学期	三学期	一学期	二学期	三学期	一学期	二学期	三学期
必修科	英语	同上	同上	英语	同上	同上	阅读英文学	同上	同上
				英语	同上	同上	作文修辞学	同上	同上
	英语	同上	同上	英文学	同上	同上	英文学	同上	同上
				心理学	同上	教育学	英语教授法	和文英译	
选修科	国语	同上	同上	英文学	同上	同上	英文学	同上	心理学
	汉文	同上	同上						同上
	古代史	同上	同上	历史	同上	同上	历史	同上	同上
	近代史	同上	同上						

（备考　必修科和选修科的周课时总数为 15 和 16 小时。比如，第一学年必修科是 10 小时，根据本人的学力必须再选修两科目）

从前面的课程安排中可以看出，英语所占比重很大，突出了专门教育的特点。在科目中，英语、英文学、心理学和教育学都是必修科目，国语、汉文、历史和英语诗歌等为选修科目。梅子主要讲授英语语法、英语阅读、英语作文、英语诗歌和英语教授法等课程，每周有 14 个小时。这些都是基础学科，学塾对这些学科投入力量很大。

同时，为了不让学生有偏科的现象，学塾规定，周五下午三点半到四点半为时事问答课。而且隔周有一次严本善治的道德演讲。1901 年 2 月底到 3 月初，刚回到日本的新渡户稻造在女子英学塾连续作了三次有关他的著作《武士道》的演讲。此外，还有课外英语和唱歌等课程。

学塾创立时只有三个班级：本科一、二年级和预科班。本科学制三年，

---

① 津田塾大学创立 90 周年纪念事业出版委员会编：《津田梅子与塾的九十年》，第 30—31 页。

预科两年。后来，学校又设置了别科。1903 年，日本文部省的专门学校令出台。女子英学塾以此为标准制定了新规则，并于次年 3 月取得了专门学校的认可。在新规则中，增设了一个师范科，每周的英语课时增加到 12 小时至 16 小时。此外，还添加了伦理学、教育学、心理学、历史、体操等科目。这时候的女子英学塾在教学内容的设置上，已渐趋完善。1904 年 9 月，女子英学塾获得了成立社团法人的许可，次年 9 月又成为第一个获准直接培养英语教员资格的女子学校。

在这种独具特色的教育下，女子英学塾学生们的英语达到了很高水平。在每年的英语剧汇演中都有出色的表演，而且通过英语教员认定考试的合格者也越来越多，她们的英语水平得到了社会的肯定。社会上就出现了"英学塾的英语很纯正，是正宗的英语"之类的评语。[①] 学塾的师生们在 1931 年出版了一本《津田英语教科书》，作为女学校专用书。该书社会反响很大，全国有 150 多所学校都采用它作为英语教材，到 1940 年，采用该书作为教材的学校多达 302 所，这是女子英学塾对日本中等教育所作贡献的具体事例之一。[②] 女子英学塾的毕业生分布在日本全国各地，绝大部分从事了女子学校英语教员的职业，而且获得了社会好评。

女子英学塾进入稳步发展期，但梅子的身体状况却大不如前。1919年，身体欠佳的梅子提出辞职，由辻松担任塾长（校长）代理。随着入学者的年年递增，1922 年 10 月，女子英学塾在东京郊外的小平村购买了 25000 坪土地作为新校址用地。1933 年，女子英学塾改名为"津田英学塾"。1943 年，学塾在设立理科的同时，又把校名更改为"津田塾专门学校"。1945 年，随着新学制的改革，学塾取得了设立大学的许可，成为"津田塾大学"，重新设置英文学科。1948 年又增设数学科，并把英文学科和数学科合为学艺学部。从此，津田塾大学的发展更是突飞猛

---

① 吉川利一：《津田梅子传》，第 261 页。
② 津田塾大学创立 90 周年纪念事业出版委员会编：《津田梅子与塾的九十年》，第 144 页。

进。1963 年，津田塾大学设立英文学科的硕士课程，两年后，取得了英文学科的博士授予资格，并设立数学硕士课程，于 1972 年取得数学的博士授予资格。1974 年，新设国际关系学科的硕士课程。次年 3 月，取得了国际关系论的博士授予资格。1988 年，津田塾大学又成立了数学和计算机科学研究所，不断扩展学校的教学研究领域。如今，津田塾大学已经成为拥有众多世界先进水平的学科队伍和研究机构的国际性大学。

3. 女子高等教育的"先行者"

津田梅子创办的女子英学塾率先通过专门学校的资格认可，从而在日本历史上实现了真正意义的女子高等教育。虽然日本近代的女子高等教育的实际水平还只是停留在中等教育的程度，并没有完全达到严格意义上的高等教育程度，但是津田梅子的女子英学塾却第一个突破了既有框架，首先向女子高等教育迈出了坚实的一步，津田梅子由此也成为日本女子高等教育的先行者。[①]

津田梅子的高等教育观

通过英语和西方文学的学习，掌握专门知识，提高自身修养，从而开阔女性视野，认识到妇女与生俱来的社会责任，获得参与社会活动的实力——这就是津田梅子的高等教育观。但是她进一步指出，仅仅做到这一点，高等教育的任务并没有全部完成。日本女性还必须锻炼自己的精神力，养成决断力，增强意志力，成为具有自主思考能力、自主行动能力的人。只有具备如此基本能力的女性，在获得高等教育后，才能真正发挥她的价值，"我们的目标就是尽可能在质量上实现高等教育"[②]。

津田梅子在创办英学塾时就确定了实行女子高等教育。当时日本实行女子高等教育的学校，官立的只有女子高等师范学校（1890 年 3 月），但它只侧重于师范教育，不是真正意义上的高等教育学校。而私立的还

---

① 平塚益德：《以人物为中心的女子教育史》，第 185 页。
② 津田梅子：*Introductory*，1905 年 6 月。

没有，在女子英学塾创立后，才陆续出现了两三所：女子美术学校（1900年10月）、东京女医学校（1900年12月）和日本女子大学校（1901年4月）。津田梅子率先把目光投向于这一教育盲点，创办了以真正实现高等教育、陶冶人格为目标的女子高等教育学校，走在了女子高等教育学校的前列。

津田梅子的高等教育思想，还含有女子的教育水准必须达到与男子同等程度的主张。梅子认为，男女教育程度的不均衡是社会制度不健全导致的。受过美式高等教育的梅子回到事事以男性为中心的日本，对每件事都觉得不合理，痛感日本妇女生活的悲惨。但她坚信，解决这种状况的唯一办法不是简单的呼吁和呐喊，而是切切实实提高妇女自身的修养、才能和品格。对于有的女权论者所采取的反抗男性的态度，她认为并不可取。她曾这样说道："无论身处何方，在能力、勤奋和品性方面优秀的人都会是胜利者，而又何必去空喊机会均等呢？"[1]

此外，津田梅子的高等教育观中处处渗透着基督教教义的影响。她曾经指出，女子高等教育中意志力的锻炼离不开宗教基础，特别是基督教精神。她还强调，如果在培养自信心、自发性和意志力的时候缺乏宗教支撑，特别是缺乏基督教精神的话，我们就很容易成为目空一切的利己主义者。可以看出，梅子以女子高等教育为手段，一生不断追寻和努力，最终的目标是要培养出符合基督教教义的"完整人格"。

专门学校的认可和高等女子教育的确立

1902年秋女子英学塾移入新校址五番町后，迈出的第一大步就是被认可为专门学校。据日本文部省统计，1900年全国实施法律、工业、农业和商业等专门教育的学校共48所，其中官立的有3所，公立的有4所，私立的是41所（技能学校除外）。[2] 从数量上来看，这时的专门学校已

① 吉川利一：《津田梅子传》，第361页。
② 津田塾大学编：《津田塾60年史》，东京：津田塾大学，1960年，第86页。

经为数不少了，但却没有颁布专门学校令。这是因为专门学校的基础教育还不十分完备，而且当时有的专门学校对没有经过基础教育阶段的学生就直接实施专门教育。

随着高等普通教育的广泛普及，1903 年 3 月，日本颁布了专门学校令，规定专门学校获得政府许可才能经营。所以，在专门学校令颁布当年的 12 月份，女子英学塾就递交了设立专门学校的认可申请，并在申请书后面添付了《女子英学塾规则》，确定"女子英学塾主要以教授女子英语等高等专门知识为目的"①。

专门学校令中最重要的一条就是关于入学资格的规定。因此，女子英学塾在提交的新《规则》中，对入学资格作出了新规定："年满十六岁的女子且为学制四年以上的高等女学校的毕业生，或是依据专门学校入学者认定规定，通过了同等学历认定的人或通过了中学校毕业程度的英语入学考试的合格者。"②同时，学习科目也进行了修订。在必修的英语之外，伦理学、国语汉文、历史、心理学、教育学、言语学和体操也都成为了必修科目。另外，新的规则中还写道："在鉴定学生的学习能力后，允许她们把音乐、图画、裁缝、论理学、社会学、法制经济、美学作为随选科目进行选修。"

1904 年 3 月 17 日，女子英学塾获得了设立专门学校的认可。当时，被认可的私立女子学校只有两所：一所是 2 月份通过的日本女子大学校；另一所是同为 3 月份通过的青山女学院英文专门科。我们可以看出，在女子高等教育领域中，女子英学塾的教育水准是处于领先地位的。1904 年 5 月，也就是女子英学塾获得许可的两个月后，女子英学塾递交了直接培养英语教员的资格申请书。她们希望新设立的师范科的毕业生可以获得免试教员的资格。1905 年 9 月，女子英学塾获得了该项许可。在日本，

①②　津田塾大学编：《津田塾 60 年史》，第 87 页。

女子英学塾是第一个获得这项资格的女子学校。而且直到1923年3月，日本女子大学校的英文学部才成为第二个获此资格的女子学校。整整19年的时间，这个直接培养英语教员的资格都由女子英学塾一家独享。对女子英学塾这所私立学校而言，是一种莫大的殊荣，也是日本教育机关对该校教育成绩的肯定和信任的反应。

女子英学塾创立的初衷就是为培养有志于成为英语教员的日本女性。现在这个目标终于达成。1909年3月，师范科的第一届毕业生中有4人获得了免试教员的资格，他们成为最早享受这个资格的学生。在此之前，22名本科毕业生中有11名，26名选科毕业生中有4名，以及1名师范科毕业生，共49名毕业生中有16名通过教员的鉴定考试。[①]

专门学校的认定和教员免试资格的获得，不仅实现了女子英学塾创立的初衷，而且证明了女子英学塾的教学实力。这是女子英学塾从创立起就朝着女子高等教育这个目标奋斗的成果。在这个意义上，津田梅子和她的女子英学塾堪称日本女子高等教育的先行者。1997年，日本政府发行了"私立女子高等教育创始100周年"的纪念邮票，采用了津田梅子、吉冈弥生和成濑仁藏三人的肖像，[②]以纪念她们分别创办女子英学塾（1900年7月）、东京女医学校（1900年12月）和日本女子大学（1901年4月），开创了日本女子高等教育的新纪元。

第二节　中国的女教育家与女子职业学校

女子职业学校在中国的发端晚于普通学堂。1907年颁布的《学部奏定女子小学堂章程》和《学部奏定女子师范学堂章程折》正式承认了女

---

① 津田塾大学编：《津田塾60年史》，第91页。
② 渡部蓊：《日本女子高等教育的历程》，转载日本女子大学女性历史文化研究所：特集《"男女共学"的历史和现在Ⅱ》，2005年，第11页。

学的合法性，但并未涉及女子实业或职业学校。所以在民国建立以前，中国仅有少数女子职业学校创建，如 1907 年上海公立幼稚舍附设的保姆传习舍、1908 年徐一冰等人在上海创办的中国女子体操学校和 1909 年江宁府一所由私人开办的女子美术专修学堂。[①] 1913 年，中华民国教育部颁布《实业学校规程》，正式规定各地根据本地情形，设立女子职业学校，由此女子职业学校的数量迅速增加，至 1919 年，全国共有职业女校 20 所。[②] 其中也有不少女教育家们创办的女子职业学校，或是女子医学校，或是女子美术学校，以及各种妇女传习所，为中国女性实现独立和自主奉献自己的力量。

一、张竹君、金雅妹与女医学校

1. 张竹君与上海女子中西医学校

张竹君不仅是中国女性自办女医学校的第一人，也是中国妇女解放运动的先驱人物之一。她倡导女权，推崇新学，常发表演讲，批评时政，曾创办多所医院，致力于社会公益事业，并创立多所女子学校，推动女性社会教育的发展。

张竹君其人

张竹君（1876—1964），广东番禺人，是我国最早创办医院的女医生之一，亦是著名妇女活动家。1898 年，她以优异成绩毕业于博济医院附设之南华医学堂，留医院任职两年[③]。张竹君医术精湛，尤擅演讲和交际，言论行事在当地颇引人注目。

1901 年，张竹君在徐佩萱的资助下，在西关荔枝湾畔创办褆福医院，这是广东第一所国人自办的西医院。两年后，又在珠江南岸的漱珠桥侧

① 陈学恂：《中国近代教育大事记》，上海：上海教育出版社，1981 年，第 200 页。
② 据《教育部公布全国女子职业学校一览表》（1919 年），中国第二历史档案馆编：《中华民国史档案资料汇编》第 3 辑《教育》，南京：江苏古籍出版社，1991 年，第 439—440 页。
③ 陆丹林：《广东女志士张竹君》，《广东文史资料》（第 34 辑），广州：广东人民出版社，1982 年，第 164 页。

创办南福医院。这两所医院专为平民治病。她还在医院内设立基督教福音堂，除了传教布道外，定期举办演说会和讨论会，议论时政，倡导新学，提倡女权，一时间成为广州市新派人物和知识分子聚会的中心。

1904年2月，日俄战争爆发，绅商沈敦和在上海创设万国红十字会。4月初，张竹君被广东医界举为代表，到上海随该会赴战地救护无辜受害的中国人。之后，张竹君留在上海，不久被聘为爱国女学校舍监，并兼任女子手工传习所的传习师。后因学生人数增加，传习所迁至沪北江湾，改名广东育贤女子工厂分院。不久再迁新各路胜业里，改名育贤女工业学堂（简称育贤女学堂），于次年2月23日开学。由于学校管理出色，一时声名远扬。

1907年，张竹君加入中国同盟会。辛亥革命爆发，她发起成立中国赤十字会，组织、率领120名救护队员前往武昌，并掩护革命党人黄兴，宋教仁随队同往。中华民国临时政府成立后，曾授予张竹君立国纪念勋章、赤金红十字军功勋章及中华民国忠裔纪念章，以表其功。其后在上海疫病流行期间，张竹君募款设立时疫医院，施诊给药，救死济危。1919年山东饥荒，又奔赴灾区组织开展赈灾工作。上海淞沪战争中，张竹君虽年事已高，仍积极参与救伤工作。晚年的张竹君虽淡出社会，但一直从事着医疗事业，任教于助产学校或偶为人治病，直到1964年在上海去世。

张竹君的女子教育理念与女医学校的创办

受到西方资产阶级文化的熏陶，张竹君极力倡办女学，宣传新思想。张竹君曾著《妇女的十一危难事》一书，揭露清朝妇女在封建枷锁压迫下的卑贱地位，鼓动妇女起来追求自身的解放。在她的激励下，广州的一些妇女走出家门，热情参加社会活动。[1]1904年，张竹君在上海的爱

---

① 易建萍：《"巾帼伟人"——张竹君》，广东博物馆网站：http://www.gdmuseum.com/research_text. php?blogid =460&classidA=1。

国女学校她发表了长篇演说，阐述了自己的女子教育理念。她说："中国之危，于今已极，扶颠定倾，吾人之责，下手先着，舍教有莫由。""欲言救国，必先教育；欲先教育，必先于女子。" 认为女子教育是救国教育之首要。张竹君还特别强调女子应该自己创办学校，"吾辈女子夙昔潜处于男子肘腋之下"，今欲"求解脱"而不自谋"独立"，就像"航断港而求达于海，终于无功而已"。因此，"女子所宜先者，则首立自爱，次则肆力学问，厚结团体"。①

张竹君还主张女性不能光是依靠男性而生存，应该通过"求学""合群"的方式学会自立，学习医学和其他职业的相关知识，强调女性实业教育的重要性。她曾说："故欲救空论，必与实业。且女子苟能治实业，即为自立之首基。"进而，她又在《张竹君演说词》中阐述女性学习卫生常识的必要性，"凡人之生，苟衣食丰足，不求外给，断无仰手向人，以献殷勤之侧媚。女子必涂其面发残害身体而不顾，但求媚于男子者，正以己无生业，一切养生之事皆依赖于男子，苟离男子即不能自立，不得不以可怜之身为侧媚之态。女子汲汲讲求卫生，汲汲从事工业，以求自强，以求自养"，认为"以卫生及手工等事为女界建设之基本"，如此方可"与男子获同等之权利"。②她还在《卫生讲习会演说》中具体阐述了卫生学的重要性："人不知卫生则体魄必弱，体魄者，精神之宅也，体魄弱精神亦随之而弱，而求学治事悉不能达其希望，故卫生之学不可忽也"。③张竹君从职业的角度鲜明地提出了自己的女子教育理念，在当时女子职业教育还处于萌芽阶段，无疑是高瞻远瞩的表现。她对于女子实业教育的倡导，为女子教育的发展指明了方向，使女性实现自立的目标更为明确。由此，张竹君名声大振，被誉为"女界明星""女界

①　《新民丛报》，第7号，1904年。
②　《张竹君演说词》，《警钟日报》，1904年5月25日。
③　《卫生讲习会演说》，《警钟日报》，1904年5月30日。

救国之伟人"，甚至直称她为"妇女界之梁启超"。[①]

在这种女子教育理念下，张竹君相继创办和管理了育贤女学、育贤女工厂、上海女子中西医学校、女子实业学堂、女子兴学保险会等。1901 年，张竹君还在广州时就创办了育贤女学，成为当时广东女学的先驱之一。1902 年又与杜清持等女士一起创办私立公益女学。

1904 年，张竹君在上海不仅管理着育贤女学堂，同年 11 月，她在上海创办女子中西医养病院，自任院长。不久又设立派克路诊所。1905 年，张竹君与李平书合办上海女子中西医学校，是由中国女性自办的第一所女子医科学校。该学校设女医科，学制 6 年。李平书授中医课，张竹君授西医课，校址在派克路（今黄河路）。1909 年，上海医院成立，张竹君被推举为监院（院长）。张竹君还在其住所开办一卫生讲习会，除星期日外，每天下午 4 时至 6 时，由她宣讲"缠足""粉黛"对女子身体的危害及有关卫生知识。

她在创办女子兴学保险会时还规定入会女子，如生活有困难者，将酌助学费，并送往女子实业学堂学习手工，对于偶染疾病或因以致废疾者，将入住本会所设医院就治，医疗费全部免收。这行为，一时成为社会开明人士的美谈。

张竹君因倡办女学，鼓吹新思潮，受到学界的诸多赞誉。1905 年 1 月 4 日的《警钟日报》刊登《女子自立集序》，称赞张竹君："彼亦一弱女子也，而能游学海外，注意实业，虽不知其为人，但有此扶植女界之苦心，亦足多矣。"[②] 次年 1 月 16 日的《警钟日报》同样刊登了一篇名为"中国实业界之扩张"的文章，将张竹君创办女学和提倡实业之举，与近代实业家张季直相提并论："近日所可推为实行家者，于男界得一人也，曰张季直。于女界得一人也，曰张竹君。二君者，所成就之事业，

---

① 冯自由：《女医士张竹君》，《革命逸史》（第 2 集），北京：中华书局，1981 年，第 37 页。
② 《女子自立集序》，《警钟日报》，1905 年 1 月 4 日。

其大小虽不同，然以所处之境论之，季直易而竹君难。盖季直置身通显，居高而呼，所谓长袖善舞也。竹君不过一弱女子，既无财力，又无辅助，而亦能振臂一呼，大江南北之女界为之响应，咸知研究实业，以自谋其身计，其功岂在季直下哉。"[①]对张竹君的女子实业教育的理念和实践给以了高度评价，这也是张竹君的女子教育实践活动对当时社会产生的影响的真实写照。

2. 金雅妹与北洋女医学堂

金雅梅，近代中国第一位女留学生。1881 年留学美国，1888 年归国从医 20 载，1907 年，她担任北洋女医院院长。次年又创建中国第一所公立护士学校——北洋女医学堂，亲自执鞭任教，潜心致力于医学教育事业，献身于我国医务人才的培养工作，为我国近代医学教育事业做出了很大贡献。

金雅梅其人其事

金雅梅（1864—1934），原名金阿美，又名金雅妹、金韵梅，浙江宁波人，是中国近代第一位女留学生，也是中国第一所公立护士学校——北洋女医学堂的创立者，是我国护理教育的开拓者。

1864 年，金雅梅出生于浙江宁波一个基督教牧师家庭。不幸的是，在她 3 岁时，父母相继死于流行瘟疫，后由宁波基督教长老会的美国医生麦加梯博士（Dr.Mocartee）收养。1869 年，金雅梅随麦加梯博士先后远赴美国、日本接受教育。两年后又回到美国。1881 年，她考入美国纽约女子医科大学，在学校的 4 年里，她的学业始终名列前茅，并以班上第一名的成绩毕业。她精于显微摄影，1887 年在权威期刊《纽约医学杂志》发表了《显微镜照相机能的研究》等学术论文，受到医学界关注。此时，中国人对医学的理解，还停留在中医的"望闻问切"上，但金雅梅已经

---

① 《中国实业界之扩张》，《警钟日报》，1906 年 1 月 16 日。

成为美国医学界小有名气的女医生，曾应聘于费城、华盛顿、纽约等地的医院工作。1888 年，金雅梅怀着要将学到的先进医学科学知识和医疗技术报效祖国的愿望，毅然回到祖国，投身于医疗事业。她先后在厦门、广州、成都等地开设私人诊所，由于她医德高尚，深受病人欢迎，前去求诊者络绎不绝。

1905 年金雅梅再度回到祖国，先后在成都、上海等地行医，1907 年来天津，应聘出任北洋女医院院长。在担任院长期间，金雅梅为了培养医护人员，于 1908 年创办了天津的第一所护士学校，亲任堂长，招收贫寒人家女孩，培养了天津最早的一批护士。1916 年袁世凯逝世后，北洋女医院遂由天津绅士严修等人出面接办，金雅梅旋即辞去了院长与护士学校校长职务。

辞职离津后的金雅梅定居于北京，继续献身于医疗事业，培养医护人才，直至 1934 年因患肺炎逝世，终年 70 岁。北平协和医院一位英籍医生在一篇悼念文章中这样评价道："她是一位经历了如此之多的痛苦和不幸的女性。这个世界对她过去似太无情。更为重要的是，她竟因而为这个国家的孩子和工人的利益做了很多工作，直到生命的尽头。"①

金雅妹与北洋女医学堂的护士培养

北洋女医学堂是中国第一所护士学校，它的创立应追溯到北洋女医院的建立。1902 年，袁世凯出任直隶总督后，在天津创办了中国最早的公立女医院——北洋女医院（局）。院址在原东门外水阁大街 24 号（原天津水阁医院、南开区妇幼保健院）。该院借用天津育婴堂的一部分房屋，经费由天津海关按月拨给 700 元，不足款由医院诊费收入和官商捐助作补充。当时聘有许、戴二女医充当官医。1907 年，金雅梅受聘为北洋女医院的首任院长。她尽心尽力，把医院办得井然有序，一时声名远播。

---

① 《天津对近代护理事业贡献非凡》，津报网—天津日报，2008 年 1 月，http://news.sohu.com/ 20080105/n254475084.shtml。

在管理女医院的同时，金雅梅深感国内妇婴医疗条件的落后，决心创办一所女医学堂，培养女护士。经过努力，1908 年 8 月，袁世凯令天津海关拨银 2 万两，委托长芦盐运使张镇芳督办，由院长金雅梅创建北洋公立女医院（局）附设北洋（长芦）女医学堂。该堂由长芦盐运使司主管，金雅梅出任堂长兼总教习。这是中国第一所公立护士学校，开创了中国护士教育之先河。

北洋女医学堂借用老育婴堂址，金雅梅"于该处建筑讲堂、割症房、产科院各一所"。[①] 该学堂初招贫寒子女卢超远等 30 名，分产科、看护两科，以二年为修业年限。学生边上学边做卫生及初级护理工作。课程内容主要包括产科、看护科及通用药理、卫生、种痘等学科。教学方式上仿行西学，实行教学与实践相结合，学生除学习课堂讲授的知识外，还要在北洋女医局参加实习活动，以达到理论与实践相结合的目的。

金雅梅特聘通晓中文的英国女医生卫淑贞为实习教习，还于 1909 年特聘中国第一位护理专业女留学生钟茂芳任看护教习。金雅梅一人兼顾学堂、医局、广仁堂三处，还经常奉差外出，非常繁忙。即便如此，她还亲自授课，将在国外学到的近代医学科学知识，以及她行医二十多年中所取得的丰富的临床经验和诊断技术，都无私地传授给学生，因此深受学生们的欢迎和爱戴。

金雅梅还向欧美国家宣传北洋女医学堂，寻求国外援助。1911 年 1 月，她在赴美探亲期间，曾详细介绍了当时中国的医学教育，提出训练女护士是目前中国最迫切的需要。还表示她将到欧洲寻求帮助，希望在英格兰招募一批热心的女性，到中国从事与英格兰和其他地方"社区护士"[②] 一样的工作。[③] 这次出国，她还带了北洋女医学堂的一名女毕业生

① 哈恩忠：《清末金韵梅任教北洋女医学堂史料》，《档案学研究》，1999 年第 4 期。
② Dr. Kin Says Japan is America's Bitterest En-emy, *The New York Times*, April 16, 1911.
③ 田涛：《中国第一女留学金雅妹——《纽约时报》有关金雅妹的报道》，《徐州师范大学学报》（哲学社会科学版），2011 年第 3 期。

白秀兰（Hsui Lan Pai），并安排其在霍普金斯大学学习医学。[①]

金雅梅在主持北洋女医学堂期间，不仅引进西方先进护理技术和理念指导教学，还提倡妇女解放，参与社会服务。1910 年 11 月，北洋女医学堂送出何渊洁等 9 名首批毕业生，次年 10 月又有 5 名学生顺利毕业。[②]该学堂早期毕业生服务在各个医院中，以自己的行动使津门妇女率先告别"接生婆"时代，享受到西方先进的接生技术。

1916 年，金雅梅辞去院长与护士学校校长职务。至此，她在天津工作了将近 10 年，为天津医疗事业的发展做出了一定的贡献。离开天津后，金雅梅来到了北京，继续她的医疗事业。金雅梅经常利用业余时间带领医疗工作人员去北京市孤儿院进行试点，既给孤儿们送医送温暖，也呼请社会各界给他们以更多的关心。她还热情帮助和支持燕京大学社会部主办的清河实验中心的工作。

金雅梅作为我国最早的留美女大学生，回国后积极传播西方近代医学知识，悉心培养医务人才，无疑对我国医学事业的发展起过一定的促进作用。她终其一生"最大的兴趣始终是本国的卫生事业、国民健康、生命保障和营养问题"[③]。《纽约时报》曾称赞是"最卓越和最能干的女医学工作者之一"[④]，也是"当今世界最杰出的女性之一。她在自己选择的职业上取得了奇迹，是本民族进步运动的一位领袖"[⑤]。

二、秋瑾、唐群英与职业女校

1. 秋瑾与女子职业教育

秋瑾是中国近代史上一名业绩显赫的女革命家，妇女解放运动的先驱者，同时她也是一名优秀的教育工作者。秋瑾的教育思想和活动是与

---

① Chinese Women Doctors，*The New York Times*，July 21，1915.

② 哈恩忠：《清末金韵梅任教北洋女医学堂史料》，《档案学研究》，第 72、74 页。

③ Woman off to China as Government Agent to Study Soy Bean，*Times*，October 16，1904.

④ Foreign Department，*The American Journal of Nursing*，Vol11，No7，Apr. 1911.

⑤ Dr. Kin Says Japan is America's Bitterest En-emy，*The New York Times*，April 16，1911.

她所从事的革命运动紧密相连的。在革命过程中，她提出了兴女学，号召妇女们"自立""自活""合群"主张妇女通过学校教育，掌握职业技能，获得生存能力实现真正的妇女解放。

秋瑾其人其事

秋瑾，字睿卿，号竞雄，又号鉴湖女侠，浙江山阴（今绍兴）人，1875 年 11 月生于福建省闽县。秋瑾出身在家教开明的书香仕宦之家，幼年随兄读书家塾，好文史，能诗词，15 岁时跟表兄学会骑马击剑。1904 年，她怀着满腔热血，东渡日本求学。秋瑾到日本后，一方面刻苦学习，另一方面以更多的精力投入发起或组织各种小团体的活动，在革命活动中发展她的教育思想。她改组"共爱会"，其目的在于促进女子教育和女子留学工作的发展。这是秋瑾从事女子教育和妇女解放活动的初步尝试。

回国以后，秋瑾开始把创办学堂、进行教育实践同从事反清秘密革命活动结合起来。她一方面公开地教学办报，致力于教育，继续提倡妇女解放，同时又秘密地从事各种革命活动。1906 年 2 月，从日本回国到绍兴，她先在明道女学代了几天体育课，接着她又在绍兴建议设立学务公所，以促进绍属 8 县教育事业。1906 年 3 月，她来到吴兴县浔溪女校任教。同年冬，创办《中国女报》，宣传女学，倡导女权。

1907 年，秋瑾应徐锡麟邀清担任大通师范学堂的督办。秋瑾主持大通学堂之后，往返沪杭，运动军学两界，同时又到金华等地，联络龙华会、双龙会、平阳党等会党组织，先后动员组织了一百多名会党青年骨，安置在绍兴城内的体育会和大通学堂附设的体育专修科进行训练，培养起义的骨干力量。同时研究整顿光复会组织办法，草拟光复会军制，撰写了《普告同胞檄》《光复军起义檄》等文告，积极筹划起义事宜。

同年夏，秋瑾将浙江光复会员与会党群众组成光复军，以"光复汉族，大振国权"八字为序，编为八军，推徐锡麟为统领，自任协领，约定安徽、浙江同时举义。安庆起义失败后，谢绝王金发等人要其暂时离开绍兴的劝告。7 月 13 月在绍兴大通学堂被捕。15 日凌晨，秋瑾英勇就义于绍兴城内古轩亭口，年仅 34 岁。

秋瑾的女子职业教育理念及实践

秋瑾在进行妇女解放活动的同时，一直强调女子教育的重要性。早在留学期间，她就提出"兴女学"思想，视女学为救国之本，批判中国传统妇女不思自立的陋习，论述兴办女学与振兴国家的密切关系，认为女性应通过接受女子教育掌握技艺，走入社会参加工作，实现"自立、自活"，摆脱依赖男性的境地。这其实也反映出秋瑾的女子职业教育理念。

秋瑾主张女子要争取进入学校，"学习女红，自立、自活"。唯有如此，"兴盛家业，被男子尊敬，洗刷去无用之名，享受自由的幸福"。在她看来，"如要挣脱男子的束缚，必须要自立；要自立，必须求学问，必须团结"。[1]1905年，秋瑾在《致湖南第一女学堂书》中指出："欲脱男子之范围，非自立不可；欲自立，非求学艺不可，非合群不可。东洋女学之兴，日见其盛，人人皆执一艺以谋生，上可以扶助父母，下可以助夫教子，使男女无坐食之人，其国焉能不强也？"[2]她还在《敬告姊妹们》一文中指出：

> 凡一个人，只怕自没有志气，如有志气，何尝不可求一个自立的基础，自活的艺业呢？如今女学堂也多了，女工艺也兴了，但学得科学工艺、做教习、开工厂，何尝不可自己养活自己呢？也不致坐食，累及父兄、夫子了。一来呢，可使家业兴隆；二来呢，可使男子敬重，洗了无用的名，收了自由的福。归来得家庭的欢迎，在外有朋友的教益，夫妻携手同游，姊妹联决而语，反目口角的事，都没有的。如再志趣高的，思想好的，或受高等的名誉，成为伟大的功业，中外称扬，通国敬慕。[3]

---

① 　熊贤君：《中国女子教育史》，太原：山西教育出版社，2006 年，第 236 页。
②③ 　秋瑾：《秋瑾集》，上海：上海古籍出版社，1979 年，第 33 页。

　　秋瑾以此劝诫天下女子要"自立"，要"求艺"。此外，秋瑾提出了"合群"的思想，希望各阶层妇女群策群力，共同兴办女学，实现女性自立。她在弹词《精卫石》写道："有钱的太太奶奶们发个慈悲心，或助钱财，或助势力，开女工艺厂也好，开女学堂也好，使女子皆能自己学习学问手艺，有了生业，就可养活自己……"[①] 在这里，秋瑾直接提出了女性学习进入学堂技艺，做一个职业妇女而谋生的女子教育理念。

　　对于女性的职业，秋瑾曾建议女性学习护理，并将日本的护理教材带回中国，编著了一部《爱护学教程》，这是我国最早的护理学教科书。[②]该教程分两期登载在《中国女报》上。它根据当时的生物医学模式，阐述了爱护教义、爱护管理和爱护公卫等问题，按照护理学的范畴，讲述爱护基础，操作技术、病前爱护、爱护管理和爱护要则及责任等。秋瑾认为，"……爱护为社会之要素，妇人之天职"[③]，将护理这项职业训练纳入女子教育之中。

　　秋瑾回国后，经常性的公开职业是教育界人士。1906年秋瑾到吴兴县浔溪女校任教，担任日文、理科、卫生等科目的教学工作，其中卫生课的设置是秋瑾自己提出来的，旨在传授护理知识。在执教的同时，秋瑾还热衷于兴办新校，她曾和徐锡麟等在绍兴孙端镇创办了孙端小学和竞成女学，为振兴乡村教育树立了榜样。离开南浔之后，秋瑾于1906年8月在上海虹口路祥庆里与陈伯平等组织锐进学社，冬初又在上海四川路厚德里组织篆城学社，这两个学社虽然都是文化与学术机构，但真正的目的是掩护革命活动。

　　1907年，秋瑾应徐锡麟和大通同人的邀清与推举担任了大通师范学堂的督办。她在组织大通学堂的时候，力主女兵练习兵操，念念不忘组织一支国民军。虽然得到了少数开明绅商的支持，但由于当地保

----

① 秋瑾：《秋瑾集》，第128页。
②③ 李树华：《秋瑾与我国最早的护理学教科书》，《当代护士》，1995年第3期。

守势力的反对，终未能付诸实际。不过在这里，秋瑾培养出一批女革命分子如严维俊、严锐志、吴珉等，她们后来都成为辛亥革命的直接参加者。

可以看出，秋瑾所从事的教育活动，不论是女子教育也好，还是职业教育也好，实质上都是为革命事业服务，她所兼任或所办的女子学校或学社，大都是教育机构兼革命机关，将女子教育与国家救亡联系在一起。虽然秋瑾的教育思想及活动也有一定的局限性，但可以说，秋瑾是中国近代史上一位非同凡响的女教育活动家。

2. 唐群英与女子职业教育

"一代女魂"唐群英（1871—1937）是辛亥女权运动的先驱，同时她也是近代女子职业化教育事业的开拓者之一。她很早就关注女子教育，认为只有大力发展女子教育，注重实业教育，养成女子独立人格，才能打破封建束缚，最终实现男女平等的目标。在这种女子教育理念下，唐群英倾家兴学，创办多所女子学校，致力于女子职业教育，为中国的女子教育事业贡献力量。

唐群英的成长历程

1871年，唐群英出生于湖南衡山的一个官僚豪门之家。其父唐少垣以军功官至提督，但他少时无学，老时颇悔，故尤重延师教育儿女。唐群英小时候爱听"杨门女将"和"木兰从军"的故事，爱读《史记》《离骚》等书籍。她曾说："天下兴亡，匹夫有责，匹妇其天上欤？"[①]认为女子并非生长在天上，应该和男子一样关心天下的大事。

19世纪末20世纪初，西方的新思想新文化大量传入我国，猛烈地冲击着中国的封建旧传统。唐群英接触了新思想，暗下决心不做传统的大家闺秀。1904年，她应秋瑾之约，东渡日本求学。她是中国近代最早

---

① 蒋薛、唐存正：《唐群英评传》，长沙：湖南出版社，1995年，第15页。

出洋留学的女留学生之一，先在青山实践女校学习日语，之后考入成女高等学校师范科。唐群英到日本后，一方面如饥似渴地探求新知识新学问，另一方面，和其他留日女学生组织留日女学会和创办《留日女学会杂志》《女子白话报》等报刊，宣传女学和倡导女权。1908 年她在日本成女高等女校师范科毕业时写的论文说："积簪不振，女权凌夷，遂成斯世困顿之形。溯国运盛衰之际，又岂非我辈担负女教责任之时耶？"[①]进一步把国家的兴衰、女权和女子教育三者联系在一起来认识。

留日期间，唐群英经黄兴介绍加入华兴会，1905 年 7 月中国同盟会成立，她成为第一个加入同盟会的女会员。1908 年，归国后的唐群英很快投身于同盟会的反清斗争之中，以救国家之危亡。1911 年武昌起义爆发后，唐群英率领筹建女子北伐队和女子后援会，积极投入战斗，被临时政府授予奖章。次年，唐群英与张汉英发起女子参政运动，号召妇女争取参政权，实现真正男女平等。

唐群英与职业女校的创办

女子参政运动失败后，唐群英开始转向女子教育事业。孙中山曾于1912 年 2 月致信唐群英，劝告"发起女子之团体，提倡教育，使女界知识普及，力量乃宏，然后始可与男子争权，则必能得胜也"[②]。唐群英接受了孙中山的建议，从多方面开展工作，让妇女享受教育权，并亲身投入到女子教育的实践中，创办了多所女子学校，亲任教职。

关于女子教育的重要性，唐群英早在留学期间就认识到了。她在日本求学时选取了师范科，认为要唤醒妇女必须实施女子教育。1911 年，唐群英在《留日女学会杂志》的简章中明确写道："本报以注重道德，普及教育及提倡实业、尊重人权为宗旨。"[③]不仅主张要向妇女普及教育，

---

① 唐群英：《毕业纪念文》，1907 年 12 月。
② 《孙中山全集》（第 2 卷），上海：中华书局，1982 年，第 438 页。
③ 唐群英：《留日女学会杂志发刊词》，1911 年 4 月 27 日。

还提到了实业教育，可见她的女子职业教育理念在那时就已经孕育了。
1912 年，唐群英对女子教育的认识更为明确："女子程度之不齐，由前
所教育之不平等。今我中华民国，既号称共和，主张平等，则男女之教
育，不宜再有分别。"①认为女子应与男子一样接受同等教育，增长知识，
养成独立人格，方可提高妇女的社会地位。

据统计，从 1912 年至 1931 年的 19 年，她共参与筹办、创办或任
教的学校竟达 10 所之多，这在近代女子教育史上是首屈一指的。唐群
英创办的这些学校，仅有衡山女子学校是公立学校，其他大部分学校都
由她通过募捐或者变卖自己产业创办和经营的。1912 年 9 月，唐群英首
先与张汉英等，在北京开办了中央女学校和女子工艺厂，吸收各界妇女
入校学习，或进厂做工，掌握职业技能，以求知识增长与经济独立，从
而提高自己的自立能力。1913 年 2 月初，唐群英又带领张汉英等人，从
北京回到长沙，开设了女子美术学校、自强职业学校两所女子职业学习。
接着，唐群英又在长沙创办复陶女校，自任校长。1918 年，唐群英回到
湖南衡山家乡居住，继续进行发展女子教育的工作。她先后创办了衡山
女校与岳北女子职业学校，吸收当地女子进行培养教育。1924 年，她与
王昌国、葛建豪等发起恢复湖南女界联合会，并筹办女子政法大学，旋
改办复陶女子中学，发动女界投身国民革命。1928 年，在白果红茶亭创
办岳北女子职业学校，直到 1931 年止。

在唐群英所创办的女子学校中，女子职业类的学校占据半数。这是
唐群英重视发展职业技术教育的体现。自强女子职业学校、岳北女子实
业学校职业以及女子工艺厂等以教授女学生职业技能为宗旨，在教学内
容方面，注重向学生传授基本文化知识的同时，还给学生开设了音乐、
书法、刺绣、裁剪、编织、剪花等各种类型的实业课，学生可择其所好，

---

① 《女界代表唐群英等上参议院书》，1912 年 2 月 27 日。

学习一门或几门专业技能，获得谋生、自立的本领。而且，在教学方法上，唐群英采取因才施教的方式，针对学生的不同特点培养其职业技能。岳北女子实业学校初办时学生有100多名，但其中80%是唐群英劝说入学的，她们的年龄从不到10岁到20多岁不等，文化基础各不相同，所以为了让每位学生都能掌握好技能，唐群英有针对性地实施一般教育和个别辅导相结合的方法。这种做法深受学生欢迎，正如她在《与柳亚子书》中所说："近以时晦，遁迹空山，节衣缩食，犹挚办女子手工、实业两校，生徒近百人，造端亦至宏也。"[①] 在这种实业课的教育之下，许多女学生掌握了技艺和技能，走上了自立、自强之路，甚至其中有一些后来还成为中国妇女解放运动的中坚力量。而唐群英在女子职业教育中的摸索，也为中国的女子职业教育事业增添了色彩。

唐群英虽以推动女权运动而著称，但她中年以后开始致力于中国的女子教育事业，特别是女子职业教育方面的实践活动和贡献，亦堪称为一名出色的女教育家。她以革命家的气魄办学、治学，其革命性、实践性和开放性的治学特点，在推进现代职业教育的发展仍大有裨益。

第三节　韩国女子教育家与职业女子学校

一、车美理士与槿花实业女校

1. 车美理士其人其事

车美理士（1880—1955）是日本殖民地时期韩国独立运动家、女社会活动家、女教育家。曾作为监理教传教士投身传教活动，也担任过培花女子高等学校的教师，是槿花女学校（德成女子大学的前身）的创办人。[②] 她于1880年8月21日出生于京畿道高阳郡功德里，是家里的独生女。

---

① 唐存正：《唐群英年谱》（二），《辛东革命研究动态》，2000年第3期。
② http://ko.wikipedia.org/wiki/%EC%B0%A8%EB%AF%B8%EB%A6%AC%EC%82%AC

父母从小教育她不要依靠别人，要靠自己顽强生活。16岁时嫁到同村金姓家庭，但三年后丈夫病逝，19岁便成了寡妇。她带着女儿回到父母家，开始信基督教。当时，正值《己巳条约》刚签订，国家陷入危机。她认为女性不能整天头上罩着斗篷不关心国家大事，要通过办教育提高女性素质，这是涉及民族存亡的大事，决意尽快到国外吸收先进国家的文明。1905年，23岁的她经女传教士介绍偷渡到中国苏州留学。当时，女儿只有6岁，母亲年过70岁。她把自己母亲和女儿托付给教会和朋友。由于没钱，坐仁川到上海的船只能买最底层的。到中国后进入苏州一所美国教会经营的女子学校。入学时她既不懂英语，也不懂汉语。在这所学校学习了四年神学，由于生活艰难，再加上语言障碍，曾经患过严重的精神疾病。但她克服一切困难终于在1909年从女学校毕业。1910年，经学校推荐，到美国密苏里州斯卡里特教会学校留学读神学。在美国，车美理士积极投身韩国抗日团体的活动，还组织爱国妇女会，与独立运动家安昌浩一起在美国发行《独立新闻》。她一边学习，一边打工，身体虚弱，经常病倒。她经常想，粉碎日本军国主义侵略的武器是发展民族教育，下决心回国内投身社会活动，教育女性。1913年3月，车美理士以优异成绩毕业。1917年8月，作为美国监理教会派遣的传教士回到韩国，在培花学堂担任教师兼舍监。1919年三一运动[①]期间，担任国内外秘密联络员。在美国时，其母亲病逝，她未能给母亲送终，从而充满歉疚。此前在中国留学时，女儿放在朋友家，在出去玩时丢失，后多方寻找，始终未找能到。1919年三一运动后，不顾培花学堂斯密斯校长的挽留，辞去校职。

2. 开办女校

车美理士一直存有开办女校的愿望。1919年9月，车美理士借教堂

---

① 三一运动：1919年3月1日处于日本殖民统治下的朝鲜半岛爆发的大规模的争取争取民族解放运动。由于日本的镇压，到1919年6月以失败告终。现在韩国"三一节"就是纪念三一运动的法定节假日。

的钟楼开办了女子夜校。1921 年 10 月 10 日，车美理士征得政府同意后
正式成立槿花女校（后更名为槿花女子实业学校），并担任校长。成义
敬、金基铺、画家白南舜、音乐家罗贞玉等四位年轻女性担任教学任务，
淑明女校的学生李淑锺和申忠雨也积极帮助教学。槿花女校的学生来自
全国各地，其中不少人是离婚女性。有些学生没有钱，就在学校免费吃
住学习。车美理士的办学宗旨是培养具有专门技能的女性，因此学校性
质也是实业学校。由于学生人数很多，不得不分昼、夜两个班。为了容
纳更多的学生，便筹资建新的校舍和宿舍。车美理士为了对更多女性进
行启蒙教育，创办了《女子时论》杂志。1920 年 4 月，正式成立了朝鲜
女子教育会，举办演讲会（每月一次），并通过夜校教学，促进女性觉醒，
挽救她们的悲惨命运。每次讲演会会场内都坐满了人，还有不少女性聚
集在门外倾听演讲。车美理士曾发表题为"朝鲜女子教育的现状及未来"
的演讲，表示虽然财力有限，但会继续办好学校和刊物。到会的很多女
性主动捐款，以此表示对车校长的支持。1926 年 1 月 3 日发行的《东亚
日报》曾经刊登车美理士的教育理念。她指出，对于朝鲜女性来说，接
受职业教育比什么都重要。妇女解放也好，家庭改良也好，其前提是自
食其力。[1] 车美理士决心要建立一所朝鲜女子教育会所属的开展实业教育
的学校。为了筹措建校经费，组建女子话剧团，到处巡演。1926 年 4 月，
车美理士在槿花学校开设韩国第一个女子写真科，传授摄影技术。她认
为为了实现男女平等，伸张妇女权利，妇女必须具备经济能力。为了获
得经济能力，就要学习专门知识。车美理士还组织全国女子巡回演讲团，
共 7 名团员，1931 年 6 月 10 日—10 月 10 日，四个月中在全国各地举办
了 73 次巡回演讲。[2] 9 月 29 日到达汉城后举办了报告会。

　　1934 年 2 月 11 日，《每日新报》刊登一篇文章，提到车美理士关

---

[1]　http://www.duksung.ac.kr/about/about_04.jsp.
[2]　崔恩喜：《韩国开化女性列传》，首尔：朝鲜日报社出版局，1991 年，第 323 页。

于建立实业学校的新闻。文中指出："这次把学校教育内容变更为实业教育，目的在于根据朝鲜女性的新的需求，向朝鲜女性普及生活所需的经济、商业有关的知识，使女性能够获得经济上的独立。教育方针是对朝鲜女性实施日常生活所需的实业教育。"1934 年，成立财团法人槿花学园，车美理士出任理事长及校长。1935 年更名为槿花女子实业学校。由于当时日本殖民当局勒令更改校名，1938 年不得不更名为德成女子实业学校。日本殖民当局看不惯车美理士进行的民族主义教育，故意找碴儿以其不懂日语为由要求其辞职。1940 年，车美理士推荐宋金璇担任校长，自己则担任德成财团理事长兼名誉校长。1945 年朝鲜半岛光复后，将德成女子实业学校更名为德成高等女校，分初、高中部。1948 年开始着手建立女子大学。1950 年，德成初级大学（德成女子大学的前身）建校，车美理士担任理事长，1952 年 3 月升格为德成女子大学。1955 年 6 月 1 日，车美理士在德成女校住宅中去世，享年 77 岁。2002 年 8 月 15 日，韩国政府授予车美理士建国勋章。车美理士曾表示，为了争取民族独立，教育最为重要，尤其对女性的教育是救国运动的重要组成部分。21 世纪德成女大的教育目标就是培养有积极向上、有能力、有责任心的女性人才。

车美理士的教育理念是：

> 活着，要用自己生命活着，
> 思考，要用自己大脑思考，
> 认识，要自己深刻醒悟，
> 男女就像牛车的两个轮子，
> 倾斜了就要纠正它，
> 不要成为男人的附属品，
> 要靠自己创造生活。[①]

---

① http://www.ohmynews.com/NWS_Web/view/at_pg.aspx?CNTN_CD=A0000077377.

二、黄信德与京城家政女塾

1. 黄信德的经历

黄信德（1898—1983）是日本殖民地时期的记者、教育家、社会活动家、民族独立运动家。秋溪艺术大学和中央女子中学、中央女子高等学校的创办人。与独立运动家黄爱德是姊妹关系。黄信德出生于 1898年阴历十一月六日，籍贯是平安南道平壤。黄信德出身于知识分子家庭，从小接受新式教育。黄信德出生时，母亲曾得到美国女医生的帮助，从此开始信仰基督教。黄信德幼年时便接受监理教会的洗礼。当时，平壤被称为东方的耶路撒冷，基督教气息非常浓厚。黄信德的母亲一直从事教会的社会服务活动，受母亲影响，黄信德刚上崇义女学校就到盲人学校做服务活动，从而从小就养成了奉献精神和自立能力。1915年，在平壤崇义女学校毕业后，由于年龄小，便在家学习汉文、日语、哲学。她深受姐姐黄爱德的影响，姐姐当时是松竹会会员，具有强烈的爱国热情。她从姐姐身上学到了生活简朴、使用国货、遵守时间等美德。1918年，黄信德到日本投奔正在就读东京女子医学专门学校的姐姐，随即进入东京千代田女校学习。当时，在日本留学的朝鲜半岛的女学生有六七十人，经常组织集会。1919年2月8日，黄信德等人在东京参加了宣读独立宣言活动，又回国参加了反对日本殖民统治，争取民族独立的三一运动。为了避开警察的追捕，又回到日本继续学习。1920年，在日比谷公园组织三一运动一周年纪念活动时被日本警察逮捕，被关押两周。1920年1月，与柳觉卿等人一起组织女子学兴会，但1923年春天退出该组织。1921年，黄信德进入早稻田大学旁听哲学，但中途退学。在日本期间，曾在津田女子英学塾学习英语，后来由于对女工生活表现出极大的关心，进入日本女子大学社会事业部女工保全专业学习，并依靠奖学金学习了四年。1926年2月毕业，由于在日本看到1923年关东大地震后很多在日朝鲜人惨遭杀害，回国后又见姐姐黄爱德因参加大韩爱国妇女会组织的抗日运动被监禁，逐渐成为抗日运动家。她先后《时代日报》《中外日报》《东亚日报》担任记者，31岁时与《东亚日报》记者任凤淳结婚。由于两人都参加过三一运动，对社会活动也非常积极，因此家庭气氛既和睦，又民主。1927年开始，黄信德先后在京城实践学校、中央保育学校等学校工作。1934年进入东亚日报社《新家庭》杂志部工作，发表了很多关于女性启蒙的文章。她深切地感受到单靠妇女启蒙运动和讲演、讲座无法满足妇女对教育的热情，因此决心要建立女校。

2. 建立学校

黄信德认为"身体不健康万事休，需要把传统饮食用科学的方法烹饪，充分吸取热量和营养很重要"。为了普及科学的饮食，应该建立一所传授传统料理的学校。1940年10月，在丈夫的支持下，黄信德创办京城家政女塾。她借了汉城西大门外竹添町李埼公的三间房子，招收37名学生开办家政学校，并制定了学校的教育方针。第一，主要传授中等学校教育课程，主要招收小学毕业后交不起学费或年龄偏大无法进入中学的女性。第二，教学重点放在营养与烹饪，谋求国民健康，为国民健康做贡献。第三，进行修养教育，提高学生素质，使学生成为有道德、有自立精神的人。第四，特别开设培养学生兴趣和技能的课程，使学生们感受生活的意义。[①]教师郑顺媛毕业于日本女子大学家政科，精通日本料理，而且在中国生活多年，会做中国料理。她在向学生传授宫廷料理和外国料理的同时，还教营养和烹饪方法。1941年4月，开设夜间课程，1943年3月，第一期学生毕业。后来曾遭遇火灾，校舍被烧毁。1943年5月1日，又借明洞天主教堂的讲堂，继续上课。虽然校舍简陋，但教师和学生互相关心帮助，渡过难关，第二期学员也顺利毕业。黄信德和朴承浩（女教师）一起到全国各地巡回讲演，筹措学校经费。朴承

---

① 崔恩喜：《韩国开化女性列传》，第379页。

浩认识的上海一位实业家孙昌植捐出了 30 万韩元。黄信德用这笔钱新建了教学楼，扩招学生。但是朝鲜总督府颁布战时教育令，要求教育机关改成实业教育机构。京城家政义塾也不得不变更为四年制的中央女子商科学校。1945 年朝鲜解放后，黄信德积极参与建立妇女同盟，10 月参加独立促成中央协议会。1946 年 6 月，参加民族统一总本部，作为妇女部委员开展活动，1947 年，成为美军政时期韩国过渡政府立法议员。1947 年，韩国过渡政府成立后，黄信德担任政府发言人直到 1950 年。1950 年 6 月朝鲜战争爆发时赴朝鲜，后又回到韩国。1952 年，组织女性问题研究会，并担任会长，1956 年还开设家庭法律问题咨询所，担任理事长。1962 年，由于对韩国女子教育事业的贡献，被授予总统文化奖。1983 年 11 月 22 日去世。

第七章　女教育家与女子
高等学校教育的萌芽和起步

19世纪末20世纪初，中、日、韩三国相继进入高等教育发展的重要时期，诞生了一批近代意义上的大学。女子教育经过初等和中等阶段的发展，也开始出现女子高等教育的萌芽。但是，在当时较为保守的社会状况下，女子高等教育的提出受到批判和歧视，女子大学的设立和发展举步艰难。面对困难重重，一些女教育家义坚持发展女子高等教育的主张，克服各种阻力，创办实施高等教育的女子学校，探索高等教育的办学理念和模式，推动了各国女子高等教育政策和法规的制定，奠定了女子高等教育发展的基础。

第一节　倡导女子高等教育的日本女教育家

第一次世界大战后，世界范围内兴起了民主主义和社会主义思潮，受其影响，日本国内的民主运动日渐高涨，教育界则出现了倡导自由主义的新教育运动。面对这种局面，日本政府进一步加紧了对思想文化教育领域的控制，召开临时教育会议，对包括女子教育在内的教育体制进行全面整顿。然而，在这种日渐保守的女子教育方针之下，一些女教育家和她们的女子学校却顽强坚持自己的办学宗旨，表现出自由、民主的特色，成为大正时期自由民主教育的典范。其中最具代表性的就是实施人格教育的安井哲子和她管理下的东京女子大学，以及自由主义教育的倡导者羽仁元子和她创办的自由学园。

一、安井哲子与东京女子大学

1. 安井哲子的人格教育理念的形成

安井哲子（1870—1945），日本明治·大正·昭和时期的女教育家。东京女子大学第一任学监和第二任校长。她出生于武士世家，曾留学英国，受到良好的西式教育，并从小立志教育报国。在这种志向下，师范毕业后的安井哲子（以下简称安井）开始走上从教之路，并在人格教育的理念下把自己的一生都奉献于她所热爱的教育事业。

安井哲子的学习时代

1870年2月23日，安井哲子出生于江户（东京旧称）本乡曙町。安井家世代皆为旧下总古河藩主土井家的武士。在"一边观赏家人舞刀弄枪，一边享受大自然的美色"[①]中安井度过了她幸福的幼年时期。

1876年，安井哲子就读仰高小学，开始进入她的学习时代。1883年7月就读于东京女子师范学校。安井决心从事教育工作就是在女子师范时的学生时代。最初让安井萌发这种念头的是高岭秀夫校长的授课。高岭秀夫毕业于美国有名的俄勒冈州立师范学校，他是裴斯塔洛齐[②]教育法的忠实追随者。安井后来回忆到："上完先生（指高岭秀夫）的一堂课，觉得自己的学习能力提高了很多，而且对教育学的兴趣也逐渐加深了。我最喜欢这门学科，而且我开始感觉到教育是人类最神圣且最快乐的事业。"[③]安井毕业后，成为母校的助教。两年后，又前往岩手县师范学校附属小学校高等科赴任。在岩手，安井一个人教授整个高等科一至四年级的女学生，还担任男生的学习指导，积累了丰富的基础教学经验。任教期满后，她又返回母校，在该校附属小学校任主任一职。

---

① 青山奈绪：《安井哲子传》，东京：大空社，1990年，第14—15页。
② 约翰·亨利赫·裴斯塔洛齐(John Heimrich Pestalozzi, 1746—1827)是瑞士著名的民主主义教育实践家和教育理论家。他主张建立一种符合学生需要的教育，将教学建立在认知过程的基础上，并寻求儿童认知的心里程序。著作有教育小说《林哈德与葛笃德》1—4卷等。
③ 青山奈绪：《安井哲子传》，第22—23页。

1896 年，安井开始了三年的英国留学生活。英国的留学生涯是安井对西式教育和西方宗教深刻接触的时期，确切地说也就是她的人格教育理念的重要形成时期。安井留学的目的本是研究教育学和家政学。抵达英国后，首先在曼彻斯特高等学校参观了有关家政的课程，然后于 1897 年 9 月进入剑桥的培训大学学习。

在留学期间，安井哲子发现所在的大学没有严格的校园规则，但学生们却过着有章可循的生活，对此她感到无比惊讶。而且不只这所学校，英国的其他学校也是如此。她想到自己在日本就读的女子高等师范，每次外出时还要带上记事本，在去过的地方要一一盖章，并时刻提醒自己不能晚归。安井深刻体会到这是由于"教育精神"的根本不同所造成的。她发现在英国学校里教师会把学生视为自己的孩子进行指导，社会上则把他们当作小绅士和小淑女对待，而这些都是基于基督教精神。"学生时代起，我决心通过教育来报效国家，但同时我也坚信基督教教义与我的国家精神是水火不容的。十年后的今天，我再次下定决心要通过教育来效劳国家时，却坚信要培养出良好的国民就必须以基督教为精神基础。"[1]10 年时间，安井的思想发生了 180 度的大转弯。

"以基督教精神为教育改造国民性格的根基"[2]——这是安井留学英国三年进行教育研究得出的结论。这也标志着她的基督教主义人格教育理念的形成。从英国归国后不久，安井接受了基督教洗礼，成为一名基督教徒。而当时日本出台了教育与宗教分离的训令，基督教徒所处的形势十分不利。在这种情形之下，安井被迫前往泰国皇后女学校任职，三年后又自费去英国留学一年，这期间，她的基督教主义人格教育理念得到了历练和深化。1918 年，东京女子大学成立，安井作为学校的学监（当时新渡户稻造任该校校长，但学校实际事务由安井负责），开始了

---

①② 青山奈绪：《安井哲子传》，第 87 页。

她的基督教主义人格教育在日本的具体实施。

安井哲子的人格教育理念

安井哲子的人格教育理念是建立在基督教主义基础之上，并非现今意义上的"人格"。安井对人格教育的认识是："不论身份和地位，作为国民的最大财富就是人格。即使你拥有如何优越的物质条件，如果没有人格，也就无法获得幸福的生活和永恒的发展。所以，我要致力于人格教育以实现教育报国的志向。"[①] 而她对于人格的最高定义就是"牺牲和奉献"，[②] 东京女子大学的校徽 SS 就是"牺牲和奉献"的英文缩写。

安井在她的自传《今天之前的我》中，很清楚地表述了自己的教育理念："我在英国留学时代就深感人格教育的必要"，"我坚信个人和国民拥有的最大财富就是人格。而且，我们要以拥有崇高的人格为理想，并努力实现它，这样我们的品性就能够得到陶冶。如果拥有了这种理想，我们自身的生活标准也能提高，而且我们也能拥有最高贵的素养。当然，我们对这种崇高人格的认识必须以尊重他人的人格为基础，这也是教育的出发点。因此，教育者要尊重学生的人格，在高素质的要求下，与学生们一起提高自己的修养，学生们也以最认真的态度对待自己的学习和研究，不要仅满足于智力的发展，更要成为一个品质完善的'人'"。[③]

安井哲子在提出人格教育的同时，还主张实行女性的自觉教育，即实现自觉真实的自我，从而明确自己的职责并努力实现它。从 1909 年 4 月开始，安井在《新女界》上发表了的一系列论说，后于 1915 年全部收集到她的著作《在久坚町》中。在里面，安井论述了很多关于女子自觉教育的问题。她说道："我们女性要改变不好的现实处境，就必须从自觉地认识、实现真正的自我做起，明白自己对社会及家庭的真正责

任。""要做到这一点，我们需要以谨慎的态度来认真剖析自己，明确自己的特性和责任，取长补短，努力使自己具备高尚的人格。在家庭中，要尽好妇女的本分；在社会上，要忠实于自己的职责。仅仅主张自己的权利并不是自我的发展，而实现真正的自我、发挥女性的本性才是女性的真正发展。"[①]

但是安井并不认为学校教育的目的是培养良妻贤母，她指出，真正受过良好教育的女性应该具备这样的标准："身心得到很好锻练，能够正确判断事物发展趋势，而且能够在不同境遇中既能恰当地把握自己，又能敏捷地实施自己的决断。"[②] 可见，安井的自觉教育，不是那种传统的良妻贤母教育，也不是激烈主张女性解放的教育理念，而是希望通过必要的训练，让女子能真正地认识自我，实现自我。这就与安井第一次英国留学时，所了解和接触到的英国中上等家庭主妇的形象相吻合，这也是她在东京女子大学采取与官公立女学校完全不同的教育方针的根本原因。

安井在谈到人格教育和自觉教育等教育理念时，还指出了家庭教育的重要性。她认为："受过高等教育的大部分女性，到最后大多都成了家庭主妇。所以，我们必须使她们认识到作为家庭改造者以及国民贤母，服务于社会的重大意义，要振兴女子高等教育，就要努力实施家庭教育。"[③]

基于此，安井认为在强调学校教育的同时，也要关注家庭教育，为国民培养更多的贤母，这样才能充分发挥女性的母爱本能，让女性的修养更好地作用于家庭。在这里，我们可以看到安井的家庭教育实际上是一种女性的自我牺牲教育。她把这种女性称为"永恒的女性"。[④] 既不

---

① 安井哲子：《在久坚町》，1915年，转引自涉川久子：《近代日本女性史 1·教育》，第236—237页。
② 安井哲子：《在久坚町》，转引自涉川久子：《近代日本女性史 1·教育》，第237页。
③ 青山奈绪：《安井哲子与东京女子大学》，第233页。
④ 青山奈绪：《安井哲子与东京女子大学》，第236页。

是母亲也不是妻子的安井，却致力于培养许多将要成为母亲和妻子的人，在某种意义上，安井也可以算是"永恒的女性"中的一人。

2. 东京女子大学的教育方针

东京女子大学成立之初，安井哲子虽然担任的是学监职务，但事实上女子大学的一切事物都是由安井来管理的。所以"一般说到安井就会想到东京女子大学，一说起东京女子大学就会想起安井，两者是一体的"[①]。当时担任校长的新渡户稻造对安井评价极高，他曾说道："即使不谈修养和学问，只从女性这个身份出发，由我担任女子大学的校长也是件荒诞的事……而且，学校的工作实际都是由安井先生来办理。"并一再强调安井是一位"伟大的女性"，"东京女子大学不能离开安井"[②]。

1918 年 4 月 30 日，东京女子大学在东京府下淀桥町角百番地举行了开校仪式。出席典礼的有 76 名学生、12 名教师和大约 200 名来宾。东京女子大学正式成立。之后，新渡户稻造校长在《新女界》上发表文章，指出该校是"以基督教精神为基础，充分尊重学生人格，即使年纪再小的人也会把他视为神的儿子。与灌输知识相比更重视扩展视野，与学问相比更注重尊重人格，与培养专门人才相比更重视培养优秀人物"[③]。

安井在《新女界》上列出了东京女子大学的具体教育方针，共七条：

（1）注重基督教主义的人格教育。

（2）使学生树立崇高理想，养成为家庭、国家及全人类的发展而贡献的精神。

（3）培养自学自习的习惯，充分发挥独创能力。

（4）自由选择学科，注重个性发展和兴趣培养。

（5）设置专修科，使本校成为我国最高女子研究机构。

---

① 青山奈绪：《安井哲子与东京女子大学》，序第 4 页。
② 青山奈绪：《安井哲子与东京女子大学》，第 336—337 页。
③ 青山奈绪：《安井哲子与东京女子大学》，第 167 页。

（6）设置别科，以满足好学女生的求知愿望。

（7）开展广泛而专业的课外演讲，丰富学生们的常识。①

该方针第一条，就很明确地指出了东京女子大学的女子教育是基督教主义的人格教育，这也是安井本人重视人格教育的真实反映。

1923 年，随着新渡户校长的辞职，安井接替了东京女子大学的校长职务。次年 6 月，安井在就任校长仪式上，重申了东京女子大学的教育方针。她说到："教育方针与先前制定的一样。此外，我再强调四点：一、注重基督教主义的人格教育；二、特别重视学生的体能教育；三、使本校具有遵循个性的自由主义大学的性质；四、要协调好学习和社交生活。"② 在这里，安井仍然强调基督教主义人格教育的重要性，而且依旧把它置于首要位置。另外，安井还特别强调了"大学不仅具有传授、学习学问的性质，还应具有遵循个性的自由主义的性质"。这一系列些教育方针不断地得到重申，自由的人格教育理念日益深入人心。

2. 东京女子大学的教育内容及特色

在教育方针的指导下，东京女子大学制定了详细而科学的教育内容。这些教育内容极具女子大学自身的特色，凝聚了东京女子大学师生，特别是安井本人的心血。东京女子大学的一些特色学科如数学部和大学部的设置和经营，走在了当时全国女子学校的前列，虽然历经坎坷，但在日本历史上，最终开辟了真正意义上的女子高等教育的道路。

东京女子大学的初期教学内容

最初的学则的制定是在 1917 年。学则上规定了国语汉文科、英文科、人文科和实物科四门学科，以及三个学年的课程设置。此外，在这些学科之外，还设置了一年的预科和两年的专修科。其中专修科学生在毕业时必须提交毕业论文，如通过可获东京女子大学学士学位。这在当时的

---

① 青山奈绪：《安井哲子与东京女子大学》，第 353—354 页。
② 青山奈绪：《安井哲子与东京女子大学》，第 168 页。

女子学校中是独一无二的，特别是提交毕业论文和授予学士学位的规定，达到了当时男子大学的要求，让时人颇感意外。

按照规定，新生入学之后，须先进行一年的预科学习，然后选定各自学科，进入本科阶段，该阶段有国语汉文科等上述四门学科，学制三年。之后，如果还想继续深造，就转入专修科进行特定科目的研究和学习。

人文科是东京女子大学的特色科目，当时别的女校都没有设置该科目。东京女子大学设置该学科的目的是培养有高尚素养、有人文常识的所谓淑女，该学科不属职业教育之列。东京女子大学虽然是基督教系学校，但完全没有那种纯英语学校的单调和乏味，从创办之初东京女子大学的课程主体就不是英语或西方文学。时任英语英文学教授的土居光知这样讲述当时的状况："创立刚半年时候，安井先生就开始致力于人文科的具体设置构想。人文科是女子大学的希望所在，所以女子大学在聘请教师时，考察非常认真，选出那些能够成为新日本希望的人担任该职……安井先生并不希望英文科成为女子大学的中心。"[1]

安井在《新女界》发表的《新设立的东京女子大学》一文中，也说到了这一点："我对实现女子高等教育充满自信和希望，并确定它会成功。人文科不久就会成为高等学部的主体，我们就可以脱掉培养高水平的主妇以及培养有教养、有常识的淑女等这些带有深谋远虑色彩的词汇的外衣，而很明确具体地表现出我们本来就有的人道主义色彩"[2]。石原谦（安井的下一任校长）则在《关于女子高等教育》一文中，评价东京女子大学的特色课程设置是"一个意味深长的举措"[3]。

特色学部的设置和中等学校教员的资格认可

1918 年，东京女子大学遵循当时日本的教育制度，设定为四年制的

① 青山奈绪：《安井哲子与东京女子大学》，第 175 页。
② 东京女子大学编：《创立十五年回想录》，东京：东京女子大学学刊，1933 年，第 399 页。
③ 青山奈绪：《安井哲子与东京女子大学》，第 358 页。

专门学校。从建校第三年，也就是 1920 年开始，学校着手设置大学部。1921 年 4 月，英文科改为英文专攻部，新设三年制的高等学部和二年制的大学部。1927 年，又设置了国语专攻部和数学专攻部。同时，大学部延长至三年制，有国文科、英文科、哲学科、社会科。

这样，东京女子大学的学部设置就基本稳定下来了。学部设置后，安井一方面重视人文教育，在教育和教学管理中发扬着人格主义和尊重个性的办学精神，另一方面，她顺应时代的要求，考虑到毕业生的利益，努力争取中等学校教员的免试资格认可。1925 年，英语专攻部获得了教员免试资格。1931 年和 1937 年，国语专攻部和数学专攻部也分别获得了教员免试资格。而当时，获得数学教员免试资格的只有东京和奈良两所女子师范学校。与此同时，大学部的英文科和国文科分别在 1930 年和 1932 年获得了中等学校教员的免试资格。

大学部的设置和稳步发展，实现与男子无差别的女子教育，开了安井的一个平生宿愿。安井深感设置大学部的必要性和紧迫性。而且，从大学部是为专门学校提供教员这一目的来看，东京女子大学的这个大学部实际上具备了真正意义上的大学水准。

1940 年，安井在她任职期间的最后一次毕业仪式上，公布了大学部设立的消息：“本校是作为女子高等教育机构而设立的。也就是说，是以实施大学部程度教育为目的的。但是当时的女子教育所能达到的实际程度还很低，要直接实现这一目的很困难，所以一直等待时机的到来。今年 1 月 26 日的教育审议会上，我们终于通过了设立女子大学部的认可。二十多年前的希望终于在今天实现了。这也可以说是我国女子教育事业的一大盛事，进一步说，也可以算是我国文化发展中的一大进步。本校克服多年的经济困难，把大学部维持到了今日，实属意义重大。”[1]

---

① 青山奈绪：《安井哲子与东京女子大学》，第 186 页。

由此可见，安井是一位有先见之明的教育者，称得上是日本女子教育甚至整个教育界的先驱者。但是在安井看来，与别人给予她的赞美之词相比，更让她感到高兴的是她为日本女子教育所费的苦心终于得到了回报。东京女子大学在学部的设置及教员免试资格方面所取得的成就，是有目共睹的。它所带来的喜悦"不仅仅是安井一个人的喜悦，也不光是东京女子大学的喜悦。而是全体日本女性的喜悦，是整个日本的喜悦"[①]。

东京女子大学的发展

女子大学在初创时的规模虽然很小，但却有着大而高远的办学理想。在一个将近百人的大家庭中，学校遵循个性来耐心教导每一个学生。三个月过后，学生们都融入这个大家庭之中，她们在自由活跃的氛围中接受了安井先生和其他教师们的理念和思想，并在这种自由理念的作用下，更加勇于表现各自的特性。学生们逐渐体验着的，其实是一种基督教主义的人格精神，她们通过自己的努力，很快创办了"嫩芽会""道之会"等社团，领导者则从学生当中被推选出来，进行演讲和活动，师生们共同开辟出来一条别具特色的学习途径。[②]

在这个自由的大环境中，虽然没有严厉的校则，女子大学的学生们却表现出了高度的求知热情，她们认真学习每一门课程，并在课程之外，积极向教师们请教，与他们一起探讨问题，深入研究，使整个校园充满了浓厚的学习氛围。

在这所被自由人格和求知热情燃烧的校园里，学生们取得了十分优异的成绩，许多人成为当时日本女子学校中的佼佼者。以东北大学法文学部女学生的来源为例。在当时的国立大学中能招收女生的只有两所：东北大学和九州大学。在1926年至1935年十年间，东北大学法文学部女学生（含毕业生和在读生）共39名，而其中毕业于东京女子大学的就有11名，数

---

① 青山奈绪：《安井哲子与东京女子大学》，第191页。
② 青山奈绪：《安井哲子与东京女子大学》，第356页。

量之多名列榜首。日本女子大学次之有 6 名，而官立女子高等师范学校仅有 5 名。[①]可以看出，东京女子大学在这里所占的数量遥遥领先别的女子学校，这也是东京女子大学优异教学成绩的一个真实写照和应得的回报。

在扎实的基础教育和良好校风的基础之上，东京女子大学虽然经历了二战时的军国主义统制，但在二战后很快走上了新制大学的成长路程。1948 年，只有一个文学部的新制东京女子大学正式成立，1961 年，又增加至 7 个学部。1971 年，开始设置日本文学、英美文学和数学三个硕士专业，到 1993 年全部学科都具备了招收硕士研究生的资格。2005 年又设置了人间文化科学、生涯人间科学以及数学这三个专业的博士点，东京女子大学的教育水平又向前迈进了一大步。此外，学校还设置了比较文化研究所以及女性学研究所等研究机构，开展了许多前沿学科的研究活动。这些成绩的取得，进一步巩固和奠定了东京女子大学在日本女子教育领域的重要位置。

二、羽仁元子与自由学园

1. 羽仁元子的成长经历和办学活动

羽仁元子（1873—1957），日本大正·昭和时期著名女教育家。自由学园的创始人，被誉为日本"自由教育之母"[②]。她出生于开明世家，自幼接受良好的教育，先后就读于东京府立第一高等女学校和明治女学校。毕业后的元子先是担任教师，后辗转来到报社，并成为日本"第一个女性新闻记者"[③]。丰富的阅历促成了元子的自由主义教育理念，也由此诞生了自由主义教育的学校代表——自由学园。

羽仁元子的求学和职业生涯

羽仁元子，本姓松冈，1873 年 9 月出生于青森县八户市。幼时羽仁

---

① 青山奈绪：《安井哲子与东京女子大学》，第 359 页。
② 秋永芳郎：《评传·羽仁元子》，东京：新人物往来社，1969 年，序第 1 页。
③ 秋永芳郎：《评传·羽仁元子》，第 102 页。

元子（以下简称元子）的周围就聚集了很多开明人士。其中首推元子的祖父松冈忠隆。忠隆是江户幕府时期的藩士，他支持文明开化，还非常关心子孙教育。特别在当时不重视女子求学的风气下，忠隆却大力资助自己的两个孙女接受良好教育。

1879 年，元子入读八户市小学。元子在自传《半生谈》中说道："我不是个让别人感到可爱和有趣的孩子。"[①] 事实上元子头脑聪明、博闻强记，尤其擅长需要动脑思考的学科。1889 年，元子时满 16 岁，随祖父前往东京，进入东京府立第一高等女学校学习。高等女学校时代的元子所经历的最大变化，就是接受了基督教的洗礼。元子从东京府立第一高等女学校毕业后，就进入了明治女学校的高等科学习。明治女学校的学习，不仅充实了她的思想，而且学生自治组织、寄宿生活等让她感触很深。元子在《半生谈》中回忆道："寄宿生活培育了我，也拯救了我。"[②] 这段集体生活经历也为她创立自由学园提供了宝贵的经验和参考。

明治女学校入学后的第二个暑假，元子回到家乡的小学校担任教师，从此结束了她的求学生涯。不久，她前往京都结婚。但这段不幸的婚姻只维持了半年就结束了。元子再次返回东京。在吉冈夫妇的支持下，元子进入报知社担任校对工作。不久，她又被聘为编辑记者，成为日本最早的女性记者。

1901 年，28 岁的元子与报知新闻社的记者羽仁吉一结婚后双双辞职。1903 年 4 月，羽仁夫妇创办了《家庭之友》。1906 年 4 月，又创办了《家庭女学讲义》，它是一本相当于女学校教育程度的教材，系统地介绍了主妇和母亲所必备的知识。1908 年 1 月《家庭女学讲义》更名为《妇人之友》，与《家庭之友》合并。

《妇人之友》连载了元子的著作《理想的生活》，以文学作品的形

---

① 羽仁元子：《半生谈》，东京：日本图书中心，1997 年，第 11 页。
② 羽仁元子：《半生谈》，第 56 页。

式系统地阐述了元子的家庭论和女性论，体现了她所一贯主张的女性解放观点，受到读者们的关注和追捧。此外，《妇人之友》还很重视女性教育和就业问题，元子撰写了大量相关文章。通过创办《家庭之友》和《妇人之友》，元子对家庭和女性的问题进行了深入的研究和探索，为自由学园的创立奠定了基础。

自由学园的诞生

《妇人之友》和《家庭之友》的主旨是以启蒙女性和母亲为目的，所以这两本杂志本身担当着社会教育的重任。随着它们对教育的关注程度不断深化，"《妇人之友》对于教育问题的抽象探讨，事实上已经是在为构筑一所实体学校而努力"[①]。两个女儿的就学也促使元子对教育问题进行更为深刻的思索。当时元子的三女儿惠子小学毕业却没有理想的升学学校，更是加快了羽仁夫妇自主办校的进程。

元子引用圣经中耶稣对犹太人说的一段话："你们若常常遵守我的道，就真是我的门徒；你们必晓得真理，真理必叫你们得以自由"，给新创立的学校冠名为"自由学园"。[②] 1921 年 4 月 15 日，自由学园正式成立。最初的校址位于东京杂司谷，即羽仁夫妇的居住地，也是《妇人之友》杂志社所在地。

自由学园最初是一所女子中等学校，招收年满 12 岁至 19 岁的女子。它主要开设五年制的本科（后改称普通科）课程，相当于高等女学校的教育程度。开学一个月后，又设立高等科。学园第一批招收了 26 名本科学生和 60 名高等科学生。在开学典礼的演讲中，元子提出"尊重个人在言论、思想和信仰等一切领域的自由"[③]，这也是女子学园的办学理念，这是与当时日本政府反复强调的以巩固国体观念和培养传统妇德

---

① 涉川久子：《近代日本女性史 1·教育》，第 268 页。
② 秋永芳郎：《评传·羽仁元子》，第 216 页。
③ 羽仁元子：《教育三十年》，《羽仁元子著作集》（第 18 卷），东京：妇人之友社，1950 年，第 40 页。

为主导的女子教育方针相对立的，具有明显的进步性。

2. 羽仁元子的教育理念与自由学园的教育方针

自由学园创立于大正民主运动时期，积极顺应了当时的社会思潮。但是它不是单纯地迎合社会的产物，而是羽仁元子通过十几年社会实践活动的不断探索和总结，坚持家庭改革和女性解放运动的必然结果，是羽仁元子自由主义教育理念的结晶。

羽仁元子的自由主义教育理念

羽仁元子在漫长的求学和职业生涯中逐渐形成了她的自由主义教育理念，并通过创办自由学园以实践她的教育理念。她这个时候的自由主义教育理念已与基督教主义结合在一起，是"神的旨意下"的自由主义思想，它包含自由、自主、独立和自治等多个层面，明确提出了实现女性解放的主张，具有鲜明的积极性和进步性。

羽仁元子的自由主义是与基督教主义相结合的。对于所谓的自由，元子的理解是，它不以人的内心要求为转移，而必须与神的意志相吻合，所以自由不是随意的，而应是有选择性的。"教育的目的就是培养真正的神的意志下的自由人。"[1] 元子的这种自由论是不同于当时占支配地位的以个人主义为中心的自由主义的。元子所主张的自由是有法度，有节制性的自由。

元子的自由论在当时并没有受到特别关注。因为当时正处于社会思想相对宽松的大正民主运动时期，一般人所理解的自由是产生于封建压迫之下，而元子的自由主义教育也是反封建的教育，所以它的独特性和彻底性并不明显。但元子强调自由必须和"神的意志"相一致，从"神的意志"来解读自由具体内容的观点具有长远性，这种观点在日本战后成为一个重要的研究课题。[2]

---

[1] 羽仁元子：《有生命力的教育》，《羽仁元子著作集》（第19卷），第207页。
[2] 齐藤道子：《羽仁元子：生涯和思想》，第156—157页。

1907 年，元子在《家庭之友》上发表文章《优秀女儿的教育法》（后改名为《女儿的教育法》），以某妇女自述的形式对当时的女子教育现状进行了批判。该文指出：现今的女子教育，就像母亲们口中常说的“要培养成教师”那样，是以既定目标为目的的，这就违反了培养人的内在能力的本意。现在女性的教育目的，第一应培养她们的家务能力，第二应培养她们成为丈夫商谈对象的能力，第三应该说是最重要的，是培养她们作为母亲的能力。[①]

元子的女子教育论还与职业论紧密联系在一起的。她在《无法适应职业的妇人也不能成为合格的母亲和妻子》一文中，强调女性职业的重要性，对当时不重视培养女性智力的女子教育进行批判，认为缺乏头脑的女性既无法从事职业活动，也不能成为良妻贤母。而且，元子还认为女性的职业生涯是人生中不可缺少的部分，至少在青年时代应该融入社会，从事职业活动。

自由学园的教育方针

1921 年创立的自由学园并没有依照当时的高等女学校令来进行课程设置和教学安排，是一所极具特色的教育机构。它大胆地实践自由主义指导下的教育方式，在当时的新教育运动中绽放异彩，被视为大正民主运动时期自由主义教育的典范。创立之初的自由学园招生 26 名，经过不断地发展和扩大，逐渐设置了女子初等部、高等部，之后又设置了男子部和幼稚园部，以及相当于大学程度的最高学部。

在教育方针方面，自由学园具有鲜明的特色。

首先是生活教育。[②]元子认为，现实生活本身就是一个良好的教育环境，所以生活教育是一个很好的教育课题。她极力反对填鸭式教育，主张把单一知识教育转换成综合才能教育。自由学园在创立初期没有雇

---

① 《家庭之友》第 4 卷第 10 号，1907 年 1 月。
② 羽仁元子：《家庭教育篇》，《羽仁元子著作集》（第 11 卷），第 24 页。

用一名佣人，中餐由学生轮番制作，许多困难都由年级或全校通过"恳谈"的方式来协商解决。通过这种交流与协作，来训练学生们对于社会和人生的思考态度，并以此出发来制定学校的各种规章制度。

其次是集团教育。自由学园的教育介于个人与社会之间的家庭生活，它力求通过自主独立的个人互助来创造美好社会，并进而推广到全人类。学园创立时，把 26 名学生分为 5 个小家庭，而由 5 个小家庭构成一个小社会，再构成整体自由学园。自由学园后来还把这种集团教育扩展到中国，二战期间，自由学园在北京开办的自由学园北京生活学校就是例证。

再次是自劳自治教育。"一个人要完成自己应尽的责任，就要采取自劳自治的方式。"[1]学园直面经济问题，让在校生、毕业生和教师们共同决定学校的经营开资以及学生各自的生活费用，然后与各个学生家庭联系获取生活费，不足的部分就通过自劳自治的方式来共同解决。

然后是重视个性教育。自由学园的个性教育超越了一般意义上的个性教育，它在认为个性是一种特殊能力的同时，还认为应该重视这种能力的来源，所以教育不是针对特殊能力的，而是针对无上宝贵的生命本身来进行的。因此，自由学园的入学考试不是单一的选拔，而是通过对考生的细致分析和了解以及关于"个人和团体"等问题的对谈来进行的。

最后是爱的鞭策。元子认为："人与人之间的感情不是动物般的本能的感情，而是基于人性产生的，归根结底是来自于神。在家庭、学校和社会中都应该存在基于各自的人格而产生的鞭策，在相互鞭策中才能更好地改造社会及国家。"[2]在这些自由主义的教育方针下，自由学园发展迅速，社会影响力不断得到扩大，从而把大正时期的高等女子教育推向了高潮。

---

① 齐藤道子：《羽仁元子：生涯和思想》，第 217 页。
② 平塚益德：《以人物为中心的女子教育史》，第 264 页。

自由学园的教育内容及特色

自由学园针对学生们的兴趣爱好进行了侧重能力培养的新型教育。学园每天的授课时间只有三到四个小时，其余都是实践训练。当被问及学园的课程时间偏少时，元子的回答是，学园的课程虽少，但却是通过实际生活训练的辅助，来培养学生的自主、独立和自治的能力。

在自由学园的各式教育中，最具特色的要数自劳自治教育。它与当时西方流行的劳作教育非常类似。但据元子的女儿惠子说，学园创办之时，元子并不知晓国外的劳作教育模式，由此可见，这是元子对教育进行认真思索而得出的独立理论。让学生们自己做中饭就是自劳自治教育的一项具体内容。班级每次派出 5 名学生在烹饪教师的指导下制作每天的中餐。如何做出一顿"美味的、富有营养的、经济实惠的"午餐，学生们必须自己进行思索，找出好的方法并付诸实施。自由学园的自劳自治教育还表现在学生们自主把握生活开销方面，生活费用的预算需独立完成，在发现生活费不足时，要通过自己的劳动去获取，从而明白"个人的经济来源和学校的经济来源都必须靠自己劳动来获取"，"自食其力"的理念从而深入人心。[1]

自由学园最初创立的时候是一所单纯招收女生的学校，相当于当时的高等女学校的教育程度。但是从 1935 起，自由学园开设了男子部。女子学校中出现男子部，这在当时也是首例。

男子部的教育是采用一边参与工作一边学习的方式，其宗旨是"思想、技术、信仰"[2]。男生在进入高等科之后，理科课程是在工厂里实践进行。工业和农业两大部门的实验教室都是由学生们亲手建立的。元子把男子部称为"生活大学"。一般上午是英语、数学和国语的学习，下午是劳动实践课程。学生们自己动手制作地球仪、钟表，或者修理旧

---

① 齐藤道子：《羽仁元子：生涯和思想》，第 140—141 页。
② 齐藤道子：《羽仁元子：生涯和思想》，第 244 页。

的自行车和照相机等。通过这些实践,男子部在水力发电设计和工程等方面取得了一些成果。而且学生们发掘出 2000 年前的故居遗址,完成了关于该古迹的报告书,在考古方面得到了一定的认可。

3. 自由学园与社会活动

自由学园在自劳自治的教育方针的指导下发展迅速,学生人数不断增加,学校的社会活动也不断扩大。羽仁夫妇把大正和昭和前期的发展阶段称为自由学园的“黄金时代”,那时候的自由学园“洋溢着活力、绽放着光芒”[①]。自由学园的学生在元子的指导下,积极参与“友之会”和东北农村生活合理化运动的社会实践,在这一时期的社会发展史上写下了重要的一笔。

“友之会”的创立和活动

“友之会”是《妇人之友》读者的联合体,它正式成立于 1930 年。“友之会”最初称为“读者会”。这个组织每月举行一次会议,主要讨论孩子的教育问题等,还实现了闲暇和忙碌的人互相帮助。1927 年,“读者会”改组成“友之会”。

1930 年 11 月,“友之会”在南泽举行了第一次全国大会,各地的分会达到了 39 个,会员数约 1000 人。这次大会选举元子担任“友之会”的中央委员,并选举了其他 7 名委员构成了中央委员会。大会还通过了三项决议:“一是我们要对家庭内封建的、个人的风气进行清算,努力树立充满爱、自由和合作的新家庭精神;二是我们要依靠志同道合的女性们的团结,来建设一个充满爱、自由和合作的新社会;三是我们约定要自觉地奉献出我们各自所拥有的机会、才能及劳动,决不吝啬。”[②]

根据决议的精神,次年,友之会举办了家庭生活合理化会展。这次

---

① 羽仁元子、羽仁吉一:《创造自由人:南泽讲话集》,东京:自由学园出版局,1991 年,第 48 页。
② 齐藤道子:《羽仁元子:生涯和思想》,第 189—190 页。

会展持续了三周时间，参观人数达到 23245 人，展览会共 7 个陈列室，它所陈列的一切展品都是元子思想的表现，会展的意义就是使元子自《家庭之友》创业以来一直塑造的家庭形象具体化。之后，"友之会"又进行了全国巡回展，历经一年，设置了 29 场，参观人数达到了 283766 人。[①]巡回结束后的 1933 年，友之会的会员数猛增至 4700 人，是初创时成员数的五倍。[②]

可以看出，"友之会"主张女性从封建生活方式中解放出来，期待着家庭生活合理化，并希望通过家庭生活小问题的解决逐渐扩大到清除整个社会的封建性因素。但是"友之会"也具有封锁性。元子从读者和学园的毕业生中选举"友之会"的中央委员，由中央委员会为中心来运营"友之会"。这样就导致元子远离外部世界，思想变得落后于时代。但从总的来看，"友之会"作为第一个由家庭主妇联合起来的社会组织，在日本的妇女运动史上的地位和作用是不可忽视的。

东北农村生活合理化运动

1935 年 2 月，元子在《妇人之友》上提出了开展东北农村合理化运动的构想："我们希望能给万人的衣食带来平等，但我们不能仅限于友之会的周围。现在，东北地区遭受冷冻，农村萧条，农民生活陷入谷底。我们应尽己所能，让农村得以复兴。我想，第一步应从改善农村孩子的穿着开始。我们可以修改一些旧的衣服给他们，并为他们捐赠钱物"[③]。

在元子的呼吁之下，同年 2 月至 4 月，募集到了 2595 日元，在东北 6 个县设立了福利所，并选取了各县中最贫穷的农村开展帮扶活动。首先接受指导的是农村主妇，指导者是当地的友之会成员和自由学园的毕业生，一般每处派一到两人常驻，亲临指导。她们利用总部捐赠来的

---

① 齐藤道子：《羽仁元子：生涯和思想》，第 194 页。
② 齐藤道子：《羽仁元子：生涯和思想》，第 189 页。
③ 羽仁元子：《自由·协力·爱》，《羽仁元子著作集》（第 20 卷），第 94—95 页。

已经消毒的衣料，教农村主妇如何缝制衣服，还教授一些科学的衣物洗涤和保管方法，以及各种家务料理方式。随着运动的不断深入，活动的内容不再局限于衣食住了，开始举办"面向母亲的读书"活动，指导农村主妇们读书认字。

东北农村合理化运动的口号是"创造家族日本"。[①]在这里，她把日本看作是一个家族主义的国家，宣扬尊崇皇室，带有明显的国家主义倾向，而且她还认为这种家族式道德适用于国际社会，最终可以让世界也成为一个大家族。她的这种观点反映出了当时日本主流社会观念的实态。在这种理念的指导下，元子反对来自社会左翼的暴力行为，批判暴力主义，主张通过爱的方式来改变现状。可以说，东北农村合理化运动就是完全在她的这些主张下进行的，也造成了她对东北惨状原因的认识不足。

但是东北农村合理化运动是自由学园的生活教育的延续，并开创了面向大众进行教育和熏陶的序幕。它对农村的生活观念的改善，以及农村工业的发展起到了一定的推动作用，可以说是农村经济振兴政策的先行者。

随着日本军国主义教育体制的确立，元子的自由学园也被纳入到这项体制之中，完全配合战时的各项政策方针来开展自己的教学。但是自由学园的自由主义教育理念是根生蒂固的，所以在战后的教育新体制下，自由学园很快获得了新生，走上了新制学校的发展道路。1949 年 4 月，自由学园设置了 4 年制的男子最高学部，男子最高学部的学生还进行了农林开荒活动。1950 年，又设置了 2 年制的女子最高学部。这样，自由学园就成为一个拥有幼儿生活团（幼稚园）、初等部（小学校）、女子部（初中和高中）、男子部（初中和高中）和最高学部（含有 4 年

---

① 齐藤道子：《羽仁元子：生涯和思想》，第 230—232 页。

制本科）的体系完整的教育机构。1999年4月，自由学园对最高学部
进行了改革，统一了女子学部和男子学部，设置成4年制和2年制的
课程，并在4年制的后期课程上增设了研究室制度，这样使得两年制
的女子最高学部的毕业生可以继续升学。此外，在1994年，学园通过
安部道雄纪念国际交流基金开始招收海外的留学生，从此，自由学园
纳入了国际教育的轨道。

羽仁元子作为一名教育家，提出了自由、自立的教育理念，并创办
了自由学园，坚持实施自劳自治教育，培养学生独立自主的人格；作为
一名社会活动家，她创办妇女杂志，宣扬女性解放，创立妇女组织——"友
之会"，并把活动范围面向大众，扩展到农村，实施东北农村生活合理
化运动，用爱的纽带把她的生活及教育的理念带入社会之中。元子的教
育活动和社会活动，在近代日本的女性史以及女子教育史上留下了绚丽
的一页。

第二节　中国女子高等教育的萌芽

女子高等教育作为女子教育的最高层次，是自清末维新时期萌发的
女学思潮和实践进一步发展的产物。1912年，教育界首次明确提出女
子高等教育问题，在9月28日颁布的《师范教育会》中将"女子高等
教育"议题正式列入政府规程。虽然女子高等教育在制度上得以确立，
但长期以来仅停留于文本形式，直到五四运动之后才破土而出，最直接
的促动力则来自女子留学教育和教会女子大学的发展。留学归国后的知
识女性积极探索女子高等教育在中国的发展道路，她们任职于国立或教
会的女子大学，逐步成长为闻名一时的女教育家，其中首推杨荫榆和吴
贻芳。

一、杨荫榆与北京女子师范大学

1. 杨荫榆的求学经历

杨荫榆 (1884—1938)，中国近代女教育家，中国第一所女子师范大学的女校长。她曾留学日本和美国，颇受现代知识的熏陶，学成归国后，成为中国近代史上第一位女子师范大学的女校长，虽在治校过程中，因教育理念不适宜而遭免职，但可以说，她把毕生的精力都投注于中国的女子教育事业。

杨荫榆 1884 年出生于江苏无锡城里一个书香门第，小名申官。其祖父和父亲都曾做过官。其兄杨荫杭（即当代著名作家杨绛的父亲）是我国著名的民族革命启蒙者和法学家，曾在日本早稻田大学留学，参加清末革命团体励志会，是一个思想进步人士。虽然杨荫榆从小接受传统知识教育，但是作为大家闺秀，也曾受父母媒妁之命，成为封建包办婚姻的受害者。最终，杨荫榆摆脱了可怕的婚姻，一心投身社会，希望有所作为，当时仅为 18 岁。但是这场婚姻的失败对她后来的人生留下了不可磨没的阴影，从此杨荫榆拒绝婚姻，终生独居。

1902 年，兄长杨荫杭从日本回到家乡后，创办了以培养近代师资和科技人才为宗旨的锡金公学（一说是理化研究会），杨荫榆就此得以入学，接触近代数理知识，开当地男女同学风气之先，后至苏州景海女学堂。景海女学堂是一所教会女校，由美国监理会主办，吸收的学生大多为上流社会的女子。杨荫榆在此女校读书两年左右，又转学至上海务本女校。务本女校创立于1902 年，是一所为社会培养独立新女性的私立女子学校。当时这所学校有学生一百五十多人，具有相当规模。章太炎夫人汤国梨是杨荫榆的同班同学。

1907 年 5 月，杨荫榆从务本女校毕业后，赴江苏省参加官费留学考试，合格后受江宁学务公所派遣，到日本留学。当时的江苏是清末女子留学日本人数较多的地区之一，但是以自费留学居多，官费甚少，而杨荫榆是江苏省首次官费派往日本留学的 5 名学生之一。抵达日本后，杨荫榆先入青山女子学院，后进入东京女子高等师范学校理化博物科学习。留日女学生的学习层次较低，大多数女学生仅是进入速成或补习学校，并非正规学府。当时江苏的留日女学生进入正规高等学府的只有两名，杨荫榆是其中之一，另一名是神户女子学院的王季昭。在日本留学期间，杨荫榆在学业上可谓是佼佼者，据杨绛在回忆中说："三姑母的日文是科班出身。日本是个多礼的国家，妇女在家庭生活和社交礼节更为繁重，杨三姑母都很内行。"① 而且在 1913 年，杨荫榆从东京女子高等学校毕业时还获得了一枚奖章。

从日本学成归国后，杨荫榆就开始了她的教育生涯。1913 年夏，杨荫榆被聘为江苏省立第二女子师范学校（新苏师范前身）教务主任，并教授生物学课程。1914 年，杨荫榆来到北京，任国立女子高等师范学校的学监兼讲习科主任。那时候她在校内有威信，学生也喜欢她。

1918 年，北洋政府教育部首次选派教授赴欧美留学，杨荫榆应选进入美国哥伦比亚大学攻读教育学，四年后取得该专业硕士学位。杨荫榆在哥伦比亚大学期间成绩优异，屡次得到学校奖励。她还担任留美中国学生会会长，留美中国教育会会长等职务，并与杜威、孟禄等相识，深受大师们的熏陶。

从杨荫榆的求学历程可以看出，挣脱封建婚姻枷锁的她，一心专研学问，富有进取心，同时潜心教学，将自己的学问毫无保留地施教与人，已经成为一名敢与旧社会抗争的新知识女性。但是，杨荫榆对自己的成绩还不满足，认为与其兄长相比"自恨未能读得博士学位，只得了美国哥伦比亚大学的硕士学位"②。这种在学业上孜孜不倦，不断严格要求自己的精神是一种楷模。

---

① 杨绛：《杨绛文集》，北京：人民文学出版社，2004 年，第 119 页。
② 杨绛：《杨绛文集》，第 121 页。

1922 年，杨荫榆回国，最初在上海教书。也就在这一年，北洋政府开始鼓励兴办女校，加强女子教育。1924 年 2 月，杨荫榆受北洋政府教育部委任，接替许寿裳，出任女子高等师范学校校长一职，同年 5 月女子高等师范学校改称为国立女子师范大学，杨荫榆留任校长。这样，杨荫榆成为中国近代教育史上第一位女性大学校长，那一年她 40 岁，却成就了其事业的巅峰。

2. **杨荫榆的女子教育理念**

关于杨荫榆的女子教育理念的研究甚少，她本人也没有著书和发表文章具体论及女子教育，所以我们只能从她的受教育经历，以及她担任教师，特别是她担任国立女子师范大学期间制定的一些规章制度和发表的一些言论来窥视她对女子教育的基本看法。

杨荫榆受开明家庭的熏陶，从小学习文化知识，进入各式女子学校接受教育，并于 1907 年赴日本留学。笔者认为，杨荫榆在日本求学期间深受日本的良妻贤母主义教育的影响，逐渐形成了她的以培养新型贤妻良母为宗旨的女子教育理念。她曾在一篇文章中写道："窃念好教育为国民之母，本校则是国民之母之母。"虽然这句话被学生讥讽她为"国民之母之母之婆"。但我们可以看到她对于女子教育的观点，即培养更为优秀的国民之母。我们知道，日本的良妻贤母主义教育在明治 30 年代中期，即 20 世纪初达到鼎盛，而这正好是杨荫榆在日本留学期间。近代日本的良妻贤母主义教育不同于封建传统下的贤妻良母，它还重视对女性知识教育的培养，认为有知识和懂学问是衡量女子是否贤良的一个重要标准，所以主张让女子接受学校教育，掌握一定程度的知识技能。而且，这时期的良妻贤母教育已上升到了国家主义的高度，以培养国民之母为目标。这与杨荫榆提出的培养"国民之母之母"是相吻合的。

杨荫榆在竞选校长时提出了"女人治女校"和"学校犹家庭"的口号。"女人治女校"带有明显的女权解放，符合当时中国社会女权运动发展的要求，这也是杨荫榆留洋体验的反映。而"学校犹家庭"的提出让人们产生了歧义，特别是杨荫榆要求对学生严格管理，使得学生们将杨荫榆提出的"家庭式"教育理解为封建式大家庭内的教育。暂且不论杨荫榆提出这个口号的初衷究竟是为何，但是她的办学理念有点类似于杜威的"实用主义"。这与她在美国留学期间与杜威等人的频繁接触有关。杜威的教育思想就是主张以教育为手段进行社会改良，即"教育救国"。这也是清末时期中国女子教育的主流思想。深受这种思想影响的杨荫榆也坚信教育救国，反对其他形式的救国行动。她在担任女师大校长期间，曾规定学生只管读书，不准参加任何政治活动，把学生的爱国行为一律训斥为"学风不正"，并横加阻扰。

而且杨荫榆在担任女师大校长时模仿上海务本女校制定了一些规章制度。我们知道杨荫榆在上海务本女校读书期间正是维新派提出的贤妻良母教育理念盛行期间。务本女校的创办人吴馨 (1873—1919) 深受维新思想的影响，他认为"女子为国民之母"，着重灌输爱国自立思想，培养学生从事家政之能力。这些观点都投射在杨荫榆的女子教育理念之中。

3. 杨荫榆时期的北京女师大

杨荫榆担任国立女子师范大学校长的时间是从 1924 年 2 月至 1925 年 8 月，仅为一年半时间。当时整个中国处于剧烈变革时期，反对北洋政府的呼声不断。在杨荫榆上任之前，女校的师生关系就已经不和睦了，学生们因为国家民族危机对北洋政府管辖下的校方大为不满。杨荫榆的前一任校长许寿棠也是因为遭到学生的反对和驱逐而离任。许广平曾记载"适值旧生有驱逐前任校长的事件"。在学生们看来，校方领导身后就是北洋政府，他们是北洋政府的替身，是支持政府的。所以杨荫榆的上任似乎从一开始就注定是悲剧收场。

杨荫榆的教育改革

杨荫榆出任校长后，对校务进行了一些改革，主要是对学校的人事制度和课程设置做了一些修改，其中最突出的特点就是加强了校长的权力，削弱评议会和教务处的作用，这就引起了教职员的不满。在杨荫榆看来，校长的权力集中，更便于处理学校的突发事件，如学生运动，而在当时全国要求实现民主的运动高潮中显得很不适宜。

杨荫榆坚持自己的女子教育理念，坚信教育是决定国家兴亡的神圣事业，认为在国家危难时刻培养为国效力的女性人才是自己的使命。所以她在上任后，要求学生远离政治，回到学校，安心处理自己的学业，她关注的是学生的具体生活和学习问题，所以她强调校风校纪，反对女生分心于功课之外。但当时的学生正处于水深火热的救国救亡运动中，杨荫榆的这些措施无疑压抑了学生们的爱国热情，其结果导致师生关系恶化。正是因为这些社会背景，加上杨荫榆保守的教育改革，最终导致了女师大学潮的爆发。

杨荫榆与女师大学潮

杨荫榆出任女师大校长后，不断招来批判之声。先是上任时发表"女子教育为国民之母"和"本校且为国民之母之母"的言论遭人非议，认为其是片面推崇女权，之后因杨荫榆提出将女师大改回原来女子高等师范学校而遭到学生反对，接着在 1924 年 4 月，因为处理不当学校的财务问题而引起教职员不满，导致一批教员离职，学校停课两月。而在 1924 年秋季，杨荫榆对违纪学生处理不当的事件是女师大驱杨风潮的导火线。那是在 9 月开学之际，部分学生由于受江浙战争的影响而未能按时返校。11 月，杨荫榆遂以此为由，勒令国文系 3 名平时对她有不满言论的学生退学，而对于和自己关系较好的学生却放过不问，这一显失公平的做法引起了学生和教职员的强烈不满。

1925 年春，女师大学潮正式爆发。1 月，女师大学生自治会向杨荫榆递交了一份宣言，要求她自动离职，学生自治会还派代表请求教育部撤换校长，但没有得到同意，风波暂且平息。1925 年 5 月 7 日，杨荫榆本以"国耻纪念日"的名义举行演讲会，却被部分学生所赶走。这使杨荫榆和校方处于难堪之地。9日，杨荫榆召开校评议会开除了蒲振声、张江平、刘和珍、许广平、郑德音、姜伯谛6名学生自治会成员。这一举措激起了学生们的愤怒。11日，女师大学生召开紧急大会，决定驱逐杨荫榆，并出版《驱杨运动特刊》。这一行为得到了鲁迅等人的极力支持。27日，鲁迅、钱玄同、马裕藻、周作人等7人联名在《京报》上发表《对于北京女子师范大学风潮宣言》，表示坚决支持学生。事件随之扩大，学生把杨荫榆赶出学校，大家一致推举总干事许广平为代表用封条封住她的办公室和宿舍。杨荫榆的处境更加艰难了。

据许广平等人记述，7月底，杨荫榆借口暑假整修校舍，叫来警察强迫学生搬出学校。8月1日，她又领军警入校，宣布解散闹风潮最厉害的四个班。同时勒令学生即刻离校。学生不从，即遭到警察殴打驱赶，还截断电话线，关闭伙房。各校学生会代表闻讯前来慰问，杨荫榆见此情势立即逃离现场。但是这一表述好像与当时在场的李四光先生讲述的情形大为不同。事件过后，李四光觉得有必要公开澄清，便写了篇《在北京女师大观剧的经验》，发表在8月22日出版的《现代评论》第2卷第37期上。他写道："那时杨先生仿佛拿出全副的精神，一面吩咐巡警，无论如何不准动手，一面硬跑出门外，前后左右用巡警包围，向西院走去。一时汹涌唾骂的音乐大作……声音稍稍平息，我才逢人打听，那是怎样一回事。原来是杨先生申明要由杂务课升到校长室办公！"[①]当时的情形具体如何现已无从考究，但从李四光的记述以及杨荫榆一生的气节来看，杨荫榆始终是站在一名教育者的立场来对待学生的。这场学潮最终促使杨荫榆在8月4日递交了辞呈，8日，教育总长章士钊批准了杨荫榆的辞职，免去了她女师大校长的职务。

---

① 李四光：《在北京女师大观剧的经验》，《现代评论》第2卷第37期，1925年8月22日。

学潮后的杨荫榆

从女师大辞职后，杨荫榆对教育事业的热情丝毫未减。1927 年，杨荫榆赴苏州女子师范学校担任首席自然科学教师，讲授教育测验和数学等课程。她又先后担任过中央大学区立民众教育院讲师、苏州中学英文教师和东吴大学日文兼教育学教授。1935 年年底，杨荫榆辞去教职，决心自办女子补习学校——二乐女子学术社，招收女生，旨在提高女子的文化修养。在此期间，杨荫榆因为教学认真，受到学生的好评和学校的器重。

可以这么说，杨荫榆是一位称职尽责的教师，她热心于女子教育事业。《章士钊》一书中曾对杨荫榆有这样的介绍："杨女士是一个循规蹈矩，办事认真，严以律己而又待人严苛的女学究"[①]。在她就任女师大校长之前，据许广平回忆，"关于她的德政，零碎听来，就是办事认真、朴实，至于学识方面，并未听到过分的推许或攻击，论资格，总算够当校长的了……"[②]而且她曾是很受学生欢迎的。杨绛回忆，在杨荫榆 1918 年离开北京到美国读书时，学生都去为她送行，"一位老师和几个我不认识的学生哭得抽抽噎噎"，还有"很多学生都送礼留念，那些礼物是三姑母多年来珍藏的纪念品"[③]。

1938 年年初，年仅 54 岁的杨荫榆死于日本侵略军的枪下。关于杨荫榆之死，说法不一，主要有三种版本：一是说当时日军要会讲日语的杨荫榆出任伪职，被她严词拒绝，且常抗议日军的暴行遭忌恨被杀；二是说杨荫榆因保护同胞，痛骂日军，被日军枪杀；三是说杨荫榆因拒绝为日军翻译后被诱杀。[④] 不论是哪种原因使杨荫榆遭到了日军的枪杀，但她至死都保持着崇高的民族气节，这是不争的事实，也为她赢得了后

① 祁建：《中国第一个女大学校长杨荫榆》，《兰台内外》，2008 年第 3 期。
② 许广平：《许广平文集》（第 1 卷），南京：江苏文艺出版社，1998 年，第 101 页。
③ 杨绛：《杨绛文集》，第 121 页。
④ 吴勤生：《杨荫榆史料补遗》，《苏州教育学院学刊》，1986 年第 2 期。

人的高度评价。

二、吴贻芳与金陵女子大学

吴贻芳（1893—1985），著名女教育家，中国第一位大学女校长。曾留学美国，于1928年受聘于金陵女子大学，先后主校23年。她倡导"厚生"精神，主张实施女子"人格教育"，对当时中国女子教育的发展和女性人才培养做出了积极的贡献，而且对今天的高等教育亦有很好的启示作用。

1. 吴贻芳的求学经历

吴贻芳，号冬生，1893年生于湖北省武昌一个衰落的前清官吏家庭。幼时的吴贻芳天资聪颖，在家跟随其堂兄吴益荪接受启蒙教育。11岁那年，她和大姐吴庆贞到杭州外祖母家，进入公立杭州女子学校读书。这所学校是清末部分留日学生为争取妇女受教育权利而创立的，主张女子接受教育来救国，因此，吴贻芳从小受到了爱国思想的启蒙教育。

1906年，吴贻芳随大姐转学至上海启明女校学习。不久，她们又考入景海女校。但就在这时，吴贻芳的父亲不堪遭人诬告投江自尽，家境经济陷入困境。16岁的吴贻芳只好辍学在家，遭受了人生路上的第一次沉重打击。1911年后家庭变故不断，哥哥投河自尽、妈妈忧愤而死，之后大姐又悬梁自尽，这一连串的打击使吴贻芳也产生了轻生的念头。后来在姨父陈叔通的开导下，吴贻芳振作精神开始了新的追求。1913年2月，她在姨父的帮助下，插班进入杭州弘通女中四年级。这时期的她已化悲痛为力量，立志于学，发奋读书。1914年2月，吴贻芳跟随姨父全家移居北京，入读北京女子师范并兼该校附属小学英文教员。

1915年年底，吴贻芳再随姨父全家迁至上海，后经弘道女中美籍教师诺玛利女士的推荐，于1916年2月作为特别生插入金陵女子大学一年级读书。在金陵女大期间，吴贻芳不但成绩拔尖，还被选为学生自治会会长，受到同学和老师们的喜欢和信任。1919年，五四运动爆发，吴贻芳毅然带领学生参加南京大中学生联合组织的示威游行，投入反对北洋军阀政府卖国投降的斗争。运动胜利后不久，吴贻芳以优异的成绩顺利通过毕业考试，与其他四位女生成为中国获学士学位的第一批女大学生。

大学毕业后，吴贻芳任教于为北京女子高等师范学校，担任英文教员兼英语部主任，还教代数和其他科目。1922 年 5 月，吴贻芳获得巴勃尔奖学金，赴美国密执安大学留学，在研究生院攻读生物学专业，并以杰出的才能在学生中赢得较高的声望，先后被推选为北美中国基督教学生会会长、留美中国学生会副会长、密执安大学中国学生会会长和科学会会员。

身处异乡的吴贻芳时刻牵挂祖国的命运。1925 年，国内爆发了五卅运动，美国各大报纸刊登了这一消息，吴贻芳的爱国热情被再一次激发，更加关注中国局势的发展，希望祖国能够尽快强大起来，摆脱欧美列强的欺凌。1926 年，当时的澳大利亚总理在密执安大学发表演讲时，污蔑说：“中国不能算一个独立的近代国家，邻近的亚洲国家应该就近移民到中国去。”[①] 在场的中国留学生愤怒不已，吴贻芳更是连夜奋笔疾书，严词驳斥，第二天的《密执安大学日报》就刊登了她的捍卫祖国尊严的檄文，鼓舞了当时的华侨和留学生。

1928 年，吴贻芳获生物学博士学位，并于同年回国，担任金陵女子大学校长，成为中国教育史上第一所女子大学的第一位中国女校长，开始了她热爱的教育事业，并献出了毕生精力。

2. 吴贻芳的女子教育理念

吴贻芳在主持金陵女大时，明确提出要实施“全人教育”和“人格教育”，这就是她的女子教育理念的集中体现。吴贻芳的“人格教育”理念是基于“厚生”精神，通过培养学生在德、智、体、群、美五育充

---

① 钱焕奇、孙国锋：《厚生育英才：吴贻芳》，南京：南京师范大学出版社，2012 年，第39—40 页。

分发展，塑造出拥有健全人格的女界领袖和有用之才，为社会所用。

"厚生"精神的秉承

对"厚生"精神的秉承是吴贻芳人格教育理念提出的理论基础。"厚生"是金陵女子大学的校训，在创立初期就设定了。"厚生"一词来源于《圣经》中的"我来了，是要叫人得生命，并且得的更丰盛"，作为校训是想告诫学生："人生的目的不是光是为自己活着，而是要用自己的智慧和能力来帮助他人和社会，这样不仅有益于别人，自己的生命也因此更丰满。"[①]吴贻芳在出任金陵女大校长时，重申了"厚生"精神，在淡化其原有的宗教色彩的同时，添加了注重培养学生人格教育的新内容，将女子教育的重心转向为国家培养有学问、有道德、有本领的有用人才。她在就职致辞中讲道："金陵女大开办的目的是应光复后时势的需要，造就女界领袖，为社会之用。现在办学，就是培养人才，从事于中国的各种工作……学校于国学科学并重，既培养了中国学者的思想，又能得到科学家的方法，然后到社会上去，才能应各种的新需要，运用自己所学，贡献给各种工作。"[②]可以看出，她的女子教育理念是建立在"厚生"精神的基础上，是对这一精神的秉承和发扬。

德、智、体、群、美五育的培养

吴贻芳的人格教育理念是完全的人格教育，即主张发展女子"全人教育"和"人格教育"，主要内容是指德、智、体、群、美五育的充分发展，其中道德品行的养成是重心。吴贻芳明确提出要"发展学生在德、智、体、群、美五个方面的全人发展"[③]，而要实现"全人发展"应做到以下几点：德，即女大学生树立自立自强独立自主的价值观和爱国救国的政治观念；

---

① 程斯辉、孙海英：《厚生务实 巾帼楷模——金陵女子大学校长吴贻芳》，济南：山东教育出版社，2004年，第35页。
② 吴贻芳：《就职典礼致辞》，《金陵女子大学校刊》，1928年第11期，第59页。
③ 《金女大校长来往函件》，中国第二历史档案馆藏：《私立金陵女子文理学院》，第228号，1948年6月28日。

智，即女大学生在文理兼备的综合理论知识基础上，具备社会实践能力，真正拥有较强的实践动手能力和社会就业能力；体，即女大学生拥有健康的体魄和美好的形象，把美育作为女性终身体育事业；群，即女大学生积极参与贡献于社会，建立和睦的人群关系，促进女大学生的社会群化；美，即女大学生内在美和外在美同时兼备，在拥有高尚道德情操、爱国情怀的基础上美化自身外表。①基于这个教育理念，吴贻芳把金陵女大的办学目标定为培养女子的高尚品德和健全人格，训练为社会、为国家服务的本领。

因材施教的实施

吴贻芳认为，在实施人格教育的过程中要注重个人教育，提出因材施教的教育方法。她在《基督教教育之特殊贡献》一文中指出："要注重特殊的个人教育，对于学生的训育和化导，一个一个要特别的注意；要知道今后的教育是重在质而不在量的，每一人有一人的价值和性格，应视其人而'因材施教'。"②因此，她强调教师的职责所在，认为教师的为人师表对学生能起到人格师范的作用，指出："要使学生能够人格完全与否，全在教职员方面平时所与以耳濡目染的模范之良否"，"确非单独注意于课本上的接受"。③因材施教的教育理念具体表现为金陵女大在培养人才时重视实践，强调社会实践和实验环节，针对每个学生的特性来锻炼学生自己动手的能力，这也是吴贻芳"人格教育"理念的主要特色。"如社会系重视课堂教学与社会实践相结合，常常举行社会调查，就某些专题做分析研究。"还有，"当时有些中学没有理科实验，学生缺乏理科实验的基础知识，所以理科教师如蔡路得博士，从新生开始上实验课就系统地、有顺序地训练学生独立操作能力"。④

---

① 吴贻芳：《金陵女大四十年》，孙岳等编：《吴贻芳纪念集》，南京：江苏教育出版社，1987年，第102—116页。
②③ 吴贻芳：《基督教教育之特殊贡献》，《教育季刊》，1930年第2期。
④ 吴贻芳：《回顾金陵女子大学》，江苏省政协文史资料编辑部：《江苏文史资料集粹：教育卷》，1995年，第63页。

爱国精神的弘扬

吴贻芳主张的"人格教育"理念实质上是一种爱国教育，她实施"人格教育"的最终目标就是培养学生服务社会、服务国家的爱国精神，这也是吴贻芳自身爱国情怀的体现，所以在她的教育理念中，人才培养是与爱国教育融为一体的。

吴贻芳从小目睹西方列强瓜分势力范围，祖国四分五裂，民不聊生的惨状，抱着"读书救国"的愿望，求知于国内外，并立志于"教育救国"。正如她所说："我和当时中国许多知识分子一样，为了向西方国家寻求救国的道理，一九二二年我到美国密执安大学留学……"所以她将这种爱国情怀融入她的人格教育中，指出："我们办学的宗旨，是要把大家培养成具有高尚思想，不图个人私利，掌握一定专业基础知识，对工作认真负责，与同学相互合作，对社会有精诚服务的态度，对国家从爱国主义出发，在各自的岗位上，尽到自己应尽的义务的人。"[1]

吴贻芳还认为人格教育对人的一生影响很大，强调人格教育对整个人生发展的作用，在她看来学生养成了健全的人格，对其整个的人生都将打好基础。所以她提出人格教育要贯穿于幼教、小学、中学，以致大学教育的整个过程。并进一步指出："人格教育的实现，因习惯贵在'慎之于微'，而学校尤当注重慎微的陶冶，方能使整个的人生有良好的发展。"[2]

3. 吴贻芳与金陵女子大学的发展

吴贻芳从 1928 年开始担任金陵女大的校长，先后主持长达 23 年，在此期间，她的女子"人格教育"理念始终贯穿在她的办学实践中，成为她管理学校和培养女性人才的具体指导思想，并通过采取一系列具有自身特色的措施来实现。

---

① 朱学波：《吴贻芳.江苏文史资料》，南京：江苏人民出版社，1993 年，第 59 页。
② 吴贻芳：《基督教教育之特殊贡献》，《教育季刊》，1930 年第 2 期。

金陵女子大学的教育方针及内容

金陵女子大学是中国第一所女子大学，也是一所教会女子大学，创立于 1913 年。它的首任校长是德本康夫人 (Mrs. Laurence Thurston)。1927 年起，中国政府开始收回教育主权，规定大学校长必须由中国人担任。1928 年，吴贻芳接到聘书担任金陵女子大学的第二任校长。1930 年，金陵女子大学更名为金陵女子文理学院，吴贻芳继任院长。

吴贻芳主持金陵女校后，针对当时女子高等教育和中国社会的实际情况，结合自己的女子教育理念，从教学方针到教学内容以及教育管理等各方面实施一系列的改革，注重培养女性人才的同时提高了学校的社会知名度。

在办学宗旨方面，秉承和发扬校训"厚生"精神的同时，注意结合中国的时代背景，逐步淡化宗教目的，重视学问和道德的培养，旨在为社会、为国家创造有用之才。

在课程设置方面，注重设立主辅修制，主张文理兼通。金陵女大规定，主修文科的学生必须选读 4 个学分的自然科学，主修理科的学生必须选读 1 门社会科学。吴贻芳曾讲过："金陵女大在学业方面有一个突出的特点就是知识面广。文科学生一定要选读一定学分的理科课程。一年级课程全部是必修的。四年大学的必修课程除主修、辅修者外，还有中文、英文、中国历史、教育学、心理学、音乐、美术概论等，使学生在各方面都有一定的知识。"[1] 为了拓展学生的知识面，学校还注重系科建设，逐渐形成自己较有影响的特色系科。如文科的音乐系、社会学系，理科的家政系、生物系、化学系以及体育科等。

在教学措施方面，实行导师制，加强教师与学生的联系。导师制在首任校长德本康夫人时期就已经建立，但吴贻芳又对它进一步加以完善。

---

① 孙岳等编：《吴贻芳纪念集》，第 107 页。

在金陵女大，"每个学生可以找一位教师当导师。一位导师带八九个学生，用小组活动或其他方式帮助学生解决学习上、生活上及其他方面的问题"[①]。导师制还对具体的活动内容作出了规定，如"导师应排定时间与本组学生作个别谈话和指导；应当召集学生举行讨论会、座谈会等"[②]。为了能更好地施教于学生，吴贻芳特别重视师资配备，不仅聘请国内外名师任教，选派教员进修培训，而且选用现代课本，购置新式仪器，广泛收集中外图书资料等等，为学生营造良好的学习氛围。

在教学管理方面，建立招生考试制度，采取以考试成绩为录取标准的方法，逐步增加面向普通公立、私立中学的毕业生的招生人数，以改变生源结构，扩大受教育范围，为成绩优秀而家境贫困的学生提供了更多的机会；实行学分制、积点制和弹性学制，要求学生修满规定的学分后方可毕业；加强学籍管理，对于迟到、早退等现象进行累计并扣除学分；订立撰写毕业论文的制度，规定毕业班学生必须撰写毕业论文，"经系主任签字通过，认为已达到毕业要求，才能获得毕业文凭，接受学士学位"[③]。

此外，金陵女大在实际的教学中注重学生理论联系实际，注重社会实践和试验，创造机会让学生广泛接触社会，培养学生为群众、为社会服务的劳动观点和高尚品德，加强对学生进行爱国主义教育。

金陵女子大学的发展

在吴贻芳的管理下，金陵女子大学发展迅速，虽因战乱不断，几迁校址，但最终还是经受了战火的考验，成为规模最大的教会女子大学。1951年，金陵女子文理学院和金陵大学合并，主体并入南京大学（原中央大学）。1980年，金陵女子学院复校，于1987年，依托南京师范大学正式成立金陵女子学院，延续至今。

---

① 吴贻芳：《金女大四十年》，第113页。
② 张连红：《金陵女子大学校史》，南京：江苏人民版社，2005年，第142页。
③ 吴贻芳：《回顾金陵女子大学》，第62页。

　　金陵女子大学在办学过程中，积极投身到为国家、为社会、为人民谋福祉的事业中，培养了一大批优秀人才。从 1919 年到 1947 年的 29 届毕业生中，从事教育工作者占 34.4%；社会服务事业者 12.8%；继续深造与从事研究工作者占 9.7%；医师护士占 4.7%；家政服务占 20%；公务员及写作、编辑占 10.5%；宗教工作者占 1.56%；其他为不详者。[①] 涌现出特级教师黄文奥、鲍玉馄，全国三八红旗手宋彬，国家海洋局顾问刘恩兰，细胞生物研究专家曾弥白，著名音乐家高思聪和郑晓瑛，耶鲁大学病毒学教授熊菊贞博士，曾任哈佛大学植物分类教授胡秀英等优秀人才。[②] 在当时女性就业面十分狭窄的旧中国，金陵女大的毕业生能在各个领域立足，能有如此骄人的成绩，可谓是凤毛麟角。

　　金陵女子大学的辉煌成就离不开吴贻芳的辛勤耕耘。她的学识和才能使她不仅成为一名杰出的教育家，而且在社会活动等方面也有出色的表现。她曾是 1933 年芝加哥国际妇女大会的代表和 1940—1947 年中国国民参政会主席团成员，1945 年作为中国代表出席联合国旧金山会议并在《联合国宪章》上签字，1949 年出席第一届中国人民政治协商会议，历任五届全国人民代表大会代表，并于 1951 年担任江苏省教育厅厅长，为中国教育事业献出了毕生精力，赢得了人们的尊敬和爱戴。

第三节　韩国女教育家与女子大学

　　1945 年 8 月 15 日，朝鲜半岛摆脱日本殖民主义统治获得光复。在此之前，朝鲜半岛的女子教育受到日本殖民当局的干涉，只得到有限的发展。尤其是殖民当局在朝鲜半岛只实施初等教育和实业教育，严格控制高等教育的发展。1945 年以前，朝鲜半岛只有一所女子大学——梨花

---

① 《金陵女子文理学院校刊》，1947 年，第 145 页。
② 周川、黄旭：《百年之功》，福州：福建教育出版社，1994 年，第 303 页。

女子大学。

一、金活兰与梨花女子大学

1. 时代背景及人格形成

金活兰（1899—1970），号又月，生于仁川。当时，仁川作为朝鲜半岛第一批开港城市，西欧文明和基督教思想迅速普及。金活兰的母亲朴道拉很早就信仰基督教，受其影响，金活兰 7 岁时就接受了洗礼，并有了"海伦"这一名字。8 岁时，进入仁川第一所女校——永化女校学习，并将海伦这个名字用汉字写成"金活兰"。金活兰的父亲金镇渊是仁川某商会的财务主管，也深受开化思想影响。金活兰 9 岁时全家搬到汉城，跟随两个姐姐进入梨花学堂学习。梨花学堂是 1886 年由传教士斯克兰顿夫人建立的，是韩国历史上第一所近代女校。1913 年，金活兰从梨花学堂毕业，她打算读一年预科后进入大学学习（梨花学堂 1910 年设立大学部），但父亲坚决反对，要求她结婚。多亏母亲非常理解，鼓励她继续读书。此时，金活兰丝毫没有结婚的念头，一心想学习更多知识，有机会报效社会。1910 年 8 月，日本强迫朝鲜签订《日韩合并条约》，整个朝鲜半岛沦为日本的殖民地，民众饱受亡国痛苦。金活兰通过彻夜祈祷认识到憎恶不等于爱国。1918 年 3 月，金活兰从梨花学堂大学部毕业。她坚信基督教奉献精神能够挽救朝鲜的女性。1918 年，金活兰在毕业仪式上用朝语和英语宣读自己的毕业论文——《女子的高等教育与家庭》。论文的主要内容为"男女平衡是社会发展的绝对因素。为了达到男女平衡，需要女性更加努力。接受高等教育的女性越多，朝鲜发展越快。受过高等教育的女性应把提高家庭生活和参与社会活动当做义务"。金活兰从梨花学堂大学部毕业后留校教小学部和中学部。她通过信仰深刻认识到自己的使命是为那些在黑暗中摸索的女性铺平道路，因此下决心将一生献给女子教育事业。

金活兰在梨花学堂当老师期间发生了三一运动，她跟自己的同事朴仁德和申莱莉亚一起领导了秘密团体，并且负责把从教会、学校、女性团体募集来的资金转移到独立运动人士手里。一起投身独立运动的同事都被日本警察抓起来，而金活兰在传教士的帮助下得以幸免。1920年6月，她和志同道合的弟子们组织了"七人传教队"，立志为国家和民族献身。此后，"七人传教队"到平壤、新义州、安州等地巡回传教，启蒙农村百姓。1922年4月，金活兰作为韩国代表出席了在北京举行的世界基督教学生大会，这是韩国历史上女性第一次参加国际会议。她用流利的英语和雄辩的口才出色地完成了任务。当时朝鲜半岛处于日本的殖民统治之下，与国际上的交流很少。在此背景下，金活兰出席国际会议，让世界了解了朝鲜半岛。1922年7月，经传教士们推荐，金活兰到美国俄亥俄州威斯利安大学三年级学习，并以最优的成绩毕业，然后进入波士顿大学研究生院学习哲学，撰写了《哲学与宗教的关系》的硕士论文。毕业后回到梨花学堂后承担英语和宗教的教学，还担任校监一职，并着手调整教学科目。当时国民的抗日情绪高涨，她积极投身农村启蒙运动。随着抗日运动中社会主义思想的传播，金活兰组织槿友会，追求民族主义和社会主义的统一。1923年，她出席了世界女子海外宣教团干部会议。以此为契机，参加了许多与基督教有关的教育会议。1928年，以农村启蒙为主题的《丁末人的农村复兴论》一书。金活兰认为在韩国，农村人口占80%，农村启蒙和复兴是国家重建的必经之路。1930年，她再次赴美进入哥伦比亚大学师范学院攻读教育学。她以"韩国的复兴之路——农村教育"为题获得哲学博士学位。当时在韩国拥有博士学位的人很少，尤其女性获得博士学位在韩国尚属第一次。在妇女受到严重歧视的情况下，金活兰获得博士学位引起社会强烈反响。金活兰毕业后回到自己的母校，继续投身女子教育和社会活动。1932年，升任梨花学堂校监兼副校长。20世纪30年代，美国与日本关系恶化，随着中日战争的深入，日本殖民当局对第三国的财产进行干预，要求传教士离开韩国。1939年，梨花女专（日本殖民当局要求把梨花学堂大学部改为女专）外籍校长不得不离开韩国，1940年，学校决定让金活兰出任梨花女子专科学校校长。金活兰肩负起领导梨花女专的重任，确立了作为韩国女性领导者的地位。当美国基督教会的财政支援被掐断的情况下，金活兰积极组织募捐，维持了学校的运营。她的教育理念是：第一，追求教育的数量，让更多女性接受高等教育。第二，实行自律教育，充分发挥学生的自觉性、能动性。第三，针对女性实施价值观教育。第四，围绕基督教精神开展教育。

　　1945年8月，朝鲜半岛从日本殖民地解放出来，梨花女专第一个向政府提交建立综合大学的申请。1946年，经政府同意，梨花女子专科学校成为综合性大学——梨花女子大学，金活兰继续担任校长。她提出学校发展的两条原则：一是韩国需要女子大学；二是根据世界形势发展，需要不断开拓新的专业。每次有人提出让梨花大学变成男女共学，她都会强烈反对。她说："在国会议席中女性议员比例占一半之前不能实行男女共学。"解放后，金活兰作为韩国文化使节，参加联合国总会，圆满完成了任务。1948年，她为建立大韩民国政府在国际舞台上作出了很多外交努力。为了使韩国女性更好的为社会服务，她还组织了"促进独立爱国妇女会"（1945）、"大韩民国女学士协会"（1950年）、"大韩女性团体协会"（1959年）。1961年，62岁的金活兰将校长一职交给金玉吉，直到1970年去世，她一直担任名誉校长兼理事会理事长，为韩国女子教育和基督教的传播做出卓越贡献。她一生献身于韩国女子教育和国家、社会、国际交流。1963年，韩国政府向她颁发大韩民国勋章。金活兰除了在哥伦比亚大学获得哲学博士外，还获得波士顿大学名誉法学博士学位（1949年）、威斯里安大学名誉文学博士学位（1951年）、康奈尔大学名誉文学博士（1954）、菲律宾先特洛维斯科勒大学（音译）

文学博士（1963 年）、梨花女子大学名誉法学博士（1966 年）等 5 个名誉博士学位。^① 此外，在国际上也多次获得奖项。

金活兰的贡献可以概括为以下四点：第一，坚持女子教育和男女平等观。为了提高女性地位，金活兰一直努力探索男女在教育机会中的平等问题。她认为男女有别，需要区别对待，在社会和家庭中承担各自的责任。金活兰并不反对男女共学。她的信念是"真实、正义、勇气"，这反映在女权运动、传教活动及外交活动上。她的教育理念又反映在弘扬自治精神上。她经常勉励住宿学生学会自治。她说："不要成为受环境支配的人，而应该成为创造环境的人。"第二，传教活动和女性启蒙活动。金活兰从事传教活动的同时弘扬民族精神。同时，为女性启蒙及女权主义做出了巨大贡献。第三，女性团体和女权运动。1945 年取得民族解放后，出现了六十多家女性团体。1959 年，她将这些女子团体合并为女性团体协议体。第四，从事国际协调和教育方面的贡献。

2. 梨花女子大学的发展

梨花女子大学是世界上规模最大的女子大学，迄今已有 133 年历史。1886 年，世界女性海外宣教部（WFMS）派斯克兰顿夫人到朝鲜建立梨花学堂，专门招收女学生。梨花女子大学作为韩国第一所近代女校，迄今为止为韩国培养了一大批优秀的女性人才。梨花女子大学在 133 年发展历程中经历了四个时期。第一时期为梨花学堂时期（1886—1910），第二时期为大学时期（1910—1925），第三时期为专门学校时期（1925—1945），第四时期为综合大学时期（1945 年迄今）。

梨花学堂时期（1886—1910）

19 世纪，朝鲜政治腐败，社会动乱，疾病蔓延，灾难不断。西欧列强纷纷到朝鲜要求通商。当时朝鲜处于朝鲜王朝后期，在兴宣大院君

---

① 金蕙卿：《韩国女性教育思想研究》，首尔：韩国学术信息柱式会社，2002 年，第 120 页。

执政下，固守闭关锁国政策，拒绝与外国通商。在内乱外患的形势下，民众要求平等与自由，出现了东学、开化等各种思想。其中，部分知识分子积极接受基督教观念，主张建立近代学校、实施新教育。朝鲜社会是传统的家长制社会，女性在家长制的权威下，只能做贤母良妻，个人的价值从未得到认可。到19世纪后期，女性的地位及人权开始受到关注。当时信仰基督教的李树正希望通过基督教提高女性地位，1884年向世界女性海外宣教部（WFMS）发出请愿书，呼吁派女传教士到朝鲜。1885年6月，WFMS派斯克兰顿夫人到朝鲜传教。她的目标是建立专门针对女性的教育机关，并为女性开设诊所，最终使女性领悟到上帝的关怀，按照耶稣的指引，寻找新的人生。在斯克兰顿夫人的努力下，1886年5月31日，梨花学堂成立。梨花学堂的成立意味着在朝鲜半岛历史上女性第一次接受正式教育。因此，斯克兰顿夫人可以说是韩国近代女子教育的先驱，而梨花学堂是韩国女性启蒙的先导。梨花学堂为韩国女性开辟了新天地，使女性第一次认识到独立自主性。据说，由于学堂周围开满了梨花，建校第二年，高宗国王赐名梨花学堂。梨花学堂采取寄宿制，入学后可以在校学习十年，什么时候结婚就算什么时候毕业。由于斯克兰顿夫人的坚持以及朝鲜女性对知识的渴望，梨花学堂规模逐渐扩大。斯克兰顿夫人向本国要求增派女教师和女医生。1887年10月，罗特韦勒（L.C.Rothweiler）先生和女医生霍华德（Meta Howard）来到朝鲜。1887年，霍华德医生开设了第一家专门女子医院——保久女馆，专门医治女性和儿童。女子医院的建立给饱受疾病困扰的朝鲜半岛女性带来福音。女子医院对女性进行医学教育，还培养护士。梨花学堂委托保久女馆培养了5位学生。其中一位女生叫金点东（后更名为朴爱斯特），毕业后留学美国，再回到保久女馆从医，成为韩国第一位女医生。保久医院后来成为梨花女子大学医学院附属医院。1890年，罗特韦勒先生被任命为第二任堂长（校长）。1895年，终于有毕业生走向社会。她们到

社会后基本从事教育和医疗事业。1904 年，梨花学堂得到政府认可，开
设了中等科（四年制，相当于高中），并制定了梨花学堂最初的校规。
1900 年前后，梨花学堂使用了学校自编教材和翻译（美国）教材。在教
材编写方面，梨花学堂走在政府前面。1908—1913 年间，共 6 期 58 名
学生毕业。其中 26 名成为老师，12 名继续升入大学学习，亦有出国留
学者。中等科大批学生毕业，为高等科的设立奠定了坚实的基础。

大学时期（1910—1925）

1910 年，日本用武力逼迫韩国签订韩日合并条约，韩国沦为日本殖
民地。为了抹杀韩民族，日本殖民当局通过控制教育制度及教育机构，
试图改变韩国人的生活及思想。日本殖民当局不仅剥夺韩国人接受大学
教育的机会，还限定学校只能设立几门职业教育课。1911 年，公布"私
立学校令"。第四任校长弗雷伊（LuLu E.Frey）不顾日本殖民当局的镇压，
于 1910 年在梨花学堂设立了大学科，并招收 15 名大学生。弗雷伊校长
在以"韩国女性高等教育"为题演说，她指出，"假如国家的命运掌握
在女性手里是事实，那么就应该投入时间和金钱赋予女性接受高等教育
的机会。"她要求世界女性海外宣教总部再派教师到韩国。1911 年，总
部派来 3 位教师。在教师们的精心培育下，学生们接受了进步的人生观
和世界观。1914 年，梨花学堂第一批女大学生毕业。由于当时盛行早婚，
15 名学生中只有 3 人顺利毕业。在毕业典礼上，3 位毕业生分别用英语
和韩语宣读学士论文。当时的大学课程包括《圣经》、日语、韩文、英
语（修辞、英文）、理科（地理学、天文学）、数学（一年级）、历史（韩
国史、美国史、英国史）、音乐（合唱）、体操等。其中，英语和音乐
具有梨花特色。除了规定的课程外，梨花还重视培养学生的社会能力。
学校动员女生参加救国运动和社会服务活动。1919 年三一独立运动前后，
学生们组织秘密团体，开展了学生运动。1925 年，大学毕业生达到 29 名。
这些人毕业后留学国外，学成回国后形成了朝鲜半岛第一代女性专门人

才。她们在教育领域、女性社会团体及基督教领域取得了优秀成就。有的成为梨花教师，有的则在抗日独立运动及有关女性活动中发挥了骨干作用。第一期大学毕业生金爱丽丝、申马斯拉、李花淑等人成为教师，也为独立运动做出贡献。第二期毕业生崔活兰、金梅里等人开展了各种妇女活动及宣教活动。第三期毕业生朴仁德到国外留学，回国后创办了仁德学院。第四期毕业生申俊丽从国外获得硕士学位后从事传教活动。

专门学校时期（1925—1945）

日本殖民当局颁布"朝鲜教育令"，不许面向朝鲜人设立大学。1925 年 4 月 23 日，梨花学堂被迫将大学和大学预科更名为专门学校。专门学校脱离原先以教养为主的教学模式，围绕文科和音乐实施了专门教育。文科为本国文化发展做出了突出贡献，培养了一批宗教及社会各方面人才。音乐专业在传授西方音乐的同时，也讲授本国传统音乐。第一批入学人数为 70 人。1929 年，梨花新设家政专业，招收了 32 名新生，其中 18 人顺利毕业。大部分毕业生成为私立学校教师。进入 20 世纪 30 年代，由于专门学校发展很快，世界女性海外宣教总部独立经营梨花女子专门学校遇到困难，决定与南监理教会、加拿大联合教会、澳洲长老教会等共同募资，共同经营。随着学生也有能力缴纳学费，学校总预算中 75% 来自教会捐款，25% 来自学生学费。这说明梨花逐步走向经济独立。1930 年，梨花制作了体现梨花精神和文化的校徽、校训、校歌。校训"真善美"充分体现了梨花培养德智体全面发展的女性的教育精神。校徽中梨花图案表示纯洁和生机、无限繁荣。校徽中央的两个圆形表示神的旨意，中间的大门表示牺牲和奉献精神。校徽最上方的太极图案表示东方哲学。校歌共分三节，第一节表达梨花历史，第二节表达韩国女性史，第三节表达基督精神的神圣。梨花教育理念为实用、创新、和谐。理念包含实用性、东西方文化的和谐、独创性及德智体协调发展。

1935 年，美国社会活动家法伊弗（Pfeiffer）夫妇慷慨解囊，捐助梨花女子专门学校了 25.9 万美元。梨花女专利用这笔捐款及其他筹款，建设了新村校区。1936 年 5 月 31 日，梨花迎来建校 50 周年纪念日，梨花举办了隆重的仪式，700 名学生和 1500 多名嘉宾参加了庆祝活动。由于日本殖民当局干涉基督教学校的活动，基督教学校和当局间矛盾激化，1940 年，梨花女专的很多传教士被迫离职，金活兰博士被任命为梨花校长，从此在梨花历史上诞生了第一位韩国人校长。金活兰是第五期毕业生。她从仁川基督教小学毕业后进入梨花学堂，经中学、高中及大学课程后留学美国波士顿大学获得哲学硕士学位。毕业后回到梨花担任校监。后重新留学美国哥伦比亚大学，1931 年以"韩国的复兴之路——农村教育"为题获得哲学博士学位，成为韩国历史上第一位女博士。在任期间，金校长开展了女性教育、政治、外交、基督教等各方面的工作，塑造了卓越的女性领导者形象。1943 年，为了实现"从教会经营到社会经营"，组织社会有名望的人士组成了梨花专门后援会，并筹集 200 万元设立财团。财团由金活兰担任理事长，由 11 名理事和 2 名监事组成理事会。1944 年，日本殖民当局要求梨花缩短女子专门学校学制，变成一年制，并把校名改为京城女子专门学校。

综合大学时期（1945 年迄今）

1945 年 8 月 15 日，日本战败，朝鲜半岛光复。光复后，社会对女性高等教育的需求很大。由于梨花学堂拥有一批知名教授，因此梨花很快被升格为综合性大学。1946 年 8 月，作为文教部认可的"综合大学第一号"，正式使用"梨花女子大学"的校名，在韩国众多的大学中，成为第一所获得国家综合性大学认可的韩国大学。根据新校规，梨花女子大学由三个学院组成，即翰林院、艺林院、杏林院。翰林院包括文科、家政、教育、体育等四个系；艺林院包括音乐、美术两个系；杏林院设置医学、药学等两个系。1947 年，三个学院进一步扩大规模，如翰林院的文科扩大为人文系，下设国语国文专业、英语英文专业、基督教社会事业专业等；家政系下设家政学专业、营养学、服装学等专业；教育系下设教育学、儿童教育学专业；体育系保持原貌。艺林院的音乐系下设钢琴、声乐、弦乐、作曲等专业；美术系下设东方画、西方画、刺绣、图案等专业。杏林院的医学系下设医学本科和医学预科；药学系保持原貌。1950年，梨花女子大学成立独立的研究机构——韩国文化研究院，目的在于更好地挖掘、弘扬韩国传统文化。同年，成立研究生院，1954年，研究生院培养出第一批硕士5人。为了更好地宣传梨花，营造健康舆论，1954年2月出版《梨花大学学报》，1954年6月，又发行英文报纸《梨花之声》。1956年，在建校70周年之际，梨花女子大学的学生数达到4800人，教职员300人。1956年5月31日，金活兰校长发表讲话指出，"梨花斗争史不仅是教育运动史，而且是女性解放运动史。"1970年2月10日，金活兰病逝。美国的《纽约时报》曾报道她去世的消息，称金活兰"作为基督教人士，也是教育家、外交官、韩国第一位女权主义者、韩国基督教女青年会的创始人，在国际上享有声望"。

20世纪六七十年代，梨花女子大学确立了成为国际化大学的目标。其措施是通过举办国际性学术会议，提高学术交流水平，同时积极探索新制度，在校内营造学术氛围。1972年5月，梨花女大举办了"亚洲地区女子基督教大学协议会第一届总会"，来自六个国家的九所女子大学的校长及有关专家参加了会议，深入探讨"女性基督教高等教育的未来"。会上，梨花女子大学郑义淑教授发表《亚洲女性基督教教育的作用》，指出亚洲面临三种隔阂，即物质与精神的隔阂、传统与现代的隔阂、观念与科学的隔阂。亚洲的未来在于如何消除这些隔阂。梨花的历史是不断争取男女平等的历史，也是女性不断发现自我，争取自由的过程。为了更好的研究女性问题，1977年，梨花女子大学成立了韩国女性研究所，同年，开设女性学讲座，每次讲座都能吸引五百多名女生参加，在课堂上广泛开展讨论。为了反对军事独裁统治，时任校长金玉吉强调建设民主社会，1973年11月28日，组织四千多名学生在大讲堂进行彻夜祈祷。

1979年，梨花女子大学任命郑义淑教授为新校长。郑义淑毕业于梨花女子大学英文专业，后留学美国西北大学研究生院攻读宗教教育学，获得博士学位，是韩国女性学研究的创始人。她上任后提出了七大目标：第一，立足基督教价值观，加强素质教育。第二，把梨花女子大学发展成做学问、搞研究的大学。第三，着重培养具有专门知识的女性领导者。第四，梨花要培养学生的社会意识、历史意识、国家意识。第五，梨花为女性提供终身受教育的机会，使女性在人生各个阶段都得能到教育。第六，适应现代社会，改变学校行政体制，提高办学效率。第七，增加学校财政收入，完善学校设施。为了实现梨花做学问、搞研究的目标，设立了一批具有特色的研究机构和研究所，如视听中心（1981）、工业美术学院（1982）、电子计算研究所（1983）、国际教育部（1985）、基础科学研究所（1985）、梨花历史资料室（1989）、生命科学研究所（1990）。1986年，成立教授研究基金，资助教师出版著作、论文、作品。1982年，成立教养教育委员会，完善教学内容和教学制度。为了提高教学水平，加强师资力量。1980年教师为330人，1990年增加到424人。为了确保优秀生源，实施特别奖学金制度，使20%的学生获得奖学金。郑义淑校长一直强调女性的主体性，1982年在研究生院成立了女性学科。1984年，为了使女性在人生各个阶段，随时可以得到教育机会，成立了终身教育院。郑义淑在任期间，还新建了一批建筑。如经营馆（1982）、综合科学馆（1982）、一百周年纪念图书馆（1984）、修炼馆（1985）、梨花附属幼儿园（1985）、法律大学馆（1986）、阿铃堂（1986）、一百周年纪念博物馆（1989）以及陶艺馆、学友馆、教育馆等。1986年，梨花迎来建校一百周年庆典。15000名学生参加了庄严的庆祝仪式。梨花一百年历史是韩国近代史、韩国女性史、韩国近代教育史的缩影。

随着全球化、区域化时代的到来，高新技术及信息技术迅猛发展。

梨花也迎来了前所未有的机遇和挑战。1990年8月，尹厚净教授当选为第十任校长，这是梨花历史上第一次由全体教授选举产生的校长。尹厚净毕业于梨花法律系，在美国西北大学获得法学博士学位，是韩国首位女性宪法学者，在韩国法律、教育界享有很高的声望。尹厚净在就职仪式上表示，梨花女大面临着大转变，需要重新确立教育理念。第一，培养能力和品德兼优的女性；第二，培养完美女性；第三，培养适应全球化的具有创新意识及专业技能的女性；第四，能够治愈社会和民族隔阂的母亲。尹厚净长认为完美女性就是在意识和价值、能力方面超越男女界限，能够与男性合作、保持相辅相成的关系，积极主动参与政治、历史，并发挥作用的女性。尹厚净对于未来具有强烈的洞察力，她将梨花女大未来发展目标设定为"世界名门大学"，提出专门化、信息化、世界化、科学化、福利化。为了将目标付诸实践，成立了"梨花21世纪发展计划委员会"，并从10个分科进行深入研究。为了向国际化大学迈进，梨花女大与10个国家的49所大学建立了校际交流关系，这里包括北京大学及28所美国大学。为了进一步挖掘女性在自然科学领域的潜力，1992年设立环境科学专业、1994年成立电子工学专业和建筑学专业。1996年，经韩国教育部批准，成立工科学院。这是世界女子大学中第一所设立工科大学的学校。作为韩国女性学的发祥地，梨花女子大学为韩国各个大学输送了一大批女性学教师。1991年3月，新设女性学博士课程。1994年12月，韩国女性研究所更名为韩国女性研究院，并与亚洲女性学中心一起探讨国内外女性政策及女性学教育的专门化。1993年成立了女性神学研究所，1995年成立了法学研究所、医学研究所、生活环境研究所等，1996年成立了国际贸易合作研究所，1997年成立了自然史研究所及音乐研究所。此外，1993年设立了社会研究生院，1995年设立了信息科学研究生院。为了使更多在职女性有机会深造，夜间也开设课程。1997年，新设国际研究生院及翻译研究生院，1998年设立神学研究生院和政策科学研究生院。截至 2019 年 10 月，梨花女子大学在校大学生为 17177 人，研究生为 5965 人，专任教授 969 人，事务职员 599 人。从建校至今，梨花共培养了学士 176446 人（包括梨花学堂及梨花女子专门学校的毕业生），硕士 51556 人，博士 4568 人，共计 232570 人。[①]梨花女子大学已经超越"韩国的梨花""民族的梨花"，向"世界的梨花"迈进，正在成为 21 世纪世界女性教育的中心。梨花培养的学生已遍布韩国政界、教育界、财界、法律界、文化艺术界、科学技术界及新闻媒体界，在这些领域正在发挥着重要的作用。

二、任永信与中央保育学校（今中央大学）

1. 任永信的生平

任永信（1899—1977）出生于忠清南道金山郡，是韩国独立运动家、教育家、政治家。父亲是任九桓，母亲是金敬顺。5 岁时，第一次从传教士那里听到基督教的故事，就开始去教会，并在自己家附近的心光学校学习韩文。12 岁那年，父母想把她嫁出去，但她坚决反对，并以绝食的方式要求父母同意她上学。1914 年，进入全州的纪全女学校学习。学校经常组织女生祈祷和组织信仰活动。她希望老师讲授本国历史，但老师们怕被日本人发现不愿意讲。于是她找学校牧师帮她购买本国历史书，牧师找到了之后，她和同学们花了几个月时间终于抄下来，将手抄本在爱国青年们传阅。任永信对西方历史、英语感兴趣，对日语却极其反感。在学校期间，她经常组织学生抵制唱日本国歌，也拒绝做东方遥拜。1918 年，任永信小学毕业。父亲希望她继续进入梨花学堂学习，毕业后结婚。但她毅然跑到矿区小学教书，一方面利用课余时间教妇女识字，传播基督教，教育矿工树立正确的生活态度，另一方面，借助教会活动，培养青年们的爱国热情及民族心。1919 年在参加了三一运动时不

---

① 梨花女子大学官网，https://www.ewha.ac.kr/mbs/ewhajp/subview.jsp?id=ewhajp_010401000000.

幸被捕，六个月后出狱。1919 年 11 月，不顾父母反对和日本警察的监视，东渡日本进入广岛女子高等学校学习，1921 年顺利毕业。回国后到公州永明学校教书，并开展抗日活动。她秘密与设在上海的大韩民国临时政府①取得联系，并经常举办爱国演讲会。1921 年 10 月，在一次演讲中被捕，被剥夺了教师资格证。此后，她下决心到美国留学。正要启程之时，1923 年 1 月，日本发生了关东大地震。当时日本社会突然冒出很多针对在日朝鲜人的谣言，说朝鲜人在井里下毒，爆破了弹药库等等，东京的八百多名、日本全国有六千多名朝鲜人被残酷地杀害。一位同志把拍下来的照片交给任永信，让她转交给在美国的大韩民国临时政府大总统李承晚。她到旧金山后把照片顺利教给李承晚，自己则到洛杉矶打工准备学费。1926 年 9 月，任永信进入南加州大学学习，1930 年取得文学学士学位，1931 年又取得神学硕士学位。当时，李承晚曾向她求婚，由于她一心想回国办学而予以拒绝。她一边打工，一边学习，后来又做了些生意，终于积攒了 3 万美元，决定回国后创办学校。

2. 任永信的建校活动

1933 年 1 月，任永信结束 10 年留美生活回国，她的目标是在建立一所女子大学。回国后，在汉城明水台购买了建校用地 20 万坪。当时，附近有一所名称为中央幼儿院的保育学校。中央幼儿院成立于 1918 年 4 月，设有师范科，专门培养幼儿教师，1928 年，中央幼儿院师范科升格为中央保育学校。由于经费不足，中央幼儿院负责人朴熙道正准备将学校转让。1932 年 4 月，任永信接管了中央保育学校，并担任校长，接管时学校里只有学生和简陋的教室。1941 年任永信又开办了京城中央幼儿园。1944 年，日本殖民当局以任永信在美国留过学，又是基督教信徒的理由，百般阻挠学校的运营与发展。1944 年，学校被迫关闭。1945 年

① 大韩民国临时政府：朝鲜半岛在日韩并合后，于 1919 年在上海法租界内成立的临时政府，1932 年迁往重庆。

朝鲜半岛光复后，中央保育学校于 9 月 28 日重新开学。10 月 1 日更名为中央女子专门学校，1947 年 4 月，升格为中央女子大学。1948 年 5 月，采取男女共学制，校名也改为中央大学。1953 年 2 月，经政府认可，升格为综合性大学，任永信担任第一任校长。1959 年 10 月 13 日，任永信 60 岁生日时，中央大学及附属学校教职工、学生、各界人士八万多人汇聚中央大学参加任永信 60 岁纪念活动。1968 年，为纪念任永信诞辰 70 岁生日，还设立了"永信研究会"。任永信还获得美国南加州大学名誉文学博士学位和日本大学的名誉经济学博士学位。

除了从事教育事业，任永信还积极参加政治活动。1945 年 8 月创建大韩女子国民党，任总裁。1948 年，大韩民国政府任命她为第首任商工部长官。1949 年曾参加副总统选举却落选。1950 年，当选为第二届国会议员。1950 年出任韩国驻联合国代表。她还创办了韩国最大的妇女团体——韩国妇女会，并担任会长。该会会员有 150 万人。任永信是李承晚最信任的人，1960 年李承晚政权崩溃后，任永信作为在野党开展活动，军事政变发生后支持军政统治。1963 年加入民主共和党，1961 年担任大韩女青年团长。1965 年 11 月，当选为大韩教育联合会会长。1964 年，大韩民国政府授予任永信教育领域最高勋章——大韩民国勋章。1968 年，被授予美国艾森豪威尔勋章。1977 年 1 月 17 日去世。

第八章 结 语

中、日、韩三国女子教育的兴起和发展，不仅提高了女性自身的知识水平，而且还提高了国民的整体素质，推动了东亚地区的社会发展。教育离不开教育者，中、日、韩三国女子教育的发展离不开女教育家以及女子学校。女教育家的教育实践活动有力地推动了东亚地区女子教育的发展进程，而她们的教育思想在一定程度上也反映了这一时期的教育体制与理念，透视出中、日、韩三国社会性质及传统观念的差异。因而，对近代中、日、韩三国女教育家及女子学校的考察，不仅是东亚女子教育研究以及女性史研究的一个重要环节，亦可资我国发展女子教育镜鉴。

一、中、日、韩三国女教育家及女子学校的产生

明治维新后，日本的女子教育取得了长足的发展，诞生了大批女子学校，涌现出了樱井智嘉、矢岛楫子、竹崎顺子、跡见花蹊、鸠山春子、河村常子、三轮田真佐子、棚桥绚子、下田歌子、吉冈弥生、大江隅、塚本滨、佐藤志津、津田梅子、木村鐙子、大妻小鹰、安井哲子和羽仁元子等一批女教育家以及把自己的一生都贡献于教育事业的女子教育工作者。

三轮田真佐子是近代日本唯一一位著书发表女子教育论的女性，她很早就提出了良妻贤母主义教育，并开办了三轮田女子学校，把自己的一生都奉献于这项事业。吉冈弥生和佐藤志津分别开创了医学和美学的专业教育，对日本实学教育的发展功不可没。大妻小鹰创立的大妻女子裁缝学校，坚持家政学教育，最终发展成为具有自己教学特色的大妻女

子大学，在日本家政教育史上写下了一页。安井哲子和羽仁元子带着她们的东京女子大学和自由学园在实现自由人格教育的征途上奋战终生，为战后新民主体制下女子学校的重建奠定了基础。

而在社会环境极端保守的前提下，近代中国还是产生了一些优秀的女教育家，如叶璧华、杜清持、张竹君、康爱德、谢长达及女儿王季玉、金雅妹、徐肃静、李矗仪、吕碧城、曾宝荪、秋瑾、唐群英、杨荫榆、李美筠、陈衡哲、吴贻芳等。叶璧华在 1900 年创办的懿德女校可谓是最早由中国女性创办的女子学校。1904 年，吕碧城筹办北洋女子公学，两年后成立师范科，并出任北洋女子师范学校校长。金雅妹在 1907 年至 1912 年间，主办北洋女医学堂，为中国近代医学教育事业做出了突出贡献。留学归国后的秋瑾和唐群英，创办了多所女子学校，为振兴乡村教育树立了榜样。杨荫榆于 1924 年受教育部委任，接继国立女子师范大学（即女师大），成为中国历史上第一位女性大学校长。吴贻芳是中国近代教育史上一位杰出的女教育家和社会活动家，1928 年，她出任金陵女子大学校长，先后主校 23 年，将金女大经营得有声有色，蜚声海外，受到各国友好人士的肯定和称赞。

韩国女教育家的数量相对而言甚少，主要代表有车美理士、金贞蕙、李贞淑、鱼允迪、黄信德、任永信、金活兰等，但是她们创办或管理的女子学校在韩国女子教育史上留下了绚丽的篇章，其中一些女子学校成长为女子大学，一直延续至今。金贞蕙早在 19 世纪 80 年代末就开始涉足女子教育，于 1909 年正式创办了贞和女校，并开设了幼儿园。她不仅是卓越的女子教育家，也是男女平等的践行者，把自己的生命和财产全部献给韩国女子教育事业。李贞淑模仿日本华族学校——学习院模式，于 1906 年创办了淑明女校，成为韩国女子教育的先驱人物。鱼允迪是韩国第一所官办女校——汉城高等女学校（现京畿女子中高等学校的前身）的校长。黄信德、任永信、车美理士注重女子的实业教育，开办了家政、保育等旨在培养女性专门技能的学校。金活兰从 1939 年至 1961 年一直担任梨花女子大学（前身为梨花女专，1946 年更名）的校长，成为韩国实践女子高等教育的第一人。

二、中、日、韩女教育家的教育思想和理念之比较

从数量上来看，中、日、韩各国涌现的女教育家相差不多，但从教育思想和理念来看，近代日本的女教育家大都具体地、较为成系统地提出了自己的教育思想和理念，社会影响力极大。

三轮田真佐子出版多册论著，系统阐述女子本分教育论，从儒家理学的角度宣扬女子教育的重要性，而且在日本女子教育还处于萌芽期之时，便提出了进行女子高等教育的必要性。她的教育论独树一帜，在当时女子教育论的提出者均为男性的状态下，其地位尤为突出。下田歌子提出的良妻贤母主义女子教育思想更是在日本女子教育史乃至日本教育史上都占有极其重要的地位。虽然她不是最早提出这一思想，但是她的良妻贤母主义教育思想融合了儒家传统的妇道伦理、兼顾了"欧化主义"的知识教养，并与国家主义相联系，成为近代良妻贤母主义教育的集大成者。安井哲子和羽仁元子则在日本政府进行强化思想的压制政策之下，提出与之背驰而行的人格教育理念，坚持大正民主运动时期的民主主义和自由主义思想，在近代日本女子教育发生退化之时闪耀着进步的新光芒，也为战后新体制下的女子教育的转型奠定了基础。此外，吉冈弥生的实学职业教育理念以及津田梅子提出的带有高等女子教育意义的英语专业教育理念都在近代日本的女子教育史上占有重要的地位。

相比之下，近代中国的女教育家的教育理念和思想却显得较为零散。比较系统地提出了女子教育理念的要数吴贻芳。她在主持金陵女子大学时提出，要培养为社会献身、为社会服务的人才，并将"厚生"定为金

陵女子大学的校训。^①同时吴贻芳针对当时社会对妇女就业的种种限制，提出了主辅修制度，以期实现女性文理相通，不仅开拓了学生的知识面，而且培养了许多能迅速适应社会的职业女性。王季玉提出了女子中等教育的必要性，"提高女权，非重视女子中等教育不可"，由此开办了中学课程。^②曾被孙中山誉为"民国贤母"的徐肃静也提出，强国必先造就人才，而自古皆因有贤母方有贤子，应倡兴女学。^③但是这些女教育家的教育理念都显得较为单薄，有的仅仅是一种办学方法，在办学中缺乏理论主导性和连续性。

韩国方面较为系统地提出女子教育理念的有李贞淑、鱼允迪和金活兰。前两位深受日本良妻贤母教育理念的影响，成为近代韩国提倡实施良妻贤母教育的代表。李贞淑认为作为女子应该具备纯洁、同情、宽恕等美德、以及科学知识和家务技能，女子学校应培养女子贤淑的品质和自学、自习、自治等良好习惯。鱼允迪强调女性教育的传统美德——贤母良妻思想，并把汉城高等女校的教育目标设定为培养"妇德涵养""率先垂范"和"贤母良妻"。金活兰积极推行女子高等教育，倡导扩大招生，旨在让更多的女性接受高等教育。她的教育理念集中表现为基督教式的女子教育，主张实施人生价值观教育和自律教育，充分发挥学生的自觉性和能动性。

三、中、日、韩女教育家创办的女子学校之比较

中、日、韩女教育家创办的女子学校的发展状况及社会影响力方面也显现出差距。近代日本的女教育家们都是通过参与或独立办学来实践她们的教育理念，而且她们适时地把握女子学校的发展方向，使自己的女子学校不断得到壮大，从而奠定了它们数十年乃至上百年的基业。

---

① 郑爽、闫广芬：《吴贻芳及厚生精神》，《中华女子学院学报》，2003 年，第 5 期。
② 苏州第十中学：《造育英才 振兴中华》，《苏州教育学院学报》，1986 年，第 3 期。
③ 天津市地方志编修委员会办公室：《天津静海旧话》，天津：天津古籍出版社，2007 年，第 462—465 页。

吉冈弥生创办的东京女医学校一直占据着日本女医学校的领军位置，由它发展而成的东京女子医科大学更是独占今日女医界的鳌头。此外，跡见花蹊创办的跡见女子学校、下田歌子创办的实践女子学校、津田梅子创办的女子英学塾、羽仁元子创办的自由学园等都分别发展成为了今天真正意义上的女子大学。另外还有女子美术大学、大妻女子大学和东京家政大学等都是出自女教育家之手。据统计，目前日本有2所国立女子大学、6所公立女子大学、48所私立女子大学和200多所短期女子大学。[①]这48所私立女子大学中就有十多所是出自女性之手，都有着近百年的历史，这些女子学校在当今女子大学中的地位之重是不言而喻的。

相比之下，近代中国女教育家创办的女子学校数量少，而且真正发展成为今天大学规模的几乎为零，除少数的几所或成为大学的附属学院，或转变成为男女共招的中学，其他的都由于各种原因而夭折。吴贻芳管理的金陵女子大学是由美国教会在1913年创办的，她本身也是金陵女子大学的毕业生。从这点来看，吴贻芳并不是严格意义上的金陵女大的创办者。1930年，金陵女子大学更名为金陵女子文理学院，1951年与金陵大学合并后，到1987年，正式成立金陵女子学院，附属于南京师范大学。女教育家谢长达及女儿王季玉创办的振华女学校和徐肃静创办的普育女子学堂分别发展成为了今天的苏州十中和天津第九中学。而秋瑾所办的女校随着秋瑾的牺牲后继无人。唐群英虽然从1921年起先后在北京、长沙和衡山等地创办和筹办了中央女学校等10所女子学校，但是这些学校的规模小，虽然也给社会，特别是当地的贫民教育带来了一些影响，可最后都走向了关闭的结局。

韩国女教育家创办的女子学校数量有限，但其中不少在二战后升格为女子大学并发展至今。金活兰管理的梨花女子大学是现今世界上规模

---

① 桂智贞、孙晓梅：《日本女子教育考察笔录》，《中华女子学院学报》，1994年第4期。

最大的女子大学，迄今已有 133 年历史，培养了学生 23 万多人。当然从严格意义上来说，金活兰与吴贻芳相似，并不是梨花女子大学的创办人，但是梨花女子大学能发展成为 21 世纪世界女性教育的中心离不开金活兰的辛勤耕耘。李贞淑创办的淑明女校在 1948 年从女子专门学校正式升格为女子大学，目前已经发展成韩国第二大女子综合性大学，以培养女性领导力量而著称，奠定了其百年基业。车美理士创办的槿花女校也于二战后的 1952 年，升格为德成女子大学，将教育目标定位于培养富有责任心和能力、积极向上的女性人才。任永信管理的中央保育学校在 1947 年升格为中央女子大学后，从 1948 年起采取男女共学制，校名更为中央大学。此外，鱼允迪管理的官立汉城高等女学校发展成为今天的京畿女子中高等学校，黄信德创办的京城家政女塾更名为中央女子商科学校，一直延续至今。

从这里可以看出，近代中、日、韩三国女教育家们参与或独立创办的女子学校的发展状况以及产生的社会影响存在着很大的差距。

四、中、日、韩女教育家及女子学校发展的差距性分析

差距的造成，在很大程度上，并不是因个人的能力不足，更不是她们的教育救国热情有所欠缺，恰恰相反，她们在办学过程中所面临的困难，所付出的努力，也许还要大于同一时期的日本女子教育家。差距的产生交织着近代中、日、韩三国迥异的社会状况以及文化背景等因素。

首先，中国是一个文明古国，有着五千年的悠久历史，这些都是中国人引以自豪的文化资本，但同时也使得中国一直以老大帝国自居，不屑于学习外国先进的事物，导致自身文化的停滞不前，凡事在做之前，可能要经历数十年甚至上百年的口头争论才去谨小慎微地实施。在满足文化自尊心的同时，可能也错过了文明进化的绝好机遇。明治维新是邻邦日本吸收先进文明的标志性历史事件，而事实上，日本民族勇于自我否定，敢于接受异域先进文明有着悠久的历史和传统。认真研究江户历史，我们就会发现，明治维新的一些动因其实在那时就已经大体具备。所欠缺的只是历史契机。在女子教育方面，日本江户时期女子就可以进入寺子屋和藩校等学校，出现了女子学校教育的萌芽。日本明治政府通过颁布《学制》《教育令》《中学校令》和《高等女学校令》等一系列政策和法规，逐步形成了较为完整的女子初等及中等教育体系，特别是，近代日本政府还颁布了专门的私立学校令，使得私立学校获得了国家承认的合法地位。而实际上，由书面的法律文件落实到现实层面，还要经过一定的历史阶段，但恰恰就在起步阶段，中国不仅在制定颁布第一个近代化的学制就落后于日本，而且在实际操作层更缺乏良好的社会氛围。近代中国的第一个女学章程的出台整整比日本晚了 35 年，之后再也没有其他有关女子教育的法令出台过，女子中等教育制度的确立也就变得更加不可能，由两国迥异的社会土壤所培植出的教育水平，存在差距也就在所难免了。而且在中国传统社会，妇女地位低下，其生活和活动完全禁锢于家庭，所受到的教诲完全是男尊女卑等儒家传统的妇德伦理观念。在这种意识形态下，男女的教育有了绝然的区别。《内训·序》："古者教必有方，男子八岁而小学，女子十年而听姆教"[①]，从而把女子教育固守于家庭教育。由于中国封建势力的长期存在，使得"女子无才便是德"这个道德标准一直禁锢着中国的女性，把女子从受教育中排斥出去，更不要说去创办女学，近代中国女性要发展女子教育举步艰难。

韩国从朝鲜时代起，儒教便成为王朝的统治思想，女性地位随之降低。在韩国传统社会中，女性教育排除在社会决策之外。家长制下实施的女子教育强调男尊女卑思想及三从之道。妇女的任务是生儿育女、操持家务。由于限制女性的智育教育，女性很难追求独立的人格，只好顺从男性，依赖男性。但随着 19 世纪 80 年代的门户开放，近代女性教育

① 班昭等撰：《蒙养书集成》（二），西安：三秦出版社，1990 年，第 206 页。

论开始出现，1886 年韩国近代最早的女子学校——梨花学堂的设立标志着韩国女子学校教育的开始。1895 年 7 月的"小学校令"首次提出了"至少在小学教育阶段实施男女平等的义务教育"等规定，这个时间是早于中国的。但是由于传统的儒教思想观念依然根深蒂固，女性的实际就学率仍然非常低。韩国真正实现女子教育制度化是在 1908 年，远远落后于同时期的日本。这年 4 月，韩国政府颁布了《国立高级女子学校令》，并设立了汉城高级女子学校。但是直到 1911 年，汉城高级女子学校的在校学生人数只有 175 人，毕业生也只不过 31 人。[①] 由此可见，韩国女子教育虽然较早实现了制度的近代化，但并未像日本那样将近代化意识付诸于实践，男女教育平等仅仅停留在表面上，形同虚设。

其次，日本在明治维新后迅速走上了强国之路，致力于近代化的发展，社会趋于稳定。国家的发展奠定了扎实的经济基础，这也为办学创造了良好的条件。随着女子教育的普及和发展，特别是日本政府对女子师范教育的重视，使近代日本产生了大批女教员。1893 年，日本小学的女教员仅 311 名，占全体教员的 1.2%，而到大正时期，人数便突破 4 万人，所占比例达到了 27.4%，二战后的 1946 年，人数增至 151079 人，比例为 49.9%，[②] 呈现与男教员持平的局面。日本在 1879 年废止《学制》时，教育体制也由男女共学制转为男女别学制，这不仅是导致近代日本大量产生女子学校的直接原因，也为女教育家们的女子学校提供了生存空间。

而中国在鸦片战争后逐步沦为半殖民地半封建社会，反侵略和反封建成为了中国近代社会斗争的中心目标。这种政治倾向也反映到教育上，就使得近代中国的教育目标也都是围绕国家独立富强和反对封建势力。在这种趋势下，近代女子教育以解放妇女为目标，旨在让女子与男子一

① 李瑞洙：《韩国开化时期女性教育研究（以 1880—1910 为中心）》，首尔：庆星大学教育大学院历史教育专业硕士学位论文，1994 年。
② 日本女子大学女子教育研究所编：《大正的女子教育》，东京：国土社，1975 年，第 330 页。

样接受教育，从而摆脱封建的束缚，并获得与男子平等的地位。所以在近代中国容易涌现出秋瑾这样的女革命家，而没能出现大量在女子教育方面有突出贡献的女性教育家。在近代中国妇女解放运动的推动下，女子教育朝着男女同校的方向发展。1920年，以王兰、邓春兰等九名女生进入北大为开端，南京高师、北京高师也相继开始招收女生。1922年《壬戌学制》的颁布标志着男女平等的不分性别的单轨学制的建立，从法律上保证了男女平等接受初、中、高等教育。^① 女子学校的独立存在已经逐渐失去了它的本来意义。随着新中国的诞生，女子与男子实现了在政治、经济以及教育等各方面的完全平等，女子学校也成为了近代宣扬女性解放的代名词彻底走进了历史。

朝鲜于1910年沦为日本的殖民地后，长期遭受奴化和同化教育，女子教育也不例外。日本的女子教育自明治维新后到20世纪初已经获得了长足发展，所以殖民地时期的韩国女子教育深受日本的影响。在日本的殖民教育统治下，1911年至1943年，当时的朝鲜总督府颁布了四次"朝鲜教育令"，逐步确立殖民地的女子教育方针，明确提出："对女子实施普通教育，尤其是道德教育，努力培养贤母良妻的、忠良至醇的皇国女性"^②，使得殖民地的女子学校类型、体系、修业年限完全与日本国内的女子教育相一致。虽然日本殖民主义统治时期的韩国女性教育局限于培养具有妇德、贤淑、勤勉、顺从等品质，并效忠于日本天皇的贤母良妻，显示出浓厚的殖民地色彩，但是同时也为女子学校提供了存在的空间。当时韩国的国立普通学校处于一种渐趋消亡的局面，而在日本殖民主义严密监视和管制下建立的私立女子学校和女子夜校，则发挥着国立学校的作用，发展较快，其中包括前述女教育家们创办的女子学校。二战后的韩国仿照美国迅速建立新的教育体制，女子学校顺利完

① 雷良波等：《中国女子教育史》，武汉：武汉出版社，1993年，第360页。
② 李喜晶：《1920—1930年代殖民地朝鲜女性教育的性质》，《韩国教育史学》，2006年第4期。

成了转型，其中女教育家创办或管理的学校适应社会发展和国际形势，逐渐成长为具有国际竞争力的女子大学，在韩国女子教育史上写下了重要的篇章。

在对近代中、日、韩三国的女教育家及女子学校进行比较后发现，由于各国的历史文化中的不同传统以及在近代出现的不同的社会状况，导致了各国女教育家及其女子学校的不同发展趋向，产生了相异的结果。这就是中国进入现代后，单纯的女子学校不复存在，而日本和韩国近代女教育家创办的这些学校不仅生存至今，还发展成为了大学的主要原因。而且现今的日本和韩国仍然存在着女子大学和其他类型的女子学校，并走在世界的前列。在现代化进程中，经济技术的发展是核心，人的现代化是主体，而占人口一半的女性的知识水平与教养是衡量一个国家现代化水平的重要标志。日本得以在亚洲国家率先实现现代化，韩国能够在20世纪60年代后实现经济发展，成为"亚洲四小龙"之一，两国的国民形象在世界上都收到很好的评价，这与现代教育事业、尤其是女子教育的发展具有密切联系。随着改革开放，中国的经济发展速度明显加快，但国民素质偏低已经成为经济发展的瓶颈，道德水平低下化已饱受诟病，这也与中国教育上存在问题、尤其是女子教育的落后不无关系。因此，从比较研究的视野，探讨东亚国家女子教育的发展及其与东亚国家现代化进程的关系，强调发展女子教育事业对提高国民素质，加快现代化进程的重要作用将是一个长期的研究课题。

参考文献

中文参考文献

[1] 大清光绪新法令．上海：商务印书馆，1909.

[2] 经元善．居易初集．上海：同文社，1902.

[3] 经元善．女学集议初编．光绪二十四年刻本．

[4] 叶璧华．古香阁全集．光绪二十九年仲秋，嘉应西门外奇珍阁本．

[5] 梅生．中国妇女问题讨论集．上海：新文化书社，1929.

[6] 庄俞，贺圣鼎．最近三十五年之中国教育，上海：良友图书公司，1934.

[7] 程谪凡．中国现代女子教育．上海：中华书局，1936.

[8] 王莲常编．严几道年谱．上海：商务印书馆，1936.

[9] 陈东原．中国妇女生活史．上海：商务印书馆，1937.

[10] 舒新城．近代中国留学史．上海：中华书局，1939.

[11] 陈虬．戊戌变法．上海：神州国光社，1953.

[12] 康有为．大同书．上海：上海古籍出版社，1956.

[13] 中国戏曲研究院编．中国古典戏曲论著集成：二．北京：中国戏剧出版社，1959.

[14] 商衍鎏．太平天国科举考试纪略．北京：中华书局，1961.

[15] 舒新城．中国近代教育史资料：上中下册．北京：人民教育出版社，1961.

[16] 刘焜辉，洪祖显．日本的现代化与教育．台北：幼狮文化事业公

司，1973.

[17] 秋瑾.秋瑾集.上海：上海古籍出版社，1979.

[18] 程颢，程颐.二程集.北京：中华书局，1981.

[19] 顾长声.传教士与近代中国.上海：上海人民出版社，1981.

[20] 冯自由.女医士张竹君.革命逸史：第2集.北京：中华书局，1981.

[21] 陈学恂.中国近代教育大事记.上海：上海教育出版社，1981.

[22] 陆丹林.广东女志士张竹君.广东文史资料：第34辑.广东：广东人民出版社，1982.

[23] 实藤惠秀.中国人留学日本史.谭汝谦，等，译.北京：生活·读书·新知三联书店，1983.

[24] 陈象恭.秋瑾年谱及传记资料.北京：中华书局，1983.

[25] 肖涤非，等.唐诗鉴赏辞典.上海：上海辞书出版社，1983.

[26] 曾宝荪，曾纪芬.曾宝荪回忆录.长沙：岳麓书社，1986.

[27] 李楚材.帝国主义侵华教育史资料——教会学校.北京：教育科学出版社，1987.

[28] 朱有瓛主编.中国近代学制史料：1至4辑.上海：华东师范大学出版，1987—1993.

[29] 孙岳等编.吴贻芳纪念集.南京：江苏教育出版社，1987.

[30] 章开沅主编，虞和平编.经元善集.武汉：华中师范大学出版社，1988.

[31] 汪向荣.日本教习.北京：生活·读书·新知三联书店，1988.

[32] 徐载平等主编.清末十年申报史料.北京：新华出版社，1988.

[33] 黄炎培.清季各省兴学史.台北：文海出版社有限公司，1989.

[34] 刘巨才.中国妇女近代运动史.北京：中国妇女出版社，1989.

[35] 林志钧编.饮冰室合集·文集.北京：中华书局，1989.

[36] 陈元晖，陈学恂主编.中国近代教育史资料汇编：10 册.上海：上海教育出版社，1990~1995.

[37] 姜伟堂，刘宁元主编.北京妇女报刊考：1905—1949.北京：光明日报出版社，1990.

[38] 中华全国妇女联合会妇女运动历史研究室编.中国妇女运动历史资料：1840—1918.北京：中国妇女出版社，1991.

[39] 史和等编.中国近代报刊名录.福州：福建人民出版社，1991.

[40] 朱熹.孟子集注.济南：齐鲁书社，1992.

[41] 雷良波，陈阳凤，熊贤军.中国女子教育史.武汉：武汉出版社，1993.

[42] 金维新.留美拓荒人.上海：同济大学出版社，1994.

[43] 周川，黄旭.百年之功.福州：福建教育出版社，1994.

[44] 杜学元.中国女子教育通史.贵阳：贵州教育出版社，1995.

[45] 孙石月.中国近代女子留学史.北京：中国和平出版社，1995.

[46] 闫广芬.中国女子与女子教育.天津：河北大学出版社，1996.

[47] 张玉法，李又宁.近代中国女权运动史料.台北：龙文出版社，1995.

[48] 蒋薛，唐存正著.唐群英传.长沙：湖南出版社，1995.

[49] 罗苏文.女性与近代中国社会.上海：上海人民出版社，1996.

[50] 何晓夏，石静寰.教会学校与中国教育近代化.广州：广东教育出版社，1996.

[51] 刘纳编.吕碧城评传·作品选.北京：文史出版社，1998.

[52] 许广平.许广平文集：（第 1 卷）.南京：江苏文艺出版社，1998.

[53] 邱仁宗等编.中国妇女与女性主义思想.北京：中国社会科学出版社，1998.

[54] 大滨庆子.中日近代女子教育比较研究.[博士学位论文].北京:北京师范大学，1998.

[55] 赵德宇.西学东渐与中日两国的对应——中日西学比较研究.北京:世界知识出版社，2001.

[56] 李保民.吕碧城词笺注.上海:上海古籍出版社，2001.

[57] 谷峪.中日近现代女子学校教育比较研究.长春:吉林教育出版社，2002.

[58] 赵亚夫.日本的军国民教育.[博士学位论文].北京:首都师范大学，2002.

[59] 张玉娇.日本近世女子教育初探.[硕士学位论文].天津:南开大学，2002.

[60] 祝淑春.明治教育思想研究.[博士学位论文].天津:南开大学，2002.

[61] 王世安.唐群英女权思想研究.[博士学位论文].长沙:湖南师范大学2003.

[62] 金天翮著，陈雁编校.女界钟.上海:上海古籍出版社，2003.

[63] 杨绛.杨绛文集.北京:人民文学出版社，2004.

[64] 李卓.中日家族制度比较研究.北京:人民出版社，2004.

[65] 杨晓.中日近代教育关系史.北京:人民教育出版，2004.

[66] 夏晓虹.晚清女性与近代中国.北京:北京大学出版社，2004.

[67] 杜芳琴，王政.中国历史中的妇女与性别.天津:天津人民出版社，2004.

[68] 张素玲.女大学生与中国现代教育——1900—1930年代.[博士学位论文].上海:华东师范大学，2004.

[69] 程斯辉，孙海英.厚生务实 巾帼楷模——金陵女子大学校长吴贻芳.济南:山东教育出版社，2004.

[70] 张连红.金陵女子大学校史.南京:江苏人民版社,2005.

[71] 乔素玲.教育与女性.天津:天津古籍出版社,2005.

[72] 胡澎.战时体制下的日本妇女团体 1931—1945.长春:吉林大学出版社,2005.

[73] 王慧荣.近代日本女子教育研究.[博士学位论文].天津:南开大学,2006.

[74] 熊贤君.中国女子教育史.太原:山西教育出版社,2006.

日文参考文献

[1] 三輪田真佐子.女子の本分.东京:国土社,1894.

[2] 三輪田真佐子.女子処世論.东京:国土社,1896.

[3] 三輪田真佐子.女子教育要言.东京:国土社,1897.

[4] 下田歌子.泰西婦人風俗.东京:大日本女学会,1899.

[5] 下田歌子.女子遊嬉の栞.东京:博文館,1900.

[6] 三輪田真佐子.女訓の栞.东京:国土社,1902.

[7] 田村美治.菊池文相講演九十九集.东京:大日本図書,1903.

[8] 三輪田真佐子.新家庭訓.东京:博文館,1907.

[9] 内田安蔵.婦人文庫.东京:大日本家政学会,1909.

[10] 共立女子職業学校編.共立女子職業学校二十年史.东京:共立女子職業学校,1911.

[11] 安井てつ.久堅町にて.东京:警醒社,1915.

[12] 藤井瑞枝.花の下みち:跡見花蹊先生実伝.东京:実業之日本社,1919.

[13] 吉岡弥生.婦人に興ふ.东京:先進堂,1920.

[14] 守屋東.矢島楫子.东京:婦人新報社,1923.

[15] 大塚久編．跡見女学校五十年史．东京：跡見女学校，1925.

[16] 田村直臣．女子学院五十年史及び学窓回顧録．东京：女子学院同窓会，1928.

[17] 国民図書編．明治大正先覚婦人全集．东京：国民図書，1928-1929.

[18] 徳富蘆花．徳富蘆花全集：第十九巻．东京：新潮社，1929.

[19] 高橋勝介．婦人鑑鳩山春子女史．东京：東京三友堂書店，1931.

[20] 松本卓夫．日本人の基督観．东京：新生堂，1931.

[21] 高橋勝介．跡見花蹊女史伝．东京：東京出版社，1932.

[22] 栗原元吉編．香雪叢書：第 1 － 6 巻．东京：実践女学校出版部，1933 － 1935.

[23] 鳩山春子．我が子の教育．东京：共立女子専門学校，1934.

[24] 西尾豊作．下田歌子伝．东京：咬菜堂，1936.

[25] 教育史編纂会．明治以降教育制度発達史：第 3 巻．东京：竜吟社，1938.

[26] 久布白落実．矢島楫子伝．东京：不二屋書房，1935.

[27] 神崎清．吉岡弥生伝．东京：東京連合婦人会出版部，1941.

[28] 吉川利一編．津田英学塾四十年史．东京：津田英学塾，1941.

[29] 海後宗臣．日本教育先哲叢書・第 19 巻・元田永孚．东京：文教書院，1942.

[30] 平尾寿子．下田歌子回想録．东京：山陽堂，1942.

[31] 藤村善吉編．下田歌子伝．东京：故下田歌子先生伝記編纂所，1943.

[32] 藤原喜代蔵．明治・大正・昭和教育思想学説人物史：第 1 － 4 巻．东京：東亜政経者，1943.

[33] 羽仁もと子．羽仁もと子著作集：全21巻．东京：婦人之友社，

1948 — 1963、1983.

[34] 青山なお . 安井てつ伝 . 东京：東京女子大学同窓会，1949.

[35] 海後宗臣 . 近代日本教育の開拓者 . 东京：野間教育研究所，1950.

[36] 田村光編 . 女子学院の歴史 . 东京：女子学院，1951.

[37] 田村光編 . 女子学院八十年史 . 东京：女子学院同窓会，1951.

[38] 福沢諭吉著作編纂会 . 福沢諭吉選集：第 5 巻 . 东京：岩波書店，1952.

[39] 吉岡弥生 . この十年間 . 东京：学風書院，1952.

[40] 日本放送協会編 . 光を掲げた人々・第 6 巻 . 东京：東京光之友社，1954.

[41] 松島栄光 . 女子の歴史 . 东京：河出書房，1955.

[42] 井上清 . 日本女性史 . 东京：三一書房，1956.

[43] 高瀬荘太郎編 . 共立女子学園七十年史 . 东京：共立女子学園，1956.

[44] 吉川利一 . 津田梅子伝 . 东京：津田塾同窓会，1956.

[45] 実践女子学園六十年史編纂委員会編纂 . 実践女子学園六十史 . 东京：実践女子学園，1959.

[46] 石川謙 . 寺子屋 . 东京：至文堂，1960.

[47] 海後宗臣 . 臨時教育会議の研究 . 东京：東京大学出版会，1960.

[48] 日本基督教団出版部編 . 五人の先生たち . 东京：日本基督教団出版部，1960.

[49] 高見君恵 . 吉岡弥生 . 东京：中央公論事業出版，1960.

[50] 東京都 . 都史研究紀要九東京の女子教育 . 东京：東京都，1961.

[51] 山崎孝子 . 津田梅子 . 东京：吉川弘文館，1962.

[52] 文部省調査局 . 日本の成長と教育 . 东京：文部省，1962.

[53] 羽仁説子 . 私の受けた家庭教育 . 东京：婦人之友社，1963.

[54] 羽仁もと子 . 羽仁もと子選集：全 8 巻 . 东京：婦人之友社，1964 — 1970.

[55] 跡見学園編 . 跡見学園九十年史 . 东京：墨水書房，1965.

[56] 東洋館出版社編集部 . 近代日本の教育を育てた人びと . 东京：東洋館出版社，1965.

[57] 平塚益徳 . 人物を中心とした女子教育史 . 东京：帝国地方行政学会，1965.

[58] 青山なお編 . 若き日のあと：安井てつ書簡集 . 东京：安井先生歿後二十年記念出版刊行会，1965.

[59] 竹内茂代 . 吉岡弥生先生と私 . 东京：金剛出版，1966.

[60] 吉岡博人編 . 東京女子医科大学小史 . 东京：中央公論事業出版，1966.

[61] 青山なお . 安井てつ先生追想録 . 东京：安井てつ先生記念出版刊行会，1966.

[62] 橋本憲三 . 高群逸枝全集：第 4、5、6 巻 . 东京：理論社，1966 — 1967.

[63] 日本女子大学女子教育研究所 . 女子教育研究双書 2・明治の女子教育 . 东京：国土社，1967.

[64] 東京女子大学五十年史編纂委員会編 . 東京女子大学五十年史 . 东京：東京女子大学，1968.

[65] 秋永芳郎 . 羽仁もと子：評伝 . 东京：新人物往来社，1969.

[66] 羽仁恵子 . 自由学園の教育 . 东京：自由学園，1970.

[67] 渋川久子 . 近代日本女性史 1・教育 . 东京：鹿島研究所出版会，1970.

[68] 山崎孝子 . 津田塾大学六十年史 . 东京：中央公論事業出版社，

1970.

[69] 吉見周子 . 婦人参政権 . 日本 : 東京鹿島研究所出版会，1971.

[70] 大久保利謙 . 森有礼全集 . 東京：宣文堂，1972.

[71] 日本女子大学女子教育研究所 . 女子教育研究双書 5 · 大正の女
子教育 . 東京：国土社，1975.

[72] 文部省 . 学制百年史：記述編、資料編 . 東京：帝国地方行政学
会，1975.

[73] フェリス女学院編訳 . キダー書簡集：日本最初の女子教育者
の記録 . 東京：東京教文館，1975.

[74] 八戸市立図書館編 . 永遠の教育者羽仁もと子 . 東京：八戸市立
図書館，1976.

[75] 三井為友 . 日本婦人問題資料集成 · 第 4 巻 · 教育 . 東京：ドス
メ出版，1976.

[76] ＲＰドーア . 江戸時代の教育 . 松居弘道訳 . 東京：岩波書店，
1977.

[77] 三輪田芳子 . 梅花の賦 . 東京：三輪田真佐子先生五十年祭記念
出版会，1977.

[78] 石川松太郎 . 女大学集 . 東京：平凡社，1977.

[79] 梅根悟 . 世界教育史大系 34 · 女子教育史 . 東京：講談社，
1977.

[80] 金森トシエ，藤井治枝著 . 女子教育 100 年 . 東京：三省堂，
1977.

[81] 黒川真道 . 日本教育文庫 · 女訓篇 . 東京：日本図書センター，
1977.

[82] 志賀匡 . 日本女子教育史 . 東京：琵琶書房，1977.

[83] 円地門子 . 人物日本の女性史：第 11、12 巻 . 東京：集英社，

1978.

[84] 内田糺，森隆夫．学校の歴史：第 3 巻．东京：第一法规，1979．

[85] 石原謙．回想・評伝・小論．见：石原謙著作集：第 11 巻．东京：岩波書店，1979．

[86] 海後宗臣，仲新．教科書でみる近代日本の教育．东京：東京書籍，1979．

[87] 唐澤富太郎．女子学生の歴史．东京：木耳社，1979．

[88] 千野陽一．近代日本婦人教育史——体制内婦人団体の形成過程を中心に．东京：ドスメ出版，1979．

[89] 山川菊栄．日本婦人運動小史．东京：大和書房，1979．

[90] 近代日本教育制度史料編纂会．近代日本教育制度史料：第 7 巻．东京：講談社，1980．

[91] 倉沢剛．学校令の研究．东京：講談社，1980．

[92] 村田鈴子．わが国女子高等教育成立過程の研究．东京：風間書房，1980．

[93] 山川菊栄．二代おんな記．东京：平凡社，1980．

[94] 実践女子大学図書館編纂．下田歌子関係資料総目録．东京：実践女子学園，1980．

[95] 実践女子学園八十年史編纂委員会編纂．実践女子学園八十年史．东京：実践女子学園，1981．

[96] 海後宗臣．海後宗臣著作集・第 10 巻・教育勅語成立史研究．东京：東京書籍，1981．

[97] 桜井役．教育名著叢書 3・女子教育史．东京：日本図書センター，1981．

[98] 尾形裕康．日本教育通史．东京：早稲田大学出版部，1981．

[99] 深谷昌志．増補良妻賢母主義の教育．东京：黎明書房，1981．

[100] 実践女子学園編. 下田歌子小伝. 東京: 実践女子学園, 1982.

[101] 鳩山春子, 鳩山薫子. 家政. 東京: 東京第一書房, 1982.

[102] 青山なお. 安井てつと東京女子大学. 東京: 慶応通信, 1982.

[103] 坂元清泉, 坂本智恵子. 近代女子教育の成立と女紅場. 東京: あゆみ出版社, 1983.

[104] 中嶌邦. 近代日本女子教育文献集. 東京: 日本図書センター, 1983.

[105] 片山清一. 近代日本の女子教育. 東京: 建帛社, 1984.

[106] 倉沢剛. 幕末教育史の研究. 東京: 吉川弘文館, 1984.

[107] 日本女子大学女子教育研究所. 女子教育研究双書 7・昭和の女子教育. 東京: 国土社, 1984.

[108] 森秀夫. 日本教育制度史. 東京: 学芸図書, 1984.

[109] 共立女子学園百年史編纂委員会編. 共立女子学園百年史. 東京: ぎょうせい出版社, 1986.

[110] 天野正子. 女子高等教育の座標. 東京: 垣内出版, 1986.

[111] 浜田けいこ. アメリカで学んだ少女. 東京: 岩崎書店, 1986.

[112] 永原和子, 米田佐代子. おんなの昭和史. 東京: 有斐閣, 1986.

[113] 小柴昌子. 高等女学校史序説. 東京: 銀河書房, 1988.

[114] 斉藤道子. 羽仁もと子: 生涯と思想. 東京: ドスメ出版, 1988.

[115] 瀬戸内晴美編. 自立女性の栄光: 人物近代日本史. 東京: 講談社, 1989.

[116] 樹神弘. 明治・大正の女傑下田歌子女史. 東京: 岩村町教育委員会, 1989.

[117] 海原徹. 近世の学校と教育. 東京: 思文閣, 1989.

[118] 三浦綾子．われ弱ければ．東京：小学館，1989．

[119] 森秀夫．日本教育史．東京：学芸図書，1989．

[120] 高等女学校研究会．高等女学校資料集成・第 10 巻・修身教科書．東京：大空社，1989．

[121] 高等女学校研究会．高等女学校の研究——制度的沿革と成立過程．東京：大空社，1990．

[122] 大庭みな子．津田梅子．東京：朝日新聞社，1990．

[123] 津田塾大学創立 90 周年記念事業出版委員会編．津田梅子と塾の 90 年．東京：津田塾大学，1990．

[124] 羽仁恵子．南沢だより：羽仁もと子の思想を生きつつ．東京：婦人之友社，1990．

[125] 井上久雄．増補学制論考．東京：風間書房，1991．

[126] 芳賀登．良妻賢母論．東京：雄山閣，1990．

[127] 女性史総合研究会．日本女性史・第 3 巻・近世．東京：東京大学出版社会，1990．

[128] 鳩山春子．自叙伝．東京：大空社，1990．

[129] 森川輝紀．教育勅語への道．東京：三元社，1990．

[130] 鳩山春子訳．模範家庭．東京：クレス出版，1990．

[131] 田端泰子．日本中世の女性．東京：吉川弘文館，1991．

[132] 羽仁もと子，羽仁吉一．自由人をつくる：南沢講話集．東京：自由学園出版局，1991．

[133] 古木宜志子．津田梅子．東京：清水書院，1992．

[134] 南條範夫．妖傑下田歌子．東京：講談社，1994．

[135] 中野一夫．跡見花蹊教育詞藻．東京：跡見学園，1995．

[136] 下田歌子．良妻と賢母．東京：大空社，1995．

[137] 女性史総合研究会．日本女性生活史・第 4 巻・近代．東京：

東京大学出版社 1995.

[138] 千野陽一.愛国国防婦人運動史料.东京：日本図書センター，1996.

[139] 鳩山春子.婦人生活の改善.东京：東京大空社，1996.

[140] 鳩山春子.鳩山春子：我が自叙伝.东京：日本図書センター，1997.

[141] 大越愛子.近代日本のジェンダー.东京：三一書房，1997.

[142] 鈴木裕子.日本女性運動資料集成：第8巻.东京：東京不二出版社，1997.

[143] 三好信浩.日本教育史.东京：福村出版社，1997.

[144] 羽仁もと子.羽仁もと子：半生を語る.东京：日本図書センター，1997.

[145] 女性史研究会編.近代日本女性文献資料総覧（1,2,3,4）.东京：大空社 1998.

[146] 実践女子学園編.下田歌子著作集・資料編：第1－9巻.东京：実践女子学園，1998－2000.

[147] 堀尾輝久.日本の教育.东京：東京大学出版社，1998.

[148] 本山幸彦.明治国家の教育思想.东京：思文閣，1998.

[149] 間野絢子.白いリボン.东京：日本基督教団出版部，1998.

[150] 吉岡弥生.吉岡弥生：吉岡弥生伝.东京：日本図書センター，1998.

[151] 今波はじめ.矢島楫子.东京：大空社，1999.

[152] 小山静子.家庭の生成と女性の国民化.东京：勁草書房，1999.

[153] 飯野正子，亀田帛子，高橋裕子.津田梅子を支えた人びと.东京：津田塾大学，2000.

[154] 総合女性史研究会．史料から見る日本女性のあゆみ．東京：吉川弘文館，2000.

[155] 吉岡博光．吉岡弥生選集：第1－6巻．東京：杢杢舎，2000.

[156] 日本婦人団体連合会．女性の白書2001――女性が動かす新世紀．東京：ほるぷ出版，2001.

[157] 高橋裕子．津田梅子の社会史．東京：玉川大学出版部，2002.

[158] 板垣弘子．源氏物語講義：若紫．東京：実践女子学園，2002.

[159] 高野俊．明治初期女児小学の研究――近代における女子教育の源流．東京：大月書店，2002.

[160] 高橋裕子．津田梅子の社会史．東京：玉川大学出版部，2002.

[161] 総合女性史研究会．日本女性史論集8・教育と思想．東京：吉川弘文館，2003.

[162] 羽仁もと子，羽仁吉一．真理によって歩む道：羽仁吉一・もと子語る座談集．東京：婦人之友社，2003.

[163] 小川澄江．中村正直の教育思想．東京：小川澄江，2004.

[164] 三輪田真佐子．三輪田真佐子．日本：日本図書センター，2005.

[165] 跡見花蹊．跡見花蹊日記：第1－4巻、別巻．東京：跡見学園，2005－2007.

[166] 亀田帛子．津田梅子：ひとりの名教師の軌跡．東京：双文社出版，2005.

[167] 亀田帛子．津田梅子とアナ・C．ハーツホン．東京：双文社出版，2005.

[168] 吉岡弥生．愛と至誠に生きる．東京：ＮＴＴ出版，2005.

[169] 日本東京文化庁編．明治以降宗教制度百年史．東京：原書房，1970.

[170] 国学院大学日本文化研究所编.井上順孝監修.宗教教育資料集.东京：すずき出版，1993.

[171] 井上義巳他.日本キリスト教教育史.东京：創文社，1993.

韩文参考文献

[1] 金活兰：《那光影下的小生命》，梨花女子大学出版部，1965.

[2] 金渊卿：《中央大学创始人胜堂任泳信——光辉的生涯》，民智社，2002.

[3] 崔恩姬：《韩国开化女性列传》，正音社，1985.

[4] 崔恩姬：《超越女性》，文艺财出版社，2003.

[5] 崔恩姬：《撒下种子的女人》，新旧文化设，1957.

[6] 韩国女性开发研究院：《韩国历史中的女性人物》，1998.

[7] 梨花女大历史馆：《梨花110年史》，梨花女子大学出版部，2007.

[8] 淑明女大历史编纂会：《淑明100年史》，淑明女子大学出版部，1997.

[9] 韩国精神文化研究院：《韩国近现代教育史》，韩国精神文化研究院，1995.

[10] 孙仁珠：《韩国女性教育史》，延世大学出版部，1977.

[11] 朴荣玉：《韩国近代女性运动史研究》，韩国精神文化研究院，1984.

[12] 梨花女子大学韩国女性研究所：《韩国女性史中的女性人物》，梨花女大出版部，1985.

[13] 金蕙卿：《韩国女性教育思想研究》，韩国学术情报出版社，2002.

[14] 郑世华：《韩国女性教育理念的理气哲学研究》，胜智出版社，1991.

[15] 洪仁淑：《近代启蒙期女性谈纶》，惠安出版社，2009.

[16] 金在仁、郭三根等：《女性教育概论》，教育科学社，2009.

[17] 南仁淑：《女性和教育》，新正出版社，2009.

[18] 金在仁、杨爱卿等：《韩国女性教育的变迁过程研究》，韩国女性开发院，2001.

[19] 首尔特别市教育研究院：《世界中的韩国女性教育》，首尔特别市教育研究院，1979.

[20] 韩国女性开发院：《韩国历史中的女性人物》（上、下册），韩国女性开发院，1998.

[21] 首尔特别市教育研究院：《女性教育的昨天和今天》，首尔特别市教育研究院，1977.

[22] 郭三根：《女性主义教育学》，梨花女子大学出版部，2008.